ハヤカワ文庫 NV
〈NV1373〉

新・冒険スパイ小説ハンドブック

早川書房編集部・編

早 川 書 房

7710

装幀／早川書房デザイン室

はじめに

早川書房は二〇一五年八月に創立七十周年を迎えました。それを記念して、一九九二年に出版した『冒険・スパイ小説ハンドブック』（一九七二年に創刊したハヤカワ文庫NVの二十周年記念企画）を全面的にリニューアルしたガイドブックを作る企画を立てました。

前回のハンドブックからは二十年以上の歳月が流れています。その間、国際情勢は変化し、二〇〇一年九月十一日のニューヨークでの同時多発テロなど大きな事件も起きました。こうした変化を受け、冒険・スパイ小説の分野でも新しい作家が登場し、新しい作品も生まれてきました。その一方で、時代の変化にもかかわらず、読み継がれている面白い小説が存在していることも事実です。

そこで「いま読んで面白い」という基準を設け、北上次郎氏の音頭のもと、霜月蒼氏、関口苑生氏、古山裕樹氏、吉野仁氏の五名で「架空の冒険・スパイ小説全集を作る」というテーマで座談会を行ない、その内容をもとに新たなハンドブックを作ることにしました。座談会は収録に半日を要した熱い、熱いものになりました。各氏の意見を読み、一冊でも多くの本が読まれれば幸いです。

その白熱の座談会によって選出された国内外の傑作を百冊、ご紹介いたします。このジャンルに精通した執筆陣による作品解説は、あらすじの紹介にとどまらず、作品を選ぶ際にも読む際にも指針となってくれるでしょう。冒険・スパイ小説をこれから読んでみたいと考える読者の皆様、ぜひ作品ガイドとしてご活用ください。

その百冊の中に作品が選ばれた作家の方々を中心に、「私をつくった冒険・スパイ小説」というテーマでエッセイを執筆していただきました。いま活躍している作家、あなたの好きな作家をつくった一冊がわかります。

さらに、冒険・スパイ小説のジャンルを代表する二十一名の作家についての作家論も収録します。アリステア・マクリーン、ギャビン・ライアル、ジョン・ル・カレといった巨匠はもちろん、前回のハンドブック以降にわが国に紹介された作家、そして日本人作家についての作家論も収めています。書き下ろしも多く、著作リストも収録しました。

新たな趣向として、「冒険・スパイ小説と映画」をテーマにした解説も加えました。冒険・スパイ小説が映像化されてきた歴史、作品と映像の相違点など、映画好きにもお薦めできます。インターネットを通した映像ストリーミングサービスも充実し、今後も小説の映像化はますます盛んになっていくでしょう。冒険・スパイ小説の醍醐味を映像でも味わってください。

最後に、本書の企画段階からご協力いただいた北上次郎氏、そして刊行にご協力いただいたすべての方々に御礼申し上げます。皆様の豊富な知識と冒険・スパイ小説への深い愛情がなければ、この本は成立しませんでした。

冒険・スパイ小説ジャンルの「面白さ」が、一人でも多くの方に届くよう、願っています。

——早川書房編集部

目次

■作家論「冒険・スパイ小説を拓いてきた作家たち」――295

新・冒険スパイ小説ハンドブック

discussion

［座談会］架空の冒険・スパイ小説全集全二十巻をつくる

北上次郎（司会）×霜月 蒼×関口苑生×古山裕樹×吉野 仁

二十一世紀の冒険・スパイ小説全集全二十巻をつくるという目的で、北上次郎氏、霜月蒼氏、関口苑生氏、古山裕樹氏、吉野仁氏の五名が各巻にテーマを掲げて海外・国内合わせて二、三作（合計四十作）を選び、座談会に臨みました。

■二十一世紀の冒険スパイ小説全集をつくる

北上　今回の座談会は「架空の冒険・スパイ小説全集全二十巻をつくる」という目的で行ないます。まずみなさんから提出していただいた二百七冊の作品のリストをまとめると、五人全員が推薦した作品がボブ・ラングレー『北壁の死闘』だけ。四人選んだのがジャック・ヒギンズ『鷲は舞い降りた』、ブライアン・フリーマントル『消されかけた男』、アリステア・マクリーン『女王陛下のユリシーズ号』。『鷲は舞い降りた』を関口くんが選んでいないのは、一作家につき一作品だと思って、ヒギンズは『地獄島の要塞』を選んだからだね。その制約がなければ当然選ぶと考えられる。ぼくも投票していない二作『消されかけた男』『女王陛下のユリシーズ号』に入れますから、実際には四作が満票です。この表を見て、どうでしたか？

関口　冒険小説とスパイ小説、それを国内海外あわせて四十作では少ないよ。いろいろ考えたけど、やはり漏れがあってくやしい。

吉野　テーマ別だとテーマで選んでしまうけど、たとえばディック・フランシスのように作品数の多い作家の場合、どの作品が一番いいのかということも考慮すると、さらに難しい。

北上　そうだよね。その象徴が佐々木譲で、〈第二次大戦〉三部作は票が割れている。『北壁の死闘』が満票だったのは、ボブ・ラングレーの作品で選ぶべきはこれしかないからかも。もう一つ言っておかなければならないのは、テーマ別全集だとテーマに括《くく》れないものがこぼれ落ちること。そういう作品は無理に全集に入れず、別途リストアップしましょう。優れた作品はそうしてフォローすると。

霜月　前回のハンドブックのベストとの重複をどう考えるか、という問題もあります。ミステリの世界ではいまだにクリスティーやクイーンがベストになっていて、これは憂慮すべきことだと思うのですが、冒険・スパイ小説は事情が違うので、あえて重複を恐れずにスタンダードで選ぶことを意識しました。

北上　前の『冒険・スパイ小説ハンドブック』が出たのは一九九二年。二十三年前に出たハンドブックとまったく同じものを選んでどうだろうかという問題は確かにあるけどね。
関口 でもやっぱり、古典は古典で大切なんだよ。
北上 冒険小説はこの二十三年間に、その前の歴史よりも素晴らしいものがたくさん出たと言えないような気がするけど、スパイ小説はどうなんですか？
古山 スパイ小説も前回のベストからごっそりと入れ替わるほどではない気はしますね。
吉野 歴史的に思うと、二十世紀の冒険小説って、第二次世界大戦で実際に兵士だった作家が、五〇年代、六〇年代にその戦争体験などをもとに書いた場合が多いように思うんです。マクリーン、ライアル、イネス、それからフランシス、みんな従軍していた。そういう人たちが戦後、デビューして冒険小説の大きな時代がつくられた。特にスパイ小説も六〇年代の東西冷戦時代にスパイブームがあって量産された。スパイ小説は、その時代に読むと面白いという感覚があると思うので、いま古典として残すには弱くなっているような気がしますね。
北上 出版当時はすごくよかったけれど、今読むには弱い作品があるのかもしれない。振り

北上次郎（きたがみ・じろう）
一九四六年、東京都生まれ。明治大学卒。一九八四年、『冒険小説の時代』で日本冒険小説協会賞最優秀評論大賞受賞。一九九四年、『冒険小説論　近代ヒーロー像100年の変遷』で日本推理作家協会賞評論その他の部門受賞。冒険小説に関する著書多数。

霜月 蒼（しもつき・あおい）
一九七一年、東京都生まれ。慶應義塾大学卒。大学在学中は慶應義塾大学推理小説同好会に在籍。主に海外のハードボイルド小説、ノワール小説に関する書評、評論を発表する。二〇一五年、『アガサ・クリスティー完全攻略』で日本推理作家協会賞評論その他の部門、本格ミステリ大賞評論・研究部門を受賞。

返って全集を作るときの視点として、資料的な価値を優先するか、今読んで面白いものを優先するか、二つの道があるね。
関口　暴論だけど、九〇年代以降に翻訳された冒険小説って、面白いものはありましたか？と聞きたいです。昔みたいにあれもこれも面白いという感覚はないような気がする。
北上　量はないけど、いい作品はあるよ！　たとえばマーク・グリーニー。あまり票が入らないことにびっくりした。
霜月　グリーニーは素晴らしいですよ！
古山　ぼくも『暗殺者の鎮魂』を入れました。
吉野　四十作制限で漏れたものはありますね。グリーニーもそういう中の一作です。
霜月　北上さんはアンソニー・ホープ『ゼンダ城の虜』のように、原初の冒険小説を入れています。どこを冒険スパイ小説の歴史の始まりとするかという問題もありますよね。
北上　ぼくはいま読んでも面白いかということで決めた。たとえば吉川英治は、いまでもすごく面白い。関口くんの選択はマニアックすぎて、そこまではついていけないんですが（笑）。せっかく二十一世紀に集まって全集をつくるんだから、ぼくたちが「これが冒険スパイ小説だ！」というラインナップを決めましょう。いままでの概念は全部捨てて、新しいヴァージョンをつくるということでいいんじゃないでしょうか。

■「死にざまをみろ」〜「黄金を求めて」

北上　テーマを決めた全集に進みます。みなさんの全集案を見て、霜月くんの案をたたき台にして進めていきたい。まず、「死にざまをみろ」。いいねぇ！　このタイトル。ただ収録作品がアリステア・マクリーン『女王陛下のユリシーズ号』とスティーヴン・ハンター『真夜中のデッド・リミット』はどうなのかな。ハンターだったら、個人的にはなんといっても『狩りのとき』。主人公が部屋で話している「静」のシーンから敵が襲ってくる「動」のシーンへのリズムがすごく上手い。

関口苑生（せきぐち・えんせい）

一九五三年、山口県生まれ。早稲田大学社会学部中退。冒険小説を中心とした文芸評論を発表。『神戸ミステリー傑作選』『恋愛小説館』などアンソロジーの編集、解説執筆も行なう。二〇〇〇年には初の評論書『江戸川乱歩賞と日本のミステリー』を刊行。

古山裕樹（ふるやま・ゆうき）
一九七三年、大阪府生まれ。慶應義塾大学卒。大学在学中は慶應義塾大学推理小説同好会に在籍。『ミステリマガジン』、共同通信などに書評を執筆。共著に『名探偵ベスト101』等。

古山　『真夜中のデッド・リミット』はアメリカにある核ミサイル発射基地が武装集団に占拠されてしまう話ですね。ミサイル発射用キーの保管庫が開くのに要する十数時間のうちに、プラー大佐と特殊部隊が基地を奪還すべく戦います。

霜月　『狩りのとき』も活劇小説として素晴らしい。いまどき、ただドンパチをやってもリアルじゃないと言われてしまう中、『狩りのとき』は物語の筋できちんと謀略の側面を出して現在のアクションを実現している。そのバランスは『狩りのとき』がベストだと思います。

北上　「死にざまをみろ」というタイトルは、『真夜中のデッド・リミット』のラストシーンが印象的だったから？

霜月　群像劇で、人がばたばたと死んでいく壮絶さというのがあるからですね。

関口　死にざま云々ということでは少し疑問はあるんだけど、作品は抜群に面白いですよ。

吉野　『女王陛下のユリシーズ号』と『ナヴァロンの要塞』は、数あるマクリーンの名作の中でも群を抜いて迫力がある。

北上　確かに、マクリーンの作品の中でも格が違うね。『ナヴァロンの要塞』はエンタメの物語として素晴らしく、『女王陛下のユリシーズ号』は冒険小説の核みたいな作品です。方向性が違うので両方読んだほうがいい。

霜月　筆法だけみれば戦争小説とも言えそうですが、その枠から抜け出ているんですよね。

北上　永遠の名作です。あと『ナヴァロンの要塞』映画版には、原作に出ていない人物が出てくる。それがヒットしたものだから、小説の続篇には映画オリジナルの人物が出ていて、映画も見ないと混乱するかも。それをおいても、続篇『ナヴァロンの嵐』も面白い。

古山　ハンターだと、ほかには『さらば、カタロニア戦線』ですかね。全篇を貫くロマンティシズムのようなものがあります。

北上　「死にざまをみろ」というタイトルはいいけど、でも冒険小説の主人公は死んじゃいけない。冒険小説とは何かという問題があるんだけど、鏡明さんが三十年以上前にエッセイで書いた名言「冒険小説とは主人公が限りなく死に近づいて、そこから生還していく物語だ」がすごく気に入っていて、ぼくは今でもこれでいいと思っています。死が出てこないものはだめ、しかし生還しなきゃだめなんですよ。

霜月　挙げた二作は、「死への接近」を大量の死で描くというスタイルと言えます。

吉野仁（よしの・じん）
一九五八年、東京都生まれ。中央大学卒。『小説すばる』など各誌の書評、文庫解説を執筆。著書に『ミステリ・ベスト201日本篇』（共著）、『日本ミステリー事典』（共著）など。

北上　もしかして『女王陛下のユリシーズ号』も群像劇だから、そういう括りなの？
霜月　そうです。登場人物が後半の山場でばたばた死んでいく。
北上　説明があるとわかるね！　いいじゃない、これ。
霜月　でしょう？（笑）
吉野　そういう説明なら、もう直しようがないね。完璧にみえてくるよ。
北上　他にも「死にざまをみろ」で何かあるかな？
関口　船戸与一『山猫の夏』はたくさん死ぬよ。ブラジルに対立している家同士があって、ロミオとジュリエットみたいに、両家の子女が駆け落ちしてしまった。そこに現われた風来坊「山猫」が、二人を捕まえるよう依頼される話。南米を舞台にした三部作で、『山猫の夏』が面白かったらほかの二作にも手を出してほしい。
北上　いいね、「死にざまをみろ」は『女王陛下のユリシーズ号』とスティーヴン・ハンター『真夜中のデッド・リミット』『山猫の夏』で決まり！　次に、意外とないのが「宝探し」括り。冒険小説にはロマンあふれる宝探しものが多い。だから「宝探し」でも一巻つくりたい。
関口　田中光二『失われたものの伝説』は？　冒険小説の第一長篇。確か昭和五四年に三部作『南十字戦線』『血と黄金』『黄金の罠』といいものを書いていたんですよ。もしかしたら早すぎたのかもしれない。黄金の八〇年代が来る前だから。
霜月　ブライアン・ガーフィールド『ホップスコッチ』とか、クライブ・カッスラー『タイタニックを引き揚げろ』も宝探しの変種ですよね。

北上 ぼくはハモンド・イネス『銀塊の海』、デズモンド・バグリイ『ゴールデン・キール』、ヘンリー・ライダー・ハガード『ソロモン王の洞窟』、ウィルバー・スミス『虎の眼』、富田常雄『鳴門太平記』の五冊を選んでいるんだけど、それ以外に何かあったら出してください。

吉野 同じくイネスの『孤独なスキーヤー』も宝探しものですよ。アルプスのホテルに泊まったら、隣の部屋の連中が宝探しをしている、というような話だった。

霜月 イネスは少し古びている気がしないでもないんですよね。とすると代表作を選ぶしかないのだけど、代表作がない。

関口 『銀塊の海』がポピュラーといえばポピュラーだよね。『銀塊の海』は第二次大戦末期、大量の銀塊を積んだ船が沈没して、その謎をめぐって男たちが死闘を繰り広げる。イネスは自然を書くとうまいんだよ。

北上 イネスは『蒼い氷壁』とか、いい作品がいっぱいあるんだよ。

古山 他に挙がっている作品だと、『ゴールデン・キール』はバグリイのデビュー作ですね。旧ドイツ軍の財宝を探しに行く話です。バグリイは一定水準で書いていて、どれを読んでも安心できる作家というイメージ。

北上 よし、『ゴールデン・キール』『銀塊の海』は当確にしよう。昔の冒険小説が好きな方が読めばハマってくれるかもしれない。あと富田常雄『鳴門太平記』が大好きなんだけど、入れていい？　富田常雄の代表作は『姿三四郎』になるのかな。でも、この『鳴門太平記』も埋もれた傑作なんです。宝探し、お家騒動、復讐、成長……いろんな要素が入っている。昭和三〇年代の、まだ日本に冒険小説が根付く前は時代伝奇小説がたくさんあって、その中にあった冒険小説的な作品の一作。今読んでもすごく面白い。厳しく小説の評価を言うと、構成的に詰め込みすぎだと思われるかもしれません。そういう批判は甘んじて受けましょう。ただし、日本の昭和三〇年代の伝奇小説を挙げるならば、これは欠かすことができない。

吉野　そこまで太鼓判を押してくれるなら。

関口　大佛次郎『ごろつき船』も宝探しなんだよ。大傑作だと思う。

北上　悩むけど……ここでは『鳴門太平記』を入れさせてください。三作目当確。

霜月　「宝探し」は、登場人物の動機づけでみるか、探検ものとしてみるかで違うと思うんですよね。探検ものだと別のカテゴリに入れられるかもしれません。なので動機づけとして宝を探すのが物語の軸になっている作品を選ぶべきかなと思います。

北上　確かにね。じゃあタイトルは「宝探し」改め「黄金を求めて」でどうかな。

霜月　いいですね！

■「街は戦場だ！」〜「誇りあるドイツ」

北上　続いての霜月案は「街は戦場だ！」。またしてもいいタイトルだね。収録候補作は大沢在昌『砂の狩人』、グレッグ・ルッカ『奪回者』、月村了衛『機龍警察　自爆条項』。

霜月　『奪回者』は、ボディガードのアティカスを主人公としたシリーズの二作目です。女子高生が特殊部隊くずれのチームに狙われていて、その警護を頼まれるんですね。まだロマンスがそれほど発展していなくて、主人公が比較的クールだったころです。

吉野　『砂の狩人』は、暴力団の子息が殺される話ですね。中国人マフィアのせいだと思われていたけれど、実は黒幕がいて、日本のヤクザと中国のマフィアとがぶつかりそうになるんだ。個人的には〈狩人シリーズ〉なら三作目の『黒の狩人』のほうが面白いとは思う。

関口　ぼくも『黒の狩人』はものすごい傑作だと思う。

北上　そっちか。

古山　『黒の狩人』はスパイ小説としてもいいですね。

霜月　『砂の狩人』のほうがテンションが高くて、アクションに近いですね。『黒の狩人』はスパイ・スリラーに近い。アクションとしては『闇先案内人』もいい。

北上　問題はそれなんだよ。アクション小説を入れるかをまず決めよう。

霜月　今回の企画は『冒険・スパイ小説ハンドブック』です。なんで冒険小説とスパイ小説が違和感なく並列できるかというと、英語圏ではどちらも「スリラー」とカテゴライズされている場合が多いんです。だから今回、自分の基準としては、スリラーにカテゴライズされうる作品を選定していきました。アクションもスリラーですね。

北上　そういう根拠があるといいね。

古山　国際謀略が絡むと、冒険小説っぽくなりますね。

北上　ただ国際謀略のほうに力点があると、冒険小説ではないと思うんですよ。主人公がどうやって死の極限から逃れたのか書かないと、冒険小説にはならない。そこは、作品主義でやっていくしかないよね。あと「街は戦場だ！」だと『機龍警察　自爆条項』。

霜月　いま一番自覚的に冒険小説を書いているのは月村さんだと思います。機龍警察はシリーズが五作刊行されていて、一作目は登場人物紹介のような部分がありますが、その後の『自爆条項』『暗黒市場』『未亡旅団』ならどれを収録してもいいくらいです。都市を活用したアクションという趣向、ならびに冒険小説成分が、『自爆条項』は一番前面に出ていますし、全体の半分を占めるアイルランドの元テロリストの物語は、それだけでヒギンズにオマージュを捧げた冒険小説といっていい。『暗黒市場』も同様にいいのですけど、こちらはロシアの元警察官の話なので、警察ものに入れるべきかという気がしました。『未亡旅団』では、もっと大きなテーマに挑んで、ポリティカル・スリラーに近づいているかも。

北上　なるほどね。では「街は戦場だ！」は、ウィリアム・ギブスン『ニューロマンサー』を除いた霜月案を丸ごと採用ということに決定。せっかく名前が出たから、ヒギンズの作品からテーマを作ってみましょうか。古山くん、どう？

古山　『鷲は舞い降りた』を選びました。全集には入れたいですね。

関口　それならナチスものでまとめる？

古山　『鷲は舞い降りた』にラングレー『北壁の死闘』と『Uボート113最後の潜航』をまとめたのは、冒頭の共通点ですね。三作とも、冒頭は執筆当時の現代。意外なところでドイツ軍人の痕跡が見つかるというエピソードをきっかけに、第二次大戦下の秘話が語られる、という形式です。

北上　霜月くんは『鷲は舞い降りた』は「ロマンティックな愚か者たち」だね。

霜月　これは『鷲は舞い降りた』の名台詞ですよね。古風な冒険小説なら全部あてはまっちゃう言葉なんで、無視してください（笑）。

吉野　『鷲は舞い降りた』は、それまでドイツ軍といえば敵として倒される存在、いわば究極の悪だったのが、かれらもまた複雑で多様な心を持つ人間として書かれたのが新しかった。

関口　じゃあ「誇りあるドイツ」というのはどうかな。

北上　それはいいね。『鷲は舞い降りた』以外に何がある？

古山　『北壁の死闘』もそうですね。山岳冒険小説の大傑作。ひたすらアイガー北壁をのぼって、また降りるシンプルな小説。

霜月　それと比較するとトレヴェニアン『アイガー・サンクション』は決定的に弱い。

北上　ただ『北壁の死闘』は、ストーリーが強くないんだよ。つまり冒険小説は実はストーリーはいらないということがわかる。

吉野　冒険小説は、いかにディティールを書くかなんですね。
北上　そうだね。ハンス＝オットー・マイスナー『アラスカ戦線』はドイツ軍じゃなかった？
古山　『アラスカ戦線』は、よくある戦地のライバル物語でしたね。アラスカに潜入した日本人兵士たちと、迎え撃つアメリカ兵士チームの話。
北上　そうか。日本対アメリカか。
古山　残りでぼくが入れたのだと、ジョン・マノック『Uボート113最後の潜航』。先ほど話したとおり、『鷲は舞い降りた』と構造が似ているんです。
北上　ただ『鷲は舞い降りた』と『北壁の死闘』に並ぶとなると難しいね……。D・A・レイナー『眼下の敵』はドイツじゃなかった？
吉野　ドイツUボートとイギリスの潜水艦がずっと駆け引きする話だ。
北上　『アラスカ戦線』と似ていて、戦争が舞台なんだけど、そこに緊迫した対決がある。「誇りあるドイツ」、『鷲は舞い降りた』『北壁の死闘』『眼下の敵』で三作決定かな。

■「裏切り」～「復讐」

北上　スパイ小説をいちばん詳しい古山くんのリストをもとに選びましょうか。「裏切り」というテーマで、ジョン・ル・カレ『ティンカー、テイラー、ソルジャー、スパイ』、グレアム・グリーン『ヒューマン・ファクター』、名作中の名作だね。まず聞きたいんだけど、古山くんの考える冒険小説とスパイ小説を分ける線はなんですか?

古山　スパイ小説は、個人的な物語よりも国同士の謀略が前面に出ている作品ですかね。その枠のなかで自分の意思で動く主人公もいるとは思うんですけど、あくまで個人が政治的なものにどう対峙するかがメインになっている気がします。だから、冒険小説のように、主人公が必ずしも死に直面しなくてもいい。

北上　そうだね。スパイ小説と冒険小説を考える際に参考になるのが、マイケル・バー゠ゾウハーだと思うんです。マイケル・バー゠ゾウハーは『パンドラ抹殺文書』のほか、多くのスパイ小説を書いていますが、『エニグマ奇襲指令』だけは冒険小説であるというのがぼくの持論なんです。古山くんの言ったことと重なるけど、『エニグマ奇襲指令』は、個の冒険に力点があるんですよ。『パンドラ抹殺文書』は必ずしもそうじゃない。これが分かれ道じゃないかと思う。いちばん難しいのはクレイグ・トーマスで、背景はすべてスパイ小説だけど、『狼殺し』も『闇の奥へ』も冒険小説だと思うんだ。そのあたりはどうかな?

霜月　しいて言えば、冒険小説は感情でなんとかなる話で、スパイ小説は理屈でなんとかする話という気がしますね。活劇か政治か、とも言えます。

吉野　ル・カレ『パーフェクト・スパイ』は、個人の男がいかにしてスパイになったか、自分の血潮から掘り起こす話だったよね。ジョン・ガードナー『マエストロ』も、主人公の指揮者が、自分はどうしてスパイになったのかというのを過去から延々と語る。過程の出来事、政治的背景を入れて、スパイがどうしてつくられたかという個人の物語を描くのがけっこう多いんだよね。活劇は出てくるけど、メインではない。

北上　スパイ小説はたくさん読んでいるわけじゃないけど、全部裏切りなんじゃないの？

霜月　基本的にはそうですね。裏切りのドラマが作中では進行しなくても、最初からモグラ探し（モグラ＝スパイ）をしていたりするので。

関口　タイトルは「モグラ探し」でいいんじゃない？（笑）

古山　キム・フィルビー（イギリス秘密情報部員で、ソ連のKGBに情報を流していた実在の人物）をネタにしたものを二作入れています。

関口　追加すると、リテル『CIA　ザ・カンパニー』は、一九五〇年、CIAで最初のリクルートから始まるよ。フィルビーも出てくるし。「裏切り」括りで『ティンカー、テイラー、ソルジャー、スパイ』『ヒューマン・ファクター』『CIA　ザ・カンパニー』でどう？

古山　いいですね。『ティンカー、テイラー、ソルジャー、スパイ』はイギリス秘密情報部にモグラがいる疑惑があり、スマイリーが調査する話です。『ヒューマン・ファクター』も同じで、グリーンももともとイギリスの情報部にいて、キム・フィルビーの部下で、キム・フィルビーの裏切りに強い影響を受けて書いているように思います。『CIA　ザ・カンパニー』は五〇年代のCIA草創期から、ソ連崩壊後の九〇年代までを大河小説のように描いた話です。

北上　タイトルは変えたいな。「モグラ探し」とする？

古山　『ヒューマン・ファクター』は「モグラ探し」ではないですね。

吉野　じゃあ「裏切りのスパイ」かな。でもスパイとつくのが多いか。霜月さんの「諜報員たち」とかどうですかね。

北上　それがいいね！　ほかのスパイ小説を見ていくと、古山くんの案「世界は陰謀でできている」はいいね。霜月くんの案「陰謀と迷宮」はどう違うの？

霜月　スパイ小説にも冒険小説にも適用されるイメージです。陰謀は確かに存在するんだけど、自分には見えていない。そういう主人公が登場する話です。一人称的なパースペクティヴでは陰謀や世界の全貌を見ることはできません。だけど仕事だし任務は果たさなきゃならない。そういう、曖昧模糊とした中で、やるべきことをやる主人公が動く作品。ぼくの案は「エスピオナージュ（スパイ活動）」で、古山くんの案は「陰謀論」という感じでしょうか。

北上　なるほどね。「世界は陰謀でできている」にリテル『スリーパーにシグナルを送れ』が入ってるけど、二作も入る？

古山　まったく違うんですよ、この二作は。

吉野　いままでリテルはそんなに祭り上げられたことはないですね。

北上　古山くんの案ではほかにロバート・ラドラム『マタレーズ暗殺集団』とチャールズ・

ストロス『残虐行為記録保管所』が挙がっていますね。
古山　『残虐行為記録保管所』はスパイ小説にクトゥルー神話の要素を取り入れたような話です。たとえばどこかの学者がたまたま異次元に住む生き物を呼び出す方法を見つけてしまったら、その情報を隠蔽するための工作を行なう。禁じられた知識が世間に広まらないように一生懸命隠している組織の話です。
霜月　その話をレン・デイトンのように書いている。
古山　おもしろいんですよ。スパイ小説として名作扱いはされていないんですけど。
北上　よし、そういう作品を入れよう！　みんなが知っているような作品だけじゃつまらないからね。ラドラム『マタレーズ暗殺集団』はどんな内容？
古山　世界各国で起きている謎の暗殺事件の背後には「マタレーズ」という暗殺集団がいた。そして、米ソ双方ともマタレーズとは因縁があった……という話です。
北上　ラドラムだったら『暗殺者』だろう。『暗殺者』を選んだ人、いない？
関口　腰折れしない唯一の作品でしょ、『暗殺者』。
北上　ぼくは『暗殺者』について、「記憶喪失」というテーマを考えて、もう一作バグリイ『原生林の追撃』を選んだんだけど、バグリイの最高傑作じゃないんだよなぁ。
霜月　『暗殺者』を別の区切りからみるという手もありますね。
関口　記憶喪失は安易に使いたがるだけに、傑作がないんだよね。
吉野　「記憶喪失」だと最近出たブレイク・クラウチ『パインズ―美しい地獄―』は面白か

ったけど、冒険小説じゃないしね。

北上　ひとまず『暗殺者』、記憶喪失ものはペンディングにして「世界は陰謀でできている」を考えよう。『残虐行為記録保管所』は確定で、霜月くんの陰謀括りから持ってこれないの？

霜月　デイトン『スパイ・ストーリー』はどうでしょう？　複雑な陰謀を、一人称を「わたし」でしゃべる主人公が、曖昧模糊とした中でもシニカルに仕事をするという話です。いつものデイトンなんですけど、『スパイ・ストーリー』が最もバランスがとれていて面白い。

古山　ぼくも入れました。あと、関口さんが入れていらっしゃいますよ。

北上　じゃあ『残虐行為記録保管所』『スパイ・ストーリー』を「世界は陰謀でできている」で確定しましょう。次にクレイグ・トーマスの話に移りましょう。『狼殺し』、霜月くんは入れてないの？

霜月　迷って『ウィンターホーク』にしました。なぜ『ウィンターホーク』がすごいのかというと、後半を占める脱出場面。だんだん逃げる方法が退化するんですよ。最初は飛行機や車なのに、最後は走って国境を走り抜ける。裸の感じが好きだったんです。『ファイアフォックス』よりもすごいとまではいわないですが。トーマスは主人公の感情をものすごく地の文に入れ込む作家で、そうやって読者を感情で煽るという部分が、彼は冒険小説の人だと思うところです。

北上　トーマスだと、吉野くん、関口くん、古山くんは『ファイアフォックス』を選んでるね。古山くんは『狼殺し』もかな。古山くんの「敵地への潜入」案、『エニグマ奇襲指令』『ファイアフォックス』『寒い国から帰ってきたスパイ』は、冒険小説とスパイ小説、どちらの括りで選んだの？

古山　どちらに振るか、分けたときはそれほど考えていなかったんです。『エニグマ奇襲指令』は主人公がフランス人の大泥棒ですよね。イギリスに捕まった時に、ドイツの暗号機を盗んでこいと命じられる。フランス人の大泥棒アルセーヌ・ルパンをモデルにしたような怪盗の冒険で、読ませる話かなと。

北上　面白いよねえ。傑作です。

霜月　トーマスは『ファイアフォックス』にしましょうか。完成度がいちばん高いですし。

北上　じゃあ『ファイアフォックス』を「敵地への潜入」に入れよう。『ファイアフォックス』はソ連に潜入して、ファイアフォックスという超兵器を盗む話だね。

関口　タイトルはさ、シンプルに「潜入せよ」にしない？　『エニグマ奇襲指令』は確定するとして、残り一作をジョン・ル・カレよりは、マクリーン『ナヴァロンの要塞』を入れるのはどうかな。「敵地への潜入」改め「潜入せよ」は、『エニグマ奇襲指令』『ファイアフォックス』『ナヴァロンの要塞』の三本。

吉野　トーマスをもう一作入れるとしたら『狼殺し』だとして、括りは「復讐」なんでしょうけど、ほかにもたくさんありそう。

関口　『暗殺者の復讐』は?
北上　グリーニーは実は案があって。第二十巻目でグリーニーばかり並べたいんだ（笑）。タイトルが「グリーニー、グリーニー」で四冊全部並べる。ぼくが強く言いだしたってことでいいからさ。『新・冒険スパイ小説ハンドブック』の版元が早川書房だからじゃないよ。だから、グリーニーは使わないでほしいんだ（笑）。
霜月　（笑）。「復讐」が難しいのは、ネタばらしになる作品がある点で、『狼殺し』は大丈夫でしたっけ?
関口　『狼殺し』はイギリスの情報部員がゲシュタポに逮捕されるところから始まるから、大丈夫。その後生き延びて、十九年後に復讐する。
北上　「復讐」という括りで『狼殺し』は確定しようか。残りを探しましょう。
霜月　北上さんは大藪春彦『傭兵たちの挽歌』とグリーニーを挙げていますけど……。
北上　そうだ!　『傭兵たちの挽歌』を入れようよ。
霜月　大藪さんの初期はクライム・ノワールですけど、『傭兵たちの挽歌』の頃になるとエンタメ性が増してきていて、その線では、これが大藪さんのベストだと思います。主人公は傭兵の日本人で、テロリストがデパートを爆破した際に巻き込まれて死んだ奥さんの復讐をするため、世界を駆けまわって敵を殲滅しに行く。大藪さんは復讐ものが多いですけど、いちばんエンタメ性がある作品じゃないかとぼくは思います。
北上　サバイバル・シーンがすごく印象的だったな。昭和四七年だと思うんだけど、大藪がアラスカへハンティングに行ったんだよ。帰ってきてからの作品に全部その時の経験が異常な迫力で反映されている。あとは『ヘッド・ハンター』もいいですが。

関口　大藪春彦だと、ぼくは『戦いの肖像』を選んでいるからな。

吉野　あれほどアナーキーな話はないですよ。

霜月　ぼくは「復讐」だと船戸与一『猛き箱舟』、ボストン・テラン『神は銃弾』、アルフレッド・ベスター『虎よ、虎よ！』、冲方丁『マルドゥック・スクランブル』を選びました。

北上　なるほどね。船戸与一は『山猫の夏』を入れたけど、ぼくは『夜のオデッセイア』を入れたいんだよ。ただ括りには悩んでいて。国王の財宝探しをするんだけど、「宝探し」とはちょっと違うよなあ。相棒とか？　そう、バディものだよ！

吉野　ハードボイルドにバディものはあるけれど、冒険小説には珍しいかも。

北上　うーん、やっぱりペンディングかな。ひとまず「復讐」は『傭兵たちの挽歌』『狼殺し』を確定にしておこうか。

■「海」～「人狩り」

北上　ところで何巻ぐらいになったんだろう。……まだ八かよ！　じゃあ話題を変えて「海」「空」「山」「極地」が舞台の作品はどう？

古山　「海」だと、関口さんは谷恒生『北の怒濤』を選んでいらっしゃいますね。他にはバーナード・コーンウェル『殺意の海へ』とか、スチュアート・ウッズ『風に乗って』とか。
吉野　『殺意の海へ』は「海のフランシス」と言われてた。主人公の青年はフォークランド紛争の英雄。海運王から、自分の娘を殺害した噂があるテレビキャスターのヨットを外洋レースであやまった海域に導くよう依頼されて、陰謀に巻き込まれる。読後感はよかった。ほかにはニコラス・モンサラット『非情の海』、ヒギンズ『脱出航路』があるかな。
北上　『風に乗って』は青年の二年間の挫折と成長を描いた物語なんだ。ウッズって幅広い作品を書いてるよね。『警察署長』『湖底の家』『潜行』とか。青春冒険小説として一冊挙げるなら『風に乗って』だね。
霜月　コーンウェルだと、ぼくは『ロセンデール家の嵐』のほうが好きなんですよ。
関口　「海」ならブライアン・キャリスンだろう。セシル・スコット・フォレスターもある。
吉野　『殺意の海へ』と『風に乗って』は、青春要素でまとめられませんかね？
関口　ニコラス・モンサラット『非情の海』は、青春は関係ないか。
北上　『非情の海』は青春という感じではないね。両方ともすごくシリアスな話で暗い話だしさ。もっと青春っぽい作品があるだろう。
霜月　クィネル『血の絆』という手もありますね。冒険小説好きのおじさんが船を買って、島に行く。読者の夢を叶える爽やかな話です。
北上　じゃあ『殺意の海へ』『風に乗って』『血の絆』で確定します。海の次は「空」。『ファイアフォックス』は「潜入せよ」で使っちゃったな。

霜月　別のトーマスを入れればいいんじゃないですか？　ぼくはトーマス原理主義者なので。

吉野　ライアル『ちがった空』はどう？　盗まれた巨額の宝石を探していたパイロットが行方不明になって、主人公が調べていく。

関口　ぼくはジョン・ボール『航空救難隊』を入れたいな。嵐の中、人命救助のために飛行機が飛ぶんだけど、実は故障していて……という話。飛行機の故障は物語の典型なんだよね。

古山　『飛べ！フェニックス』は、飛行機が故障して、砂漠に不時着するんですよ。砂漠から脱出するため、使える部品をかき集めて新しい飛行機を作ろうとするけれど、実は……というお話です。

霜月　古山くんの名言、「空飛ぶユリシーズ号」と表現した作品はなんだっけ？

古山　トマス・W・ヤング『脱出空域』ですね。アフガニスタンで爆弾テロが起きて、怪我人を病院に運ぼうと輸送機で飛び立つというのが幕明けです。実はテロリストがその飛行機に爆弾を仕掛けていたことが判明して、解除方法がわかるまで飛び続けないといけない状況になる。しかも機体が老朽化しているので、低気圧に入ると機体にダメージを受けるし、そうなると怪我人の命が危ない。冒頭で輸送機が離陸して、機体の不調や悪天候などに苦しめられながら、満身創痍のまま全篇を飛び続けて、再び地上に戻るのは最終章、という滞空率の高い作品です。『脱出空域』は二作目で、第一作が『脱出山脈』、第三作が『脱出連峰』。二作目以外は地上が舞台で、アフガニスタンの山奥でゲリラと戦う話です。

霜月　あとはネルソン・デミル＆トマス・ブロック『超音速漂流』。ミサイルが間違って直撃した飛行機が生還するために頑張るんですが、地上ではその事故ごと隠蔽しようとしてる。

古山　小説としては面白いんですけど、冒険小説というよりはサスペンスに近い印象です。

霜月　空を飛ぶことは人力によるものではないので、冒険小説からははずれがちなんですよね。ジョン・クリアリー『高く危険な道』でも思ったんですけど、空を飛んでいるあいだは操縦桿を握っているだけなんで、ドラマにならない。地面にいるあいだの出来事がメインになってしまうので、物語が点になってしまうんですよ。

北上　全二十巻の冒険スパイ小説全集に「空」テーマがないと様にならないよ。やっぱり『ファイアフォックス』を「空」に移動しない？　「潜入せよ」はほかにも作品があるんだから。タイトルは「海へ！」と揃えよう。「空へ！」は『ファイアフォックス』『ちがった空』『脱出空域』にしようよ。

霜月　『ファイアフォックス』のかわりにクレイグ・トーマス『闇の奥へ』はどうですか？　シリーズ・キャラクターであるオーブリーという老スパイと、暴力衝動を生かしてスパイ活動する部下、パトリック・ハイドの話です。ソ連の謀略でオーブリーが二重スパイだという疑いをかけられてしまい、モスクワに送られてしまうことになるんですね。その前に無実を証明しないといけないので、ハイドがアフガニスタンに侵入して、証拠を探って帰ってくるんです。トーマス作品でいちばん熱い、すばらしい冒険小説です。

北上　トーマスは主人公たちの立場や背景はスパイ小説だけど、全部冒険小説なんだよね。
霜月　たぶん、主人公たちが常に過剰なんです。アクションも過剰だし。オーブリー側もハイド側もどんどん危機に陥っていくから、場面展開が面白くなって、ひたすらテンションが上がり続けるというすばらしさ。
北上　そこまで言うならトーマス『闇の奥へ』を、「潜入せよ」に追加しよう。次は「山」か。
関口　谷甲州『遙かなり神々の座』かな。
古山　トレヴェニアン『アイガー・サンクション』を入れるかどうかですね。
霜月　『北壁の死闘』は「誇りあるドイツ」。森も含めるなら『樹海戦線』もありますよ。
吉野　デズモンド・バグリィ『高い砦』も、高い山に不時着したはず。ただ高低差がない感じがしたんだよね。むしろ洞窟のほうが豊富な感じが。
古山　「洞窟」だと、クリストファー・ハイド『大洞窟』と、トレヴェニアン『シブミ』ですかね。『大洞窟』は洞窟に入って出てくるだけの話なのに、一冊読ませてしまうのがすごい。脇役でマタギみたいな日本人が出てきます。
北上　そうそう、いい性格の日本人なんだよ。翻訳小説に出てくる日本人は悪役なんだけど。
吉野　「黄金を求めて」から外れた『ソロモン王の洞窟』はどうですか？　「洞窟」括りは『大洞窟』『シブミ』『ソロモン王の洞窟』。
北上　決まりだね。次は「川」。まずはセシル・スコット・フォレスター『アフリカの女王』かな。男女が二人で川を下る話で、冒険小説では珍しく女性が主人公なんですよ。フォレスターの〈海の男／ホーンブロワー・シリーズ〉（英国海軍にはいったホーンブロワーが立身出世していく過程を描く人気シリーズ）しか知らないと驚くと思うんだよ。

霜月　シャーリー・コンラン『悪夢のバカンス』は島、ジャングルがメインだし……リストに挙がっている中だと、生島治郎『黄土の奔流』はどうですか？

北上　じゃあ『アフリカの女王』と『黄土の奔流』を確定。「山」は後で考えよう。続いて「極地」はどうですか？

古山　先ほども出た『アラスカ戦線』がいいと思います。あとはジョゼ・ジョバンニ『犬橇』。

吉野　『ホワイトアウト』は山ですよね。ダムの管理をする男がひとり抜け出して、戦う。

霜月　「厳寒」とすれば、よりまとまりが出るかな。

関口　ジョージ・R・R・マーティンらの『ハンターズ・ラン』もある意味極地だよね。惑星を舞台にしたSF冒険小説だし。その星にある人間の収容所から、人間が逃げ出すんだよ。主人公は「逃げたやっと同じ種だから、心理がわかるだろう。お前もいっしょに来い」と言われて、宇宙人と一緒に人間を追いかける。アクションもよかった。あとA・バスケイス＝フィゲロウア『自由への逃亡』もどこかに入れたいな。

吉野　いいですね。独裁政権が支配する強制労働キャンプから逃げだした主人公を、看守が死の間際に呟いた「追いかけろ」という命令に従う犬が追うんですよ。『自由への逃亡』

も、その次の『アシャンティ』も映画があった。

霜月　『アシャンティ』は映画のほうが有名ですよね。ぼくはギャビン・ライアル『もっとも危険なゲーム』を入れたいです。主人公は、汚れ仕事をしているフィンランドの一匹狼のパイロット。調査をしているとき何者かに狙われていたのは、主人公の過去が絡んでいて、という話。フィンランドからロシア国境までアメリカの富豪を運ぶんですが、そこにフィンランドの悪党、治安警察の諜報員、死んだはずの密輸業者が出てきて、さらに飛行機事故、殺人が起きたり、偽造銀貨の謎と財宝さがしをしたり。どんどん複雑になっていくんですけど、最後のマンハントがすごく記憶に残っていますね。

北上　いいねぇ。『アラスカ戦線』『ホワイトアウト』で「厳寒」、『ハンターズ・ラン』『もっとも危険なゲーム』『自由への逃亡』で「人狩り」括りかな。決定！

■「9・11以降の世界で」～「グリーニー、グリーニー」

関口　前後するけど、白石一郎『海狼伝』は「海」だよ。『海狼伝』も青春でしょう。

北上　海はたくさんあるから、もう一巻作ってもいいんですが、何か特徴がほしいね。

関口　大佛次郎『ごろつき船』を入れたいけど、組み合わせがなぁ。海つながりでいうと、矢作俊彦・司城志朗『サムライ・ノングラータ』（『海から来たサムライ』から改題）も傑作だよね。

北上　おお、傑作だよ！　ただ組み合わせがね。全集に組めない作品は覚えておいてなんとかしよう。スパイ小説に戻ってみようか。古山くんの案に「9・11以降の世界で」があるね。グレッグ・ルッカの『天使は容赦なく殺す』、テリー・ヘイズの『ピルグリム』、オレン・スタインハウアー『ツーリスト 沈みゆく帝国のスパイ』。全部9・11以降の作品なの？

古山 そうですね。『ピルグリム』は9・11当日から始まる話です。サウジアラビアの反体制派から反米テロリストに転じた男が、凶悪なウィルスを培養してアメリカに送り込もうとするんですけれども、それを察知したアメリカのベテラン諜報部員がテロリストを捕まえようとする。『天使は容赦なく殺す』は9・11より後です。イギリスの地下鉄でテロが起きて、調査のため情報部工作員の女性が中東へ潜入します。

北上 グレッグ・ルッカは『奪回者』があるので『天使は容赦なく殺す』を落として、『ピルグリム』『ツーリスト 沈みゆく帝国のスパイ』はいいですね。スパイ小説はこれで三巻目か。そういえば、まだフリーマントルが入ってない。

関口 ぼくはフリーマントルなら何でもいいね。いちばん票が入っているのは何？

吉野 『消されかけた男』。窓際スパイの〈チャーリー・マフィン・シリーズ〉の第一作であり、フリーマントルの邦訳第一作です。シリーズ六作目の『亡命者はモスクワをめざす』は、異色であると同時に隠れた傑作なんですよ。ある意味、トリッキーな驚きがある。もっとも、第一作から順に読まないと味わえない部分もあるわけですが。

霜月 巻のタイトルは『寒い国から帰ってきたスパイ』と組み合わせて、「ベルリンの壁」

はどうですか？

吉野　「冷戦」もいいけど、「冷たい戦争」とか。

北上　いいね。『消されかけた男』『寒い国から帰ってきたスパイ』で「冷たい戦争」にしましょう。まだ入っていないスパイもので大物だと、アンブラーか。

関口　ガーフィールド『ホップスコッチ』もあったね。自分を的にした死のゲーム。元CIA工作員が、CIAに対してゲームを仕掛ける。

北上　たくさんあるからね。ひとまず「冷たい戦争」は二冊で確定にします。もう十六か！　あと四巻しかないな。この段階で、漏らした作家がいたら挙げていこう。組めなかったら推薦作にしたいんだ。日本人作家なら北方謙三、逢坂剛、志水辰夫、佐々木譲……あっ、福井晴敏も入れてない！　ぼくは『Op.ローズダスト』が好き。

霜月　ぼくは『亡国のイージス』が好きですね。

北上　福井晴敏を忘れちゃいけないよ。前のハンドブックが出て以降、二十三年間に出てきた新しい作家のなかではピカイチでしょう。ほかに入れたい作品ある？

霜月　檜山良昭『スターリン暗殺計画』は入れたいですね。あとは久松淳の『K［ケイ］』という傑作があります。警視庁外事部の主人公は、かつての恋人とそっくりの女がKGBのエージェントとしてマークされているのを知って……という二重スパイの戦いです。

北上　あったねぇ！　『K』はスパイ小説で挙げてもいいよね。デイトンのような佳品。入れよう！　この全集で目立つんですよ。スパイ小説で、『K』と組む作品はあるかな？

古山　結城昌治『ゴメスの名はゴメス』か、打海文三『ハルビン・カフェ』でしょうか。
吉野　『ゴメスの名はゴメス』のほうがいいですかね。
北上　『K』は「世界は陰謀でできている」に入れるという手もありますね。
関口　そうしようか。「世界は陰謀でできている」に追加で、久松淳『K』。翻訳もの、海外作家で漏らしているものは？
北上　フランシスだったら三冊入れてほしいな。
古山　「フランシス、フランシス」？　グリーニーが目立たないじゃないか（笑）。あとはクライトンか。あとバー＝ゾウハーは、『パンドラ抹殺文書』も入れてもいいんじゃないの？
北上　『パンドラ抹殺文書』を「冷たい戦争」に入れるのはどうですか？　KGBに潜入しているCIAの二重スパイが、尻尾をつかまれたと言い出して、CIAがその救出作戦をする。コードネームだけで記されるスパイの正体がなかなか明かされず、ミステリのような驚きもある。
吉野　じゃあ『パンドラ抹殺文書』を「冷たい戦争」に追加しようか。
霜月　『暗殺者』は入れましたっけ？
北上　『暗殺者』と『一人だけの軍隊』をあわせて「四面楚歌」（笑）。
　だいたいみんな四面楚歌だよ（笑）。『一人だけの軍隊』は「ヴェトナム」でまとめるべきじゃない？

関口　「ヴェトナム」か「サバイバル」か、どっちかだね。『一人だけの軍隊』は『ランボー』の原作だね。ある男が田舎町に帰ったとき、不審に思って声をかけてきた警察と揉めて、警察官を殺してしまう。刑務所に入れられそうになって、山の中に逃げるという話。実は男は元ヴェトナム兵士で、とんでもない身体能力で逃げ回る。映画では描かれないところが小説にはたくさんあるよ。コウモリの巣みたいなところに入ったり、崖をのぼったり、冒険小説そのもの。一九七二年はヴェトナム帰りの兵士を題材にした作品がすごく多かった。

霜月　ポロック『樹海戦線』となら組めますよ。主人公は元グリーンベレーの隊員で次々と暗殺者に襲われるんですけど、なぜ襲われるかはわからない。銃撃戦小説ではかなり壮絶な部類に入るので面白かったです。

関口　とくに兵器マニアとか、そういうひとたちに受けそうなリアリティがあったね。

霜月　先ほど話題に出た『狩りのとき』もそうですよ。ヴェトナムからの帰還兵が、かつての敵ともう一度戦う話です。

北上　「帰還兵の戦い」だね。「ヴェトナム」という名前が欲しいよね。『一人だけの軍隊』と『樹海戦線』『狩りのとき』を確定にしましょう。ケン・フォレット『針の眼』は「女の冒険」だと『アフリカの女王』とも組めるけど、ほかにない？

吉野　グレゴリー・デイヴィット・ロバーツ『シャンタラム』も入れたいですね。

北上　「刑務所」括りじゃどうにもならないし。あとスラム街もできないね。

関口　トム・ロブ・スミス『チャイルド44』『エージェント6』。『シャンタラム』と合わせて「収容所脱出」というには強引かな。

霜月　さっきの『脱出航路』と『A‐10奪還チーム 出動せよ』で「脱出」で括る手もありますよ。『A‐10奪還チーム 出動せよ』は冷戦時代の話。主人公は西側の元レーシングドライバーで、作中では東ドイツ側に何か大事なものが落ちたときに持ち帰るリカバリーチームのドライバーをしているのですが、ある日、新型攻撃機の特殊な機能をもつ機体が東ドイツに落っこちたんですよ。何とかそれを回収したいんですけど、東ドイツも必死なので、たった一台の主人公の車に膨大な数の追っ手を差し向ける。作者も元ドライバーです。

吉野　シリーズとして何作か出たんですけど、やはりこの第一作が傑作ですよ。

古山　『脱出航路』は、第二次世界大戦末期、なんとしても故郷に帰ろうとするドイツ人たちが、ブラジルから古い帆船で故郷を目指す話です。老朽化した船で、暴風や荒波といった苦難に立ち向かう。

北上　じゃあ、確定！　「脱出」括りで『脱出航路』と『A‐10奪還チーム 出動せよ』。

吉野　もう三、四巻は必要ですね。このなかで絶対入れたいというのを考えましょう。「グリーニー」、グリーニー」が最終巻だと、十九だ。あとひとつしかない！

北上　絶対に欠かすことができないのはフランシス。どの作品を選ぶ？

関口　挙がったのは『利腕』と『度胸』。括りは「不屈の男」とか「不屈の闘志」になるね。

北上　フランシスを読んでない新しい読者に向けて一冊選ぶならどれかな？

霜月　『興奮』はミステリ色が強いですよね。『大穴』がいいかもしれないですね。

吉野　わかりやすいのは『興奮』だけど、「不屈」なら『大穴』。

関口　冒険小説といえば志水辰夫『飢えて狼』でしょう。『大穴』と組めないのは妥協する（笑）。

霜月　どちらも、負い目を持った人の話ですね。

北上　意外と難しいか。フランシスは単独峰なんだよな。……わかった！「名作集」をつくろう！　名作集一冊目に古典を入れるなら、フランシスの『大穴』以外になにがあるかな？

霜月　『大穴』と結城昌治『ゴメスの名はゴメス』と志水辰夫はすべて一人称ですよね。

北上　ここからが難しいんですよ。十六巻ぐらいまでは素直にいくんだけど……『大穴』以外の作品にすれば、フランシスの作品を入れられる？

霜月　『奪回』とか、フランシスを五作入れればいいんですよ。あとトーマスを三作（笑）。

古山　二十巻分しか枠がないのに、フランシスを五作（笑）。

北上　（笑）。船戸与一をもう一作入れるならどれ？　ぼくは『夜のオデッセイア』かな。

吉野・霜月　『猛き箱舟』かな。

古山　『炎　流れる彼方』。

北上　二票はいったから、『猛き箱舟』にしよう。

霜月　『猛き箱舟』は船戸さんのベストだと思います。冒頭で、日本の政財界の大物を殺しまくっている隻腕の凄腕の暗殺者が、死んだような目をしている。男は最近までは陽気で軽薄な青年だったのに、なぜこうなったのか、というプロローグから始まります。ある出来事をきっかけに、いい加減だった主人公は灰色熊と呼ばれている多国籍企業の守護神のような存在に弟子入りをする。その男に連れられて北アフリカに行き、ゲリラの手から鉱山を守るため傭兵になる。その段階でもまだ主人公は陽気だったのに、彼はなぜ片腕を失い、幽霊のような顔の暗殺者になってしまったのか。凄絶な冒険小説であり、ノワールですよ。

北上　よし、「復讐」が二作しかないから入れよう！　タイトルが「復讐」じゃ味気ないね。

霜月　案では「復讐するは我にあり」にしていました。

北上　それ、採用。八〇年代の冒険小説ブームのときに出てきた作家で、純粋な冒険小説を書いているのは、ぼくは船戸与一だけだと思うんだよね。あとは福井晴敏か。

霜月　『亡国のイージス』かなあ、『Op.ローズダスト』でもいいです。

関口・古山・吉野　『亡国のイージス』を。

北上　じゃあ、『亡国のイージス』にしよう。「世界は陰謀でできている」はすでに三作あるから、『亡国のイージス』は推薦作かな。あとは志水辰夫と、スパイ小説で、結城昌治と三好徹を入れたい。

古山　最後に絞り込む過程で泣く泣く落としたので、ぜひ入れたいです。

関口　結城さんの『ゴメスの名はゴメス』はヴェトナム、三好さんの『風塵地帯』はインドネシアだね。

古山　ヴェトナムはすでに三作挙がっていますから、範囲を広げて、その二作にもう一作を加えて「スパイたちの東南アジア」にしましょうか。『ゴメスの名はゴメス』は名作中の名作。舞台がヴェトナムのサイゴン。日本企業の駐在員が、いなくなった前任者を探す話です。

関口　各務三郎さんが「スパイ小説は人間不信の小説で、冒険小説は人間を肯定的に描いた小説だ」と仰っていて、それを最初に描いた日本のスパイ小説ですね。何を話してもネタバレになりそうですが、とにかく傑作ですよ。『風塵地帯』はインドネシアに着任した特派員が、一九六五年に起きたクーデターを取材する小説。主人公が現地で再会した日本人カメラマンや現地人の助手がなぜか次々殺されて、主人公自身も拘留されちゃうんだよね。『風塵地帯』は〈風〉三部作の一作目で、「風塵」には「戦乱」という意味があるんだよ。

北上　いいねえ。そういうのが大事なんだよ。もう一作、翻訳で何かないかな？

古山　チャールズ・マッキャリー『暗号名レ・トゥーを追え』があります。一九六三年の南ヴェトナムでクーデターが起きて、大統領ゴ・ディン・ジエムが殺される。その後、アメリカでケネディも暗殺される。ＣＩＡのエージェントが二つの事件を探るうちに、意外な真相をつきとめる話です。

吉野　マッキャリーはその時代の作家といえるような存在です。最近になってハヤカワ文庫

NVから『上海ファクター』が刊行されたのには驚きました。

北上　マニアックな作品が入るのはいいね。「スパイたちの東南アジア」で十九巻。いよいよグリーニーかな。前のハンドブックとの違いを出すためにも、グリーニーの巻を一巻作りたかったんだ。ぼくは「二十一世紀に冒険小説の神が降りてきた」と書いたことがあるんですが、びっくりしましたね。この座談で出てきたけど「冒険小説はストーリーじゃなくて、ディティール」なんですよ。最初の『暗殺者グレイマン』は、ストーリー自体はそれほどでもないのになぜこれほど緊迫感があるのかというと、ディティールがものすごく素晴らしい。どうして誰も気がつかなかったんだろうと思ったよ。ストーリーに無理があるから盛り上がらなかったり、空まわりしたりするんだけど、ストーリーはいらないんですよ。そうかと思えば、昔風の冒険小説の『暗殺者の復讐』も書く、幅のある作家なんです。それがアメリカの作品ということに驚いたね。いまや冒険小説はイギリスの時代じゃないんだ。

霜月　いい意味で、〈グレイマン・シリーズ〉にはTVゲームみたいなところがあるんですよね。小説的な滋味とか、人間への関心とかを求めてしまうと、何もないですから。ひたすら戦いだけがあるというアイデアはすごい。

北上　ぼくは現代の冒険小説として、グリーニーがいま読めるということにとにかくびっくりした。ただ、冒険小説を好きじゃない人には、なぜ北上さんが興奮しているのかわからないと言われたから、冒険小説好きにだけ薦めるようにしてる（笑）。最後は「グリーニー、グリーニー」でお願いします。

■タイトルを決めよう！

北上　せっかくなら、各巻三作で揃えたいね。二作しか挙がっていないのは「川」「厳寒」「9・11以降の世界で」「脱出」か。
古山　「空」から漏れてしまった『飛べ！フェニックス』を「脱出」にどうですか？
北上　いいね。あと「厳寒」に『惑星CB-8越冬隊』はどう？　氷と雪に閉ざされた惑星に派遣された調査隊の話。読んでいる間はとてもSFとは思えない探検ものだよ。
霜月　あれは寒いですね。いいと思います。
北上　「川」はありそうだよねえ。「9・11以降の世界で」はどう？
古山　悩んだのがコリイ・ドクトロウ『リトル・ブラザー』です。サンフランシスコにいる十七歳ぐらいの男の子が主人公です。彼は実はハッカーで、ちょっとした悪さをやっていたばっかりに、爆弾テロ事件の容疑者に間違えられてしまう。市民グループの助けを得て身を隠すのですが、そこにも政府側のスパイがまぎれこんでいて……という展開ですね。
北上　それを足そう！　「9・11以降の世界で」に追加で『リトル・ブラザー』。
関口　ヒギンズ『神の最後の土地』は川ではないし……。マーク・トウェイン『トム・ソーヤーの冒険』『ハックルベリー・フィンの冒険』は、楽しい川辺が出てくるね。「山」とか？

吉野　合言葉みたいですね（笑）。アフリカに絞って、アフリカものをほかに二つ選ぶと

北上　それがいいかもね。「川」を「アフリカ」にして、『アフリカの女王』、「黄金を求めて」に入れられなかった『虎の眼』を入れよう。『黄土の奔流』は推薦作に回していいよね。あとはジェフリー・ジェンキンズ『砂の渦』もアフリカだよ。アフリカの骸骨海岸が舞台なんだよ。けっこうおもしろいと思うんだよね。どうですか？

古山　イギリスの植民地文学という感じがしますね。

北上　よし！　各巻三冊で揃ったから、タイトルを決めようか。未定なのは「人狩り」「厳寒」「アフリカ」「洞窟」「脱出」。

関口　「洞窟へ！」（笑）。

霜月　「アフリカへ！」（笑）。

北上　やりすぎだよ（笑）。「地底の探検」？

吉野　「探検」と言っていいのか問題がありますね。洞窟探検は英語でいえばケイビングですけど、タイトルにならなそうです。

古山　『大洞窟』があるので、タイトルで「洞窟」はやめたほうがいいかもしれませんね。

北上　じゃあ「地の底へ」で。アフリカは「熱砂の国で」はどう？　問題は『虎の眼』と『アフリカの女王』。アフリカは川があるんだよ。

古山　アフリカで何か暑そうなものをつけると、「厳寒」と対になってちょうどいいですね。
吉野　「灼熱のアフリカ」でどうかな。残りは、「厳寒」。「酷寒」とかかな？
霜月　「耐えて酷寒」（笑）。
関口　「酷寒を往く」はどう？
北上　余韻があっていいね。じゃあ「脱出」は？
霜月　「潜入せよ」がありますから「脱出せよ」？　ただ『A-10奪還チーム　出動せよ』以外はミッションじゃないんですよね。
古山　「脱出のとき」はどうでしょう？
関口　かっこいいね。残りは「人狩り」か。「戦慄のマンハント」だと定番すぎるかな。
北上　それにしよう。最終巻をグリーニーするとして、十六から十九巻をスパイ小説を時系列順に並べようか。そうすると、「死にざまをみろ」「黄金を求めて」「街は戦場だ！」「誇りあるドイツ」「潜入せよ」「復讐するは我にあり」「海へ！」「空へ！」「地の底へ」「灼熱のアフリカ」「酷寒を往く」「戦慄のマンハント」「脱出のとき」「冒険者たちのヴェトナム」「諜報員たち」「世界は陰謀でできている」「冷たい戦争」「スパイたちの東南アジア」「9・11以降の世界で」「グリーニー、グリーニー」。完成！

■架空の冒険・スパイ小説全集をつくってみて

北上　さっそくだけど入れられなかった作品がけっこうあるな。別巻をつくろうか（笑）。
霜月　別巻「大いなる物語」。
北上　いいね。別巻「大いなる物語」。茅田砂胡『デルフィニア戦記』とか、どう？
吉野　組み合わせるなら、ぜひ金庸『射雕英雄伝』を。
北上　決まりだ。せっかくなら二巻作ろうか。一巻のテーマは「大いなる物語」、二巻のテーマは「名作選」。フランシス『大穴』と大佛次郎『ごろつき船』を並べるのはどう？
関口　いいねぇ。推薦作も拾わないと。入れられなかったのがたくさんあるよ。

――この後、推薦作をめぐる白熱の議論があり、ラインナップが決定しました。

北上　全二十巻と、別巻二巻、推薦作が決まりました。ラインナップを見てどうかな？
関口　いま読者に薦めたい冒険・スパイ小説は何か、改めて考えるいい機会になりました。
吉野　こういう企画は、未知の作家に出会える機会でもあるし、気に入った作家の別の作品などにも手をのばしてくれればと思います。
霜月　ぼくは中学時代に冒険小説ブームをもろにかぶった世代です。世界情勢も、アメリカやイギリスの文化も、ぜんぶ冒険小説から学んだ人間なので、あれから三十年を経て、こうした企画に携われるのは大変な名誉でした。九〇年代以降は「大きな物語」が低調になってしまいましたが、そろそろ反撃が起きるような気がしています。これに際して、大好きだったクレイグ・トーマス作品とかいろいろと読み返してみましたが、どれも現代のエンタメに対抗できる面白さでしたね。

古山　実は、二十三年前に『冒険・スパイ小説ハンドブック』を手に取ったのがきっかけで、このジャンルの小説をたくさん読むようになりました。そんなわけで、たとえ最盛期の後であっても、この二十三年間に出た作品こそが、自分にとって同時代の作品だったりします。その中でも、入るべきものがこのラインナップに加わったと思います。

北上　この百作品が冒険小説の「核」にこだわって選んだ、今の冒険小説なんだよね。マクリーンから始まってグリーニーで終わる、冒険小説の何十年かが集約されている全集です。それではみなさん、ご苦労様でした。

（二〇一五年七月十一日、早川書房にて）

■全集収録作品、推薦作解説

白熱の座談会を経て、
架空の冒険・スパイ小説全集収録作、
および推薦作、合計 100 作品が決定しました。

ここからはジャンルに精通した執筆陣による、
作品解説をお届けします。

なお作品一覧は目次ページをご覧ください。

H.M.S.Ulysses, 1955

『女王陛下のユリシーズ号』

アリステア・マクリーン

村上博基訳／ハヤカワ文庫NV

翻訳家
村上博基

援ソ物資を積んで北極海をゆく連合軍輸送船団FR77。その護送艦隊の旗艦英国巡洋艦ユリシーズ号は、先の二度の航海で疲弊しきっていた。病をおして艦橋に立つヴァレリー艦長以下、疲労困憊《こんぱい》の乗組員七百数十名に対し、なおも厳寒の海は仮借ない猛威をふるう。しかも前途に待ち受けるのは、空前の大暴風雨、そしてUボート群と爆撃機・戦闘機編隊だった……。信じがたい強風と激浪に台座からひっぱがされた空母の飛行甲板は、全長の半分が折れ曲がって帆のように直立する——その否応なく信じさせる古風で端正な描写だけでも、凡百の書き手をとうてい寄せつけない。

被雷して夜の海に大炎上するタンカーは、Uボートを他の船舶にまねき寄せる絶好の的になる。艦長はタンカー撃沈を決意して総員退避を命じるが、タンカーは応じない。もはや一刻の猶予もなくなったとき、なぜか水雷兵は泣いて魚雷発射を拒否する。副長に罵《のの》られ脅《し》されて、ようやく兵は涙ながらに従い、タンカーは一瞬にして波間に消える。「船長の名を調べておけ」という艦長に、ラルストン水雷兵はこたえる。「名はわかっています。マイケル・ラルストン——わたしの父でした」

そんな凄絶悲愴な感傷場面が『ユリシーズ』には続出して、興奮と感動の薄れるひまもない。『読まずに死ねるか！』の内藤陳さんが生前、「ぼくが今日まで一番くりかえし読んだのは『三国志』、そのつぎが『ユリシーズ』だった」といっていた。

ハッチにとびこんで、外側からは動かなくなった蓋《ふた》を内側からしめる大男の機関員や、機関長とともに軸路にとどまる反乱首謀者も忘れがたい。「ヤンキーの船乗りには度胸がないというやつがいたら、そいつのくそっ面に拳をめりこませてやる！」と大喝する副長をえがくマクリーンには、海洋国民の先輩面と感傷がちらとのぞいて面白い。

1984
『山猫の夏』

船戸与一
小学館文庫

書評家
西上心太

一九八〇年の前後数年は、今なお活躍する冒険・ハードボイルド系の書き手が続々とデビューを飾り、国産冒険小説が興隆をはじめた時期だった。その中でもこのジャンルを牽引した第一人者が船戸与一であったことに異論を唱える者はいないだろう。七九年に『非合法員』でデビュー以来、いずれも海外を舞台にした冒険小説を発表。そして船戸与一の名と地位を決定づけた大作が八四年に書下ろしで刊行された本書で、翌年第六回吉川英治文学新人賞の受賞作にも輝いた。

ブラジルの田舎町エクルウ。この町は二つの旧家に依存することで支えられていた。

オランダ系移民の血を誇り、純血主義を掲げる大農園主のビーステルフェルト家と、ポルトガル系移民で工業ブルジョワジーに転換したアンドラーデ家である。「憎悪」を意味する町の名にふさわしく、この両家は多くの私兵を雇い、百年来にわたって互いを憎み殺しあいを続けてきたのだ。

ところが結婚を間近に控えたビーステルフェルト家の長女が、仇敵のアンドラーデ家の一人息子と駆け落ちをしてしまった。当主である長女の父は、ひそかに捜索隊を結成する。その隊長を引き受け、町にやってきたのが「山猫《オセロット》」と名乗る日本人弓削《ゆげ》一徳《いっとく》だった。弓削は娘を発見するが、アンドラーデ家に雇われた捜索隊と遭遇してしまう。しかもその隊長は山猫と深い因縁で結ばれた男だった。

ダシール・ハメットの『赤い収穫』と、シェイクスピアの『ロミオとジュリエット』を下敷きに、町の中立地帯である食堂と酒場を兼ねる店で働く日本人の「おれ」の視点から、山猫が引き起こす凄まじいカタストロフがたっぷりと描かれる。

左翼闘争に挫折しブラジルに流れ着いた「おれ」、日系移民がたどった数奇な運命を体現する山猫、そして謎めいた山猫の行動の心底にある民族問題。「正史」の埒外《らちがい》に置かれ、船戸与一が生涯を通して描き続けた「叛史」にしか名を刻めない人間たちが織りなす、血まみれの惨劇を描いた大作である。

The Day Before Midnight, 1989

『真夜中のデッド・リミット』上下

スティーヴン・ハンター

染田屋茂訳／新潮文庫

作家　西村　健

全米で唯一、単独発射が可能な核ミサイル基地が謎の武装集団に乗っ取られた。

メリーランド州サウス・マウンテンの山中深くに設けられたミサイル・サイロに降りるには、たった一本のエレベーター・シャフトを通るしかない。下手《へた》に爆撃して入り口の施設を破壊すれば、コンピュータが作動しシャフトは永遠に閉ざされてしまう。つまり歩兵と銃による古典的な攻撃手段でしか、敵を止めることはできないのだ。

デルタ・フォースを創設した伝説の大佐。偶然、近くにいた若きFBI捜査官。メリーランド州軍に籍を置く、普段は普通の生活を送っている一般市民たち。溶接技師。基地を設計した天才学者に、ＧＲＵの呑んだくれ中年スパイ……。たまたま巻き込まれた、または否応なく関わることになるキャラクターたちの多数の視点により、物語は進んでいく。

　敵が基地を襲撃した際、管制官の咄嗟《とっさ》の行動でミサイル発射キーは保管庫に収められた。しかしぶ厚いチタニウム合金製の保管庫も、プラズマアーク・トーチで溶かせば穴を空けられてしまう。デッド・リミットは深夜零時。それまでにデルタ・フォース混合軍は敵を突破し、野望を打ち砕くことができるか⁉

　特筆すべきはかつてベトナム戦争で作戦に従事した、二人のトンネル・ネズミである。焼け死んだ娘と心で会話するベトナム人女性フォンと、字も読めないスラム出身の元黒人兵ウォールズ。鉱山だった名残の坑道を抜け、気も狂うような闇の中ミサイル基地を目指す。

　そして始まる破滅のカウントダウン。しかも全く別の場所で、もう一つの核爆弾も――ピンチピンチまたピンチの乱れ打ちに、ページをめくる手が止まらない。下っ腹から力の抜ける暇がない！

　第八回日本冒険小説協会大賞（海外部門）を受賞した本作。「明日朝イチから用事がある」という夜には決して手に取らないよう、キツく警告しておきます。

『銀塊の海』

Maddon's Rock(Gale Warning), 1948

ハモンド・イネス

皆藤幸蔵訳／ハヤカワ文庫NV

ミステリ研究家
小山　正

荒れ狂う大自然の中で起きる犯罪と略奪。一癖も二癖もある主人公の死闘と勝利――イネスの作品にはこのパターンが多く、どれも英国の冒険小説らしいリアリズムと明朗快活さがあって、心地よいカタルシスを伴う。長篇『銀塊の海』は彼が得意とした海洋物で、銀塊争奪をめぐる波瀾のドラマだ。

第二次世界大戦末期、英国人バーディー伍長ら四人の兵士は、北極圏のソ連の港ムルマンスクからイギリスに帰国する際、貨物船トリッカラ号に乗ることを命じられる。彼らの任務は、搬送中の銀塊の警備。しかし航路半ばで暴風雨に遭遇、救命ボートをめぐって彼らはハルジー船長と対立し、直後に起きた謎の爆発によって、沈む船から投げ出されてしまう。漂流の末に故国にたどり着いたバーディーだったが、彼らを待っていたのは、偽りの証言に基づく反抗罪と懲役刑だった。

やがて戦争が終わり、監獄のバーディーのもとに、トリッカラ号にまつわる不可解な知らせが届く。生き残った元船長ハルジーと仲間が、銀塊を探し始めたというのだ。陰謀の存在を嗅《か》ぎとったバーディーは自らの冤罪《えんざい》を晴らすため、そして、トリッカラ号の秘密とハルジー船長の謀略を暴くために、決死の脱獄を図ったが……。

『宝島』を現代に甦らせたような面白さもさることながら、特に臨場感あふれるのが、氷洋上の暴風雨や漂流シーン。生死すれすれの極限状況が、圧倒的な迫力で伝わってくる。大自然の暴威を執拗《しつよう》に描くイネスの筆致は、その後の代表作『メリー・ディア号の遭難』『報復の海』『北海の星』において頂点を極め、登場人物の特筆すべき個性もあいまって、他に類を見ない疾風怒濤の小説世界を作り上げた。この作風は、最晩年の『特命艦メデューサ』でも変わることは無い。

イネスが今も本国で愛されているのは、自然対人間という普遍的な題材のなかに、劇的なドラマを浮かび上がらせる名人だったからであろう。

1961

『鳴門太平記』上下

富田常雄

徳間文庫

文芸評論家
北上次郎

富田常雄は『姿三四郎』の作者として知られているが、この小説が明治開花期の時代相を背景にしていたように、明治ものを数多く書いている。そちらがあくまでも本線で、本書のような伝奇小説は例外の部類といっていい。本書『鳴門太平記』は昭和三十五年七月から三十七年十月まで『週刊サンケイ』に連載し、新潮社から刊行された長篇である。阿波徳島藩の下級武士、船越重兵衛《ふなこしじゅうべえ》の妻おたもが勘定奉行高松主水《たかまつもんど》たちに強姦される場面からこの大長篇は始まるが、このあとの展開を予想できる人はいないだろう。この物語は思いもかけない方向に、これから先どんどん進んでいく。それがあまりにもぶっ飛んでいるので、怒りだす読者もいるかもしれない。ようするに、とんでもない小説なのだ。ややまとまりを欠いていると指摘されても弁護しにくいが、そういう「とんでもない小説が好き」という人にのみ、すすめておきたい。

なにしろ次々に登場人物は増え、リレーし、ズレていくのだ。船越重兵衛が復讐される側になるという序盤の展開に、こいつが復讐するのではないのか！　と驚いていると、そんな程度ではないから驚く。鳴門の渦潮に投げ込まれた重兵衛の息子朱長八郎《あけちょうはちろう》が犬の竜王に助けられ、根来忍者に育てられると、嫡子が乱気のため長八郎を替え玉として迎えたい、と阿波徳島藩主から打診されるという展開になり、長八郎がいかに嫡子をまもるかその戦いに物語は移っていく。つまり本書は、復讐もの、宝探し、成長小説、お家騒動ものと、盛り沢山の趣向なのだ。強姦、輪姦、乱交、同性愛、父子相姦、と全篇にエロティシズムが充満しているのも異色だが、その暗い色調を、途方もなく明るい長八郎のキャラクターが救っていることも見逃せない。その自由奔放なヒーロー像こそがキモ。広く万人にすすめることの出来る作品ではないが、珍品として愛したい。

The Golden Keel, 1963

『ゴールデン・キール』

デズモンド・バグリイ

宮祐二訳／ハヤカワ文庫NV

早川書房編集部

第二次世界大戦直後、イギリスから南アフリカのケープタウンに流れて来た造船技師のハローランは、バーで知り合ったウォーカーという男から面白い話を聞きこむ。大戦中にナチスが略奪した四トンもの黄金が、パルチザンの手によって人知れずイタリアの山中に埋められているというのだ。その事実を知るものはウォーカーと、パルチザンの仲間だったカーツしかいない。その時はそれきりになった話だったが、十年後に妻を亡くしたハローランは、ウォーカーと再会したことから、失われた黄金を発掘すべく、自ら設計したヨットでイタリアへと向かう。問題は、いかにして官憲の目をくらませて大量の黄金をイタリア国外に運び出すかだったが、ハローランには奇想天外な秘策があった。だが、彼らの前には、予想外の困難が次々と立ちはだかる。

本文中で主人公ハローランの妻が「ハモンド・イネスの冒険小説みたい」というシーンがあるが、そうした正統派冒険小説の伝統を引き継いだデズモンド・バグリイのデビュー作。だが、題材、展開など、とてもデビュー作とは思えない。財宝を横取りしようとする敵との争いや駆け引き、そして終盤の嵐の地中海での大自然との壮絶な戦いなど読みどころも多い、堂々たる作品だ。

埋蔵金伝説は世界各地に無数に残るが、第二次大戦中に失われたナチスの財宝伝説は、そのなかでも比較的信憑性《しんぴょうせい》の高いものが多いと言われている。つい先般もポーランドで、埋もれていたナチスの軍用列車が発見されたというニュースがあった。それらを扱った小説や映画もまた数多くあるが、なかでも本作はその代表格にあげられる傑作である。

また主人公が、スーパーマン的なヒーローでなく、一介の造船技師という平凡な市井の人であることも、注目に値する。

（H・K）

Finder, 1997

『奪回者』

グレッグ・ルッカ

古沢嘉通訳／講談社文庫

翻訳家
古沢嘉通

全七巻からなる〈アティカス・コディアック・シリーズ〉の第二巻である本書は、主人公のアティカスが正業であるボディーガードをしていた時代の至極まっとうなサスペンス・ドラマである（その後、シリーズ後半において、主人公は数奇な運命をたどる）。すなわち、ボディーガードとして、警護対象者を敵からいかに守り抜くかということに主眼を置かれた迫力満点の攻防が描かれている。

アティカスは、まだ二十代の若者で、陸軍要人保護分隊などに所属していた経験を活かしてフリーランスのボディーガードになって三年、腕利きを自認している。

今回、警護を担当するのは、十五歳の美少女エリカ。陸軍時代に警護を担当していたワイアット大佐から、娘のエリカを誘拐されぬよう守ってほしいと依頼される。相手は、英国陸軍特殊空挺部隊《SAS》だという。なぜ十五歳の少女を精鋭中の精鋭兵からなる英国の特殊部隊が狙うのか。詳しい事情を明かそうとしない大佐にいらだちながらも、アティカスは、エリカの警護を引き受ける。果たして、無事、少女を守ることはできるのか——。

シリーズ第一作にして、作者の処女作である『守護者《キーパー》』のなかで、アティカスは、完璧な身辺警護というものはありえず、相手に忍耐心と少しの知恵と多少の金があれば、守り切ることは不可能だ、と胸の裡《うち》を吐露している。いざとなれば警護対象者を守るため、みずからの体を盾にするのが求められる以上、ボディーガードの物語は、必然的に「悲劇」となる運命にある。本書も例外ではなく、心身ともに満身創痍《そうい》になりながらも職務を果たそうとする若き主人公の活躍に読者は心を揺さぶられるであろう。

著者グレッグ・ルッカは、いわゆるアメコミの原作者で、その世界ではいまや大御所クラスの売れっ子であり、本業が忙しいのか、小説の発表が散発的になっているのが残念。

2002

『砂の狩人』上下

大沢在昌
幻冬舎文庫

書評家
西上心太

　未成年の殺人容疑者を射殺したため、警察を退職した元捜査一課の敏腕刑事・西野《にしの》。彼のもとに警察庁刑事局の女性キャリア時岡《ときおか》が訪れる。東京と神奈川で若者を狙った猟奇的な連続刺殺事件が三件起きていたのだ。被害者の父親はいずれも暴力団組長という共通点があった。もしこの事実が知られれば、中国人組織を巻き込んだ予測のつかない報復合戦がくり広げられてしまう。さらに時岡を始めとする警察幹部は、警察関係者の犯行も疑っていた。時岡にはひそかな計画があったが、その計画の安全弁として西野に極秘調査を依頼したのだ。《狂犬》と恐れられた西野は都会に舞い戻るが、その直後に第四の事件が起こる。被害者は西野が会ったばかりの旧知の娘だった。

『北の狩人』に続く狩人シリーズの第二弾である。本書のあと『黒の狩人』『雨の狩人』と続いていくが、主人公が常に一作限りのアウトサイダーであるという点にこのシリーズのもっとも大きな特徴がある。そして新宿署のマル暴刑事の佐江《さえ》が、シリーズに共通する脇役として登場し、主人公と関わる狂言回し的な役割を負っているのがもう一つの特徴だ。〈新宿鮫〉という人気シリーズがありながら、同じ新宿が舞台となる別シリーズを始めた理由がこの設定から読み取れる。すなわち主人公に対する甘い扱いや制約など、同一主人公によるシリーズものと一線を画す物語を読者に問うという、作者の宣言にほかならない。その宣言通り、西野は通常のシリーズキャラクターでは背負いきれない宿命を抱えている。実際、死に場所を見つけるため西野は田舎暮らしから暴力の巷に戻ってきたのだ。そんな男であるからこそ、暴力団、中国人組織、さらには警察にまで命を狙われる四面楚歌の状態になりながらも、命を賭けて真犯人という彼自身の獲物を狩ろうと調査を続けるのである。微塵も甘さのない緊密なストーリー、心をゆさぶる主人公。文句なしのクライムアクションである。

2011

『機龍警察　自爆条項』上下

月村了衛
ハヤカワ文庫JA

若林《ライター》　踏

近接戦闘用の有人兵器、機甲兵装がテロや犯罪に使用されるようになった至近未来。警視庁は機甲兵装が起こす凶悪犯罪に対抗すべく特捜部を設置、「龍機兵《ドラグーン》」と呼ばれる新型機甲兵装を乗りこなす三人の傭兵を雇った。

これが月村了衛の〈機龍警察シリーズ〉の基本概要である。警察小説、アクション、スパイ小説等々、あらゆるジャンルのツボを押さえ、進化させた総合エンターテインメント小説、それが〈機龍警察〉なのだ。本書は第三十三回日本SF大賞に輝いた長篇第二作で、「龍機兵」搭乗員のひとり、ライザ・ラードナーを中心に据えた物語である。

密造された機甲兵装を載せた船が横浜港で発見される。上層部から捜査中止命令が下されるも、国内での大規模テロ計画の可能性を察知した警視庁特捜部の沖津旬一郎部長は続行、背後にアイルランドの過激派テロ組織「ＩＲＦ」の存在があることを突き止める。一方、ライザの前に〝詩人〟と呼ばれる「ＩＲＦ」の大物、キリアン・クインが現れる。ライザはかつて「ＩＲＦ」のメンバーだったのだ。

本書の読みどころは現在の捜査・戦闘パートと並行して描かれる、ライザのテロリスト時代の物語だ。実際のアイルランド問題も盛り込みながら語られるライザの悲劇的な過去は、著者の世界情勢に関する深い見識を感じると同時に、著者が敬愛するジャック・ヒギンズへの強い思い入れが滲《にじ》み出ている。

また、特捜部のボスである沖津が繰り広げる頭脳戦も見逃せない。警察内外の敵を相手に政治的駆け引きを乗り切る沖津の活躍は、ジョン・ル・カレの描く諜報戦を読んだ時の興奮に似ている。もちろん、クライマックスにおける「龍機兵」による白熱の戦闘シーンも読み応えたっぷりだ。

この後シリーズ長篇は第三作『暗黒市場』（第三十四回吉川英治文学新人賞受賞）、第四作『未亡旅団』と続いているが、いずれも高水準の傑作。特に『未亡旅団』における捜査員・由起谷の取り調べシーンは往年の刑事ドラマを彷彿とさせる屈指の名場面だ。

The Enemy Below, 1956

『眼下の敵』

D・A・レイナー
鎌田三平訳／創元推理文庫

ミステリ書評家
川出正樹

一九四三年九月七日二〇〇〇時、英国海軍駆逐艦ヘカテは、北大西洋のアフリカ沖を哨戒中にドイツの潜水艦を発見した。獲物である連合軍の輸送船団の航路を大きく外れた外海を、最大級の速度で進路一定のまま突き進む敵艦の行動に不審を抱いたヘカテの艦長は、Uボートが極秘任務を帯びていると判断し尾行を開始する。

その直感は当たっていた。ドイツ艦は、九月九日正午に友軍の破壊工作船に接触し、連合軍から奪取した暗号表を受け取るべく、ランデヴー地点に急行中だったのだ。翌朝六時、追跡に気づいたUボート１２１は急速潜航の後、魚雷を発射、すかさず爆雷を投下するヘカテ。かくて援軍のいない絶海を舞台に、ヘカテとU１２１の一騎打ちの火蓋《ひぶた》が切られた。

駆逐艦と潜水艦が一対一で対決したら、果たしてどちらが強いのか。自身駆逐艦艦長としてUボートと闘った経験を持つ作者D・A・レイナーは、巻頭の著者覚え書で第二次世界大戦中の戦闘では、攻守ともにUボート側に利があると明言した上で、大西洋の中でも艦影の稀《まれ》なエリアを選ぶことで第三者の介入を排除し、その上で、同等の技術と知力、そして胆力を備えた指揮官二人を対置し、一騎打ちの舞台を整えた。

駆逐艦の艦長が、「海を盤として戦われるチェス・ゲームだ。艦は駒であり、乗組員の生命が賭け金だ」と述懐するように、本書は、互いの手の内を読み合い、裏の裏をかく、二昼夜にわたる虚々実々の死闘を活写した戦争冒険小説の白眉だ。

原著刊行の翌年（一九五七年）に、ディック・パウエル監督、ロバート・ミッチャムとクルト・ユルゲンス主演で映画化された。ただし英軍が米軍に変更された上、結末が異なる。余分な人間ドラマのない原作の方が個人的には好みだ。

他に、ナポレオン戦争期のインド洋で英仏帆船が壮絶な一騎撃ちをした史実に基づく『インド洋の死闘』が訳されており、こちらもお勧めだ。

The Eagle Has Landed, 1975

『鷲は舞い降りた〔完全版〕』

ジャック・ヒギンズ

菊池 光訳／ハヤカワ文庫NV

作家
西村 健

失脚し身柄を拘束された盟友、ムッソリーニの救出に成功したアドルフ・ヒトラーは、興奮して叫んだ。「ならばチャーチルを拉致《らち》することも可能なはずだ」

誰もが冗談と受け取った。が、そうでない男が一人だけいた。親衛隊《SS》長官ヒムラー。軍情報局《アプヴェール》は取りあえず、体裁を取り繕《つくろ》うためだけに調査を開始する。すると驚くべき情報が飛び込んできた。イギリス、ノーフォークの寒村で二カ月後、チャーチルが私的に週末を過ごす予定というのだ。そこにドイツ落下傘部隊を密かに送り込めば、英国首相の誘拐もあながち不可能ではない。

前代未聞の計画が、こうして動き出した。

作戦部隊を率いるのは現代の騎士クルト・シュタイナ中佐。「彼以上の適任はいない」情報局の将校マックス・ラードルの判断により、今回の任務に抜擢《ばってき》される。脇を固めるは、誰より頼りになる副官リッター・ノイマン中尉以下の精鋭部隊。鳥の観察を何よりの楽しみとするヴェルナー・ブリーゲル。オルガン奏者ハンス・アルトマン等々いずれも魅力的な隊員たちだ。

中でも隊に先立って現地入りし、秘密工作を進める元ＩＲＡ工作員、リーアム・デヴリンがいい。数々の修羅場を潜り抜けた皮肉屋であったにもかかわらず、農家の不器量な田舎娘モリィ・プライアと恋に落ちてしまう。

かくして作戦は実行に移され、落下傘部隊は万能輸送機ＤＣ－３から宙へ飛び立つ。「鷲は舞い降りた」。潜入成功の暗号無線が飛ぶ。

「おじさんはどうしてドイツ人なの？　どうしてぼくたちの側につかないの？」

少年の素朴な一言が胸を打つ。戦争の不条理ゆえに戦い合わねばならない男たち。その誇り高き勇姿に涙せよ。

戦争冒険小説の最高傑作。まさに故・内藤陳の言った通り、この一冊を「読まずに死ねるか！」なのである。

『北壁の死闘』

Traverse of the Gods, 1980

ボブ・ラングレー

海津正彦訳／創元推理文庫

翻訳家
海津正彦

第二次世界大戦が終わってから四十年余りたったある日、スイス人の若者が二人「アイガー北壁」を登攀《とうはん》していた。高さ千八百メートルを誇る魔の大岩壁を、下から五分の四ほど登った辺りの通称「神々のトラバース」で、小雪崩《なだれ》に襲われた。その難事を辛うじて生き延びたあと、雪崩に削り取られた雪面を見ると、隙間の奥に、岩棚に腰掛けた姿勢の半ば白骨化した遺体が見えた。遺体の首には、ナチス時代に勇者に贈られた騎士十字勲章と、若い美人の写真を収めたロケットが下がっている。

二人は登攀を終えたあと急ぎ下山し、遺体発見の状況を警察に届け出た。すると、警察ばかりかスイス軍諜報機関の尋問を受けたあげく、この件について口外せぬよう固く口止めされ、ようやく解放された。

それから十日後、たまたまBBCの取材スタッフがアイガー山麓を訪れて遺体発見の噂を聞きつけ、一年余りあちこち嗅《か》ぎ回った結果、驚くべき事実を突き止めた。

第二次世界大戦の結果を逆転させたかもしれないナチスドイツの極秘作戦、それを察知し阻止せんとする連合国側、氷雪のアルプスを舞台に死力を尽くして戦いながらも心を通わせる者たち、頑なに見えていながら繊細に揺れ動く男心、女心——そういうものを堪能するうちに、読者は最後に訪れる意外な結末に溜息をつき、温かい気持に包まれながら頁を閉じる。そこには、善悪の二分法を軽々と超える読書の醍醐味が詰まっている。冒険小説の巨匠、ジャック・ヒギンズが「比類ない傑作。巻おくあたわざるというにふさわしい」と絶賛しただけのことはある。全体のほぼ半分を占める岩壁登攀の場面が正確なのも、大きな魅力だ。

この作品は、一九八七年の十二月に訳書が出版されると、その直後から話題を呼び同年の日本冒険小説協会大賞（海外部門）に輝いた。また、映像的な筆致の故だろう、劇画化され、ラジオドラマ化された。

『ナヴァロンの要塞』

The Guns of Navarone, 1957

アリステア・マクリーン

平井イサク訳／ハヤカワ文庫NV

作家
深緑野分

第二次世界大戦が勃発すると欧州は戦火に見舞われ、連合国側についたギリシャもまた枢軸国軍に占領された。英軍が中心となり攻防を繰り広げる一九四二年、エーゲ海の島ケロスに連合軍将兵千二百名が取り残された。付近は難攻不落の孤島ナヴァロンに備えられた巨砲の射程内にあり、救出作戦の成功には要塞の破壊が不可欠だった。

だが独軍の猛攻に加え、荒々しい断崖に囲まれた天然の要害ナヴァロン島攻略作戦はことごとく失敗、残された進入路は今や人力による登攀《とうはん》だけ——戦前は世界的登山家だった英軍大尉キース・マロリーは命令を受け、わずか五名で要塞攻略に挑む。

本作が名作たりえるのは、攻略の過程が丁寧に描かれ、かつ登場人物がそれぞれに魅力と役割を備え、実力を発揮する機会を持っているからだ。ボロ船の機関を蘇らせる電信兵曹ブラウン、異変を察知し近づいてくる独軍の機帆船を計略にかけるチームリーダーのマロリー、登攀の最中に己の弱点と葛藤するスティーヴンズ大尉、口が悪く〝ブッツ〟と呼ばれるほど粗野だが実は医療の心得もあり明晰なミラー伍長、そしてたったひとりで何十人もの敵を始末してしまう最強のギリシャ人アンドレア。仲間たちは傷を負い冬山に凍え、敵に囲まれ幾たびも危機に見舞われながら、それぞれの特長を活かし死線を切り抜けていく。三日後のケロス島救出作戦開始までに任務を完了せねば、さらに大勢の戦死者が出るという時間制限も緊張状態に拍車をかける。果たして間に合うのか、いったい誰が生きて帰ることができるのか、手の汗を拭いながらページをめくる読み応えは、まさに冒険小説の金字塔の名にふさわしい。

作者のアリステア・マクリーンはスコットランド人で、戦時中は英海軍に従軍後退役、長篇二作目にあたる本作を一九五七年に刊行した。グレゴリー・ペック主演の映画『ナバロンの要塞』は現在も傑作と名高いが、登場人物の設定をはじめ内容に改変がある。どちらも楽しまれることをお勧めしたい。

The Enigma, 1978

『エニグマ奇襲指令』

マイケル・バー＝ゾウハー

田村義進訳／ハヤカワ文庫ＮＶ

翻訳家 田村義進

丸谷才一氏が〝スパイ小説としても、泥棒綺譚《きたん》としても、じつにうまくできている〟と絶賛した、ロマンの香り高い、痛快無比の冒険活劇である。

エニグマ――それは第二次世界大戦中にドイツ軍が使用していた秘密の暗号機であり、ギリシア語で〝謎〟を意味する。イギリスの情報部ＭＩ６はその暗号機を敵に気づかれることなく密かに奪いとれという指令を出した。

指令を受けたのは、ド・ベルヴォアール男爵と自称する〝ヨーロッパ一の大泥棒〟（！）。ゲシュタポの倉庫から半トンの金塊を盗みだし、だが仲間の裏切りにあって逮捕され、イギリスのもっとも警戒厳重な刑務所に服役していた男である。

迎え撃つのは、ドイツ国防軍情報部の若き愛国者フォン・ベック大佐。厳格な職業軍人の家系に生まれ育ったが、その一方で、〝遙かかなたのエキゾティックな土地で、危険な仕事に命を張り、純真で神秘的な乙女とあつい恋におちる冒険家になりたいと思っている〟ロマンティストでもある。

このふたりが繰りひろげる虚々実々の頭脳戦に、ユダヤ人ゆえに過酷な運命にもてあそばれる〝絶世の美女〟（！）が絡んで、話は二転三転、その展開はじつにスピーディで、息もつかせない。

分量は文庫本で三百ページほどで、翻訳小説としては短いほうだが、そのなかに、冒険、恋、悲劇、裏切り、友情、謀略、どんでん返しと、エンターテインメントのエッセンスがぎゅっと凝縮されて入っている。この本が書かれたのは一九七八年だが、いま読んでも古さはまったく感じさせない。一読、猶々《なおなお》巻を措《お》くあたわず。これからも長く読みつがれていくオールタイムベストの名作である。

The Bear's Tears, 1985

『闇の奥へ』上下

クレイグ・トーマス

田村源二訳／扶桑社ミステリー

ミステリ研究家
霜月　蒼

〈ファイアフォックス奪取作戦〉はじめ、英国情報部ＳＩＳで赫奕《かくえき》たる功績をあげてきたサー・ケネス・オーブリー長官。そのオーブリーがウィーンで逮捕された！　容疑は反逆罪。オーブリーがソビエトのスパイであるとする証拠が発見されたのだ。

オーブリーに同行していたＳＩＳ工作員パトリック・ハイドは、とっさの機転で逮捕をまぬかれた。オーブリーがスパイであるはずがない――ハイドは単身、この陰謀の全容を暴き、オーブリーの無実を証明することを決意する。

だが仲間はほんの数人。敵はＳＩＳとＫＧＢ。敵国のただ中で通信も監視され、一瞬たりとも気を抜くことはできない。やがてハイドは、SIS上層部に真のスパイがいること、そしてオーブリー失脚作戦を立案したのがKGBの宿敵ペトルーニンだと知る。しかしペトルーニンは左遷され、アフガニスタンの戦地にいた。ハイドは戦闘ヘリとゲリラが激闘をつづけるアフガンに潜入する……。ドイツへ、プラハの城館へ、ハイドは決死の潜入と脱出をくりかえす。

クレイグ・トーマスの集大成たる第八作。『ファイアフォックス』以来、トーマス作品の謀略戦を指揮してきたオーブリーがいきなり逮捕され、その救出に関わるのがトーマス作品オールスターキャストである。第五作『レパードを取り戻せ』で登場したハイド、腹心ピーター・シェリー、『ジェイド・タイガーの影』のツィメルマンとゴドウィン、さらに『レパード』以来の宿敵ペトルーニンも変わり果てた姿で登場。ル・カレばりの巧緻な謀略を背景に、トーマスの真骨頂である孤立無援の潜入と脱出がてんこ盛り。一人称に限りなく近い文体で人物の恐怖や焦燥の感覚を仔細に描くトーマス節が最高潮に達している。一ページたりともダレ場はないのだ。

『寒い国から帰ってきたスパイ』にありったけのアドレナリンをぶちこんだようなテンションの高さは、冒険小説史上類を見ないだろう。名作。日本冒険小説大賞受賞（海外部門）は当然である。

Wolfsbane, 1978

『狼殺し』

クレイグ・トーマス

竹内泰之訳／河出文庫

ミステリ研究家
霜月　蒼

　誰かがおれを売った――一九四四年、リチャード・ガードナーは英国情報機関の命令で、ナチ占領下のパリを支援すべく敵地に潜入した。だが任務は筒抜けであり、彼は即座にゲシュタポに捕えられ、凄惨な拷問を受ける。辛くも脱出した彼は、戦後、平穏な生活を送っていたが……

　彼の中に眠る野獣。拷問のトラウマと裏切り者への憎悪。十九年後、誰かがそれを利用する作戦を立てた。〈狼殺し〉作戦。ガードナーは巧妙にフランスに呼び寄せられ、過去と対面させられ――ガードナーの憎悪が発火した。彼は野獣と化して走り出す。やつらを殺す。自分を売った黒幕を暴き出す。そしてそいつを殺す――。

その頃、イギリス情報部SISはキム・フィルビー事件の余波に揺れていた。しかもフランス情報部によれば、さらなる大物スパイが軍事情報を東側に流しているという。戦争中、ガードナーの担当官だったSISのケネス・オーブリーは、副官ヒラリー・ラティマーとともにフランスに入り、容疑者である高官の監視任務に就く。そしてリチャード・ガードナーが復讐行を開始したことを知る。

ガードナーは止められるのか。大物スパイは誰なのか。そして〈狼殺し〉作戦の目的とは何なのか――？

『ファイアフォックス』で冒険小説の新たな旗手となったトーマスが続いて放った壮絶なる第三長篇。ル・カレの『ティンカー、テイラー、ソルジャー、スパイ』同様、キム・フィルビー事件にインスパイアされたスパイ・スリラーでもある。

『ファイアフォックス』でも恐怖の汗にまみれるミッチェル・ガントを生んだトーマスは、理性でなく感情に苛まれるリチャード・ガードナーという男を生み出した。独特の感覚的な文体による感情描写を前景に、冷酷な謀略戦の網目模様を背景にするトーマス独特の遠近法が、スパイ・スリラーを熱い物語にしてみせた。トーマスを考える上で『ファイアフォックス』以上に重要な歴史的傑作である。

1978

『傭兵たちの挽歌』上下

大藪春彦

徳間文庫

ミステリ研究家
霜月　蒼

パリ。クリスマスの買い物に混雑するデパートが爆破された。死傷者多数――アフリカでの狩猟ガイドで生計を立てている元兵士・片山健一の妻子も無残な死を遂げた。失意の片山は日本に帰国、福島の山中で狩りに明け暮れる自給自足の生活をはじめた。

そこに現われたのは日本政府の秘密機関だった。アフリカの小国ガメリアを拠点とするテロ組織を殲滅《せんめつ》してほしいというのが依頼だった。その組織には片山の妻子を殺したテロの実行犯がいるという。かくして片山はガメリアへ赴く。そこは各国の情報機関や軍事組織が入り乱れる無法地帯だった。任務遂行のために片山は標的を次々に襲撃、妻子を奪ったテロの全容を追ってゆく。アフリカからヨーロッパへ、そしてカナダの山中へ――復讐の悪鬼と化した片山は、すべての元凶たる組織へとにじり寄っていく……。

日本のアクション小説史上の巨星・大藪春彦の集大成たる一九七八年作品。著者一流の綿密な銃器描写は本作にももちろん見られ、それを活かした多彩なアクションが満載。長距離狙撃で口火を切るビル襲撃、複数の銀行を一挙に襲う強奪作戦などの大活劇に加え、薬室が空《から》で弾倉に弾丸が一発きりの自動拳銃を持たされて強いられる一対一の早撃ちガンファイトも圧巻で、そんな激烈な戦いが連続する大作だが、印象的なのは序盤の狩りの描写と終盤のロッキー山脈越えのパートである。ひたすら片山の行動だけが積み重ねられるだけの物語が独特の厚みを備えているのは、（北上次郎が指摘したように）こうした「静―動―静」のダイナミズムを通じて、彼の身体と情動が描き出されているからなのである。

なお本作のほか（冒険小説というよりノワールの分野に属するが）都市生活者の野心と破壊衝動を描いた傑作『蘇える金狼』『野獣死すべし』、鬼気迫る情念ゆらめく復讐小説『復讐の弾道』、乾き切った文体が冴える長篇第一作『血の罠』、大藪作品の核だけをむき出しにしたような『ヘッド・ハンター』などをおすすめしておく。

1987
『猛き箱舟』上下

船戸与一
集英社文庫

作家
西村 健

第六回日本冒険小説協会大賞（国内部門）受賞作。

香坂正次《こうさかしょうじ》は海外放浪とちょっとした格闘技の経験があるだけの、どこにでもいる普通の青年だった。ただ彼には、胸に秘めた野望があった。このまま平凡な人生を送りたくない。灰色熊《グリズリー》のような一流の男になりたい。

灰色熊の異名を持つ隠岐浩蔵《おきこうぞう》は、海外に進出した日本企業から守護神と崇《あが》められ、かつ畏怖《いふ》されていた。社員が海外で誘拐され身代金を要求される、というような事件が起こった場合、隠岐浩蔵が依頼を受ける。誘拐犯一味を瞬《またた》く間に殲滅《せんめつ》し、人質を助け出す。

世界の裏社会を暴力で駆け抜ける存在だった。

あの灰色熊の配下となって修羅場をくぐれば、俺もいつか一流の男に成長できる。香坂正次は何とか自分を部下にしてくれ、と売り込もうとするが当初はケンもホロロに追い返される。それでも諦めずにアプローチを続けると、何とか受け入れが叶った。最初の任務地は西サハラ。日本企業が採掘権を維持する燐《りん》鉱山を、一定の日まで武装集団の妨害から死守する、というものだった。

夕陽に真っ赤に染まる砂丘の連なり。アフリカ大陸北西部、マグレブはどこへ行っても硝煙と血の臭いがつき纏《まと》う。凄まじい銃撃戦と、裏切り。決死の逃避行。ポリサリオ解放戦線の女戦士、シャヒーナとの悲恋。砂塵と血飛沫の舞う西サハラで、香坂正次の見た地獄とは⁉　そして、殺戮の宴《うたげ》が始まる……

『週刊プレイボーイ』連載終了時、四百字詰め原稿用紙にして八八十枚だった作品に加筆に加筆を重ねて、一年。遂に二千枚に仕上げてしまったというのだから、作者の本作に懸ける意気込みもわかろうというものだ。叩きつけるような文章から熱き魂が迸《ほとばし》る。平和ボケした我々日本人に喝が飛ぶ。

「ここに我らが船戸がいる」（故・内藤陳）

船戸文学の枠を遙かに飛び越え、日本冒険小説史上に燦然《さんぜん》と聳《そび》え立つ最高傑作である。

Run Before the Wind, 1983

『風に乗って』

スチュアート・ウッズ

真野明裕訳／早川書房

書評ライター　小財　満

一九七〇年。休学して世界を旅するジョージア大学ロー・スクールの学生、ウィルは道中のイギリス、サウサンプトン港で英国王室のヨットに衝突寸前だった船を止めることに成功する。だがそのせいで手持ちの荷物を失ってしまったウィルは、アニーという美女の助けを得る。この縁で彼女の夫で大西洋横断レースへの出場を計画する元海兵隊大尉マークと、彼のスポンサーで謎多き投資家デリク・スラッシャーと出会い、彼らに見込まれたウィルは大西洋横断レースに協力することになった。最初の使命はアイルランドの造船所でレースに出場するヨットの建造を手がけること。だが船の建造は盗難や嫌がらせが続き、なにやら暗雲が垂れこめ始めた。もともとよそ者への風当たりの強い土地柄なのに加え、造船所の工員にはIRA暫定派の熱狂的な信奉者が紛れ込んでいたのだ。そして海兵隊時代にアイルランドに派遣されていたマークは彼らのブラックリストに載っていたのである。さらには華やかな生活を送るスラッシャーまでも、検察に追われている上に、IRAにつけ狙われている人物らしく……。ウィルたちは船を守り、無事大西洋へと旅立つことが出来るのか。

両親をして「あの子は昔からものごとをやりとげるのが苦手だった」と言わしめる甘ちゃんでモラトリアム真っ盛りの青年の自分探しの旅。身勝手な青年はだが、奔放ながらほろ苦い恋、様々な非日常との接点、陰鬱な過去を抱えるマークとの友情、そして何より海の上の冒険を通じてゆっくりと成長していく。

作者スチュアート・ウッズは佐々木譲『警官の血』にも影響を与えた大河警察小説『警察署長』でデビューし、同作でMWA賞最優秀新人賞を受賞。スパイ・スリラー『潜行』やゴシック・ホラー『湖底の家』など多様なジャンルをかき分けた優れたストーリー・テラーだ。著者自身がヨットに熱中したことから海洋冒険小説を書いたという本作の、船と海にまつわる描写は実に生き生きとしている。

『血の絆』

Blood Ties, 1984

A・J・クィネル

大熊 栄訳／新潮文庫

ミステリ研究家
霜月 蒼

インドの税関職員ラメッシュは平凡な中年男だった。しかし彼には夢があった。大航海の夢だ。海洋冒険小説を読みふけり、夢を育ててきた彼だったが、ある日、一念発起しておんぼろヨットを手に入れ、インド洋に漕ぎ出した。エンジンの故障で停泊を余儀なくされた島で、彼はNYから旅してきた女性カースティに出会う。

夫をとうに亡くしたカースティには、もう息子ギャレットしかいなかった。だが、世界放浪の旅に出たギャレットがアフリカ沖で消息を絶った。なお息子の生存を信じるカースティは、手がかりを追って、単身、この島までやってきたのだ。

そしてこの島で、カースティとラメッシュは息子が監禁されていること、密輸業者がその鍵を握っていることを知った。石油掘りの快男児ケイディ、ヨットに密航していた美少女ラニーを加えた四人は、元英国海軍の老兵が見事に修理してみせたヨットを駆って、密輸船を追いはじめる。

アクション・スリラー『燃える男』、超トリッキーな謀略小説『メッカを撃て』、中東戦争秘話『スナップ・ショット』などなど、凝りに凝ったスリラーを発表してきた才人クィネルのド直球冒険小説が本作、感動の傑作である。

クールで理知的なクィネルにはめずらしく、ロマンティックで悠然たる筆致が古風な冒険小説の味わいを醸《かも》し出す。この風合いは主人公ラメッシュの愛した古典的な冒険小説を映したものだろう。「本だけが僕を水平線の向こうに連れていってくれた」とつぶやくラメッシュは、冒険小説を愛する僕たち読者の代弁者なのだ。死闘の末のクライマックスで彼があげる雄叫びは冒険小説史上屈指の名シーンであろう。これは僕たちの雄叫びなのだ。

戦いへの意志は性別を問わないと力強く告げるカースティの造型もすばらしく、それゆえにプロ集団vsアマチュア四人の戦いに説得力が生まれるのである。感涙必至のラスト一行まで、ごゆるりと読まれたい。

Wildtrack, 1988

『殺意の海へ』

バーナード・コーンウェル

泉川紘雄訳／ハヤカワ文庫NV

ライター　若林 踏

血湧き肉躍るアクション場面や、軍事・銃器への深い愛着など、人が冒険小説・スリラーと呼ばれる物語に求めるものは様々だろう。だが、「冒険」という言葉の原点に立ち返った時に思いつくのは、日常のしがらみからの解放や自由な世界への希求といったものではないだろうか。

バーナード・コーンウェル『殺意の海へ』は自由を渇望する者の話だ。コーンウェルはナポレオン戦争時の英国陸軍を描いた〈炎の英雄シャープ・シリーズ〉の作者として知られている。だが本書に登場する主人公ニックはシャープのような使命感に溢れる男ではない。ひたすら大海原での自由を夢見て突き進む、そんな男なのだ。

フォークランドで重傷を負ったニックは勲章を授与されたものの、妻とは別れ、財産もない身となった。唯一の希望は愛用のヨット〈シコラクス〉で世界の海へ飛び出すこと。ところがその〈シコラクス〉もテレビの人気キャスター、バニスターの手に渡っており、陸に揚げられた〈シコラクス〉は無残に荒れ果てていた。バニスターはヨット事故で妻を亡くしていたが、その事故について良からぬ噂が流れていた。

本書刊行時のあらすじ紹介には「海洋冒険サスペンス」とあるが、実際に海上でのアクションシーンが登場するのは物語が四分の三くらいを過ぎたあたり。それまでは自分の愛する船を取り戻すべく、ひたすら屈辱に耐え、奮闘するニックの姿が描かれている。ニックがどうしてそこまで船などに執着するのか、他人から見れば不思議でしょうがない。だが心の拠《よ》り所がここにしかないと腹をくくった男の頑固さ、一徹さをまっすぐ描く作者の筆致は、それだけで読者の心を捉える。

そして終盤、大海原への冒険の果てに待つカタルシス。バニスターの妻の事故死をめぐる謎も回収され、ニックの魂もようやく救済の時を迎えるのだ。ラスト数行がもたらす爽快感、解放感は格別の味わい。ああ、やっぱり冒険小説って自由を求める物語なのだな。

『ちがった空』

The Wrong Side of the Sky, 1961

ギャビン・ライアル

松谷健二訳／ハヤカワ・ミステリ文庫

ミステリ研究家　松坂　健

大きな黒雲に突入する飛行機二機。どちらも必死に操縦桿をあやつり、巨大で荒れ狂う雲の塊から脱出しようとする。

やがて、機は嵐を抜け出し、再び蒼穹のもと順調な飛行に戻る。だが、一緒に飛んでいた友軍機の姿がない。もう一機はどこに行ってしまったのか。

大空の正しい側はどちらだ。それとも、自分はちがった空（ザ・ロング・サイド・オブ・ザ・スカイ）にいるのだろうか？

そのようなイメージが映像としてくっきり脳裏に残ってしまう作品が、これだ。

中古のダコタ輸送機のパイロット、ジャック・クレイは、元インドの土侯が残した莫大な財宝を探すために回教徒の藩主に雇われる。狙っているのはひとりじゃない。インド側も取り戻すべく元ナチの腕利きボディガードを派遣する。混血の凄艶な美女もからんでの宝物争奪戦がエーゲ海、北アフリカを背景に繰り広げられる。そして、ジャックは同じ嵐をくぐり抜け、今は別の空にいる宿敵との対決を余儀なくさせられる。

ライアルの物語は常に男同士の対立だ。かつて仲間だった男が、「戦争」という嵐のなかで別れ別れになり、別のサイドに立つ。もしかしたら、相手の男は、もうひとりの自分かもしれない。

多くの冒険アクション物語が自己克服のプロセスと重なり合うのは、それが人生最大の難敵との遭遇だからだろう。

本書はそうしたライアルの特徴が、いちばんナイーブに出ている感じのいい作品だと思う。後年の作品のような派手さはないけれど。

それにしても、主人公の中古の輸送機ダコタに対する愛情が微笑ましい。パイロットと愛機は恋する者同士なのだと思う。そういえば、ミッキー・スピレインにも戦闘機への愛情をリリカルに描いた小品、「ドラゴン・レディとの情事」というのがあったなあ。と、これは蛇足。

『ファイアフォックス』

Firefox, 1977

クレイグ・トーマス

広瀬順弘訳／ハヤカワ文庫NV

ミステリ研究家
霜月　蒼

ソ連が革命的な戦闘機を開発したという情報がもたらされた。ミグ31、コードネーム〈ファイアフォックス〉。それはレーダーを無力化するステルス機能をもち、操縦士の脳波を感知して機動する火器管制システムをそなえていた。そのメカニズムを解明しないかぎり、西側は同機の脅威に対して無力となる。

イギリス情報部とCIAが起《た》ち上げた作戦は大胆きわまりないものだった——テスト飛行を目前としたファイアフォックスを一機、奪いとる。白羽の矢が立ったのはアメリカ空軍パイロット、ミッチェル・ガント。ガントはソ連に潜入し、潜入工作員パーヴェルとともにファイアフォックスのあるビリアルスクをめざすが、ソ連側も動き出していた。着々と迫るKGBの追手。もはやファイアフォックスを駆って大空に逃げ出すほかガントに生き延びるすべはない――

『ラット・トラップ』でデビューしたクレイグ・トーマスの第二長篇。八二年にクリント・イーストウッド監督主演で映画化されたこともあり、トーマスの出世作であり代表作と言っていい。冒険小説色の強い『狼殺し』や『闇の奥へ』などで複雑怪奇な国際謀略を冒険の背景としていたトーマスだが、本作の構造はきわめてシンプル――潜入・奪取・脱出、これだけだ。そのぶん、トーマスの荒々しい核心をむき出しにしたような感触がある。

ガントの恐怖を生々しく描く冷戦下ソビエトでの潜入行の緊張感が何より強烈。濃密な心理描写によって冒険小説の昂奮をブーストするトーマスの技法は本作で確立された。後半の空中戦も、そんな心理描写ゆえに、機械の操作合戦ではなく、血肉をともなう死闘として立ち上がってくる。トーマスを読むのなら本作からがベストだろう。

ちなみにガントは、本作ラスト数秒後に開幕する続篇『ファイアフォックス・ダウン』、再びソ連に潜入、文字通り徒手空拳の壮絶な脱出をはかる『ウィンターホーク』、航空機事故調査員として旅客機墜落の謎を追う『ディファレント・ウォー』にも登場する。

『脱出空域』

Silent Enemy, 2011

トマス・W・ヤング

公手成幸訳／ハヤカワ文庫NV

翻訳業
公手成幸

本書はトマス・W・ヤングの手になる〈脱出シリーズ〉の、二作めにあたっている。このシリーズの主人公はすべて、アメリカ空軍輸送機パイロット、マイケル・パースン少佐と、陸軍女性下士官ソフィア・ゴールド。一作めの『脱出山脈』では、冒頭でいきなり輸送機が攻撃されて不時着し、パースンとゴールドはタリバンの宗教指導者を護送するため、敵に追われつつ、ひたすらヒンズークシの山中を走破していく。本書はそれとは対照的にほぼ全篇を通じ、空中——というか輸送機の内部——で物語が展開される。ただし、発端はアフガニスタンの地上。パシュート語の通訳でもあるゴールドが語学教官を務めている警察訓練センターが自爆テロ攻撃を受けて、多数の死傷者が出る。負傷者たちがドイツの病院へ搬送されることになり、その任務がパースンの輸送機に割り当てられ、ふたりは久しぶりの再会を果たす。負傷者の医療後送という単純な任務――のはずだったが、離陸直後、輸送機に爆弾が仕掛けられていて、一定の高度以下になると爆発するという情報がもたらされ、事態は一気に緊迫する。しかも、負傷者のなかにタリバンのテロリストが混じっている可能性があるという。どの国も巻き添えを恐れて、空港への着陸を拒否する。たとえ着陸が許可されたとしても、その前に、機内のどこかに仕掛けられている爆弾を見つけだし、無力化しておかなくてはならない。それまでは、空中給油を受け、悪天候などの自然条件とも戦いつつ飛行をつづけなくてはいけない。

この絶体絶命の窮地を、パースンとゴールドがいかに切り抜けて生きのびるか、それがこの物語のテーマであり、シリーズ全体に通じるテーマでもある。

ヤングは中東勤務の経験もある元空軍飛行士で、その経験が本書のなかでみごとに生かされている。〝航空サバイバル冒険小説〟と呼ぶのがふさわしい一作だろう。

『ソロモン王の洞窟』

King Solomon's Mines, 1885

H・R・ハガード

大久保康雄訳／創元推理文庫

コラムニスト
香山二三郎

西欧の冒険小説のパイオニアといえば、『気球に乗って五週間』（一八六三）のジュール・ヴェルヌであり、『宝島』（一八八三）のロバート・L・スティーヴンソンであり、その『宝島』に触発されたという本書（一八八五）のハガードであろう。

ハガードは一八五六年、イギリス生まれだが、一九歳のときにイギリス領ナタールの総督秘書として南アフリカに渡り、その後要職に就く。八〇年に帰国後、農場経営や農政研究に打ち込む傍ら、創作を開始。南アでの体験をベースに発表したのが長篇第二作の本書で、一躍人気作家となった。

物語はアフリカ東部で貿易商や狩猟家として暮らす南アフリカ・ダーバンの紳士アラン・クォーターメンが象狩りからの帰途、ヘンリー・カーティス卿とジョン・グッド大佐というふたり連れと知り合うところから始まる。クォーターメンはかつて伝説のソロモン王の宝物が眠る洞窟へ行ったという男からその地図を渡されていたが、ヘンリー卿の弟がやはりそれを探しに旅立ったまま行方不明になっていた。クォーターメンはヘンリー卿に乞われ、彼の弟探しとともに宝探しの旅に出るが、それは思っていた以上に過酷なものだった。

南アフリカといえばアパルトヘイトの国。日本で知られる南アの現代ミステリー、たとえばジェイムズ・マクルーアの警察小説『スティーム・ピッグ』等もそれを前提にしている。一九九一年の差別政策撤廃後も、複雑な人種関係や治安の乱れは続き、その後の南ア・ミステリーもノワールな犯罪小説が主流だ。本書も、砂漠のサバイバル等、冒険小説の王道を往く読みどころはあるのだが、驚くべきはクォーターメン一行が洞窟のお膝元・ククアナ国にたどり着いたことから生じる内紛。一行は魔女に操られた残虐な王に反旗を翻《ひるがえ》し、それは血腥《ちなまぐさ》い戦争へと発展する。宝探しの行方もさることながら、その後の南ア社会のありさまを予言するかような壮絶な展開にご注目。

『シブミ』上下

Shibumi, 1979

トレヴェニアン

菊池 光訳／ハヤカワ文庫NV

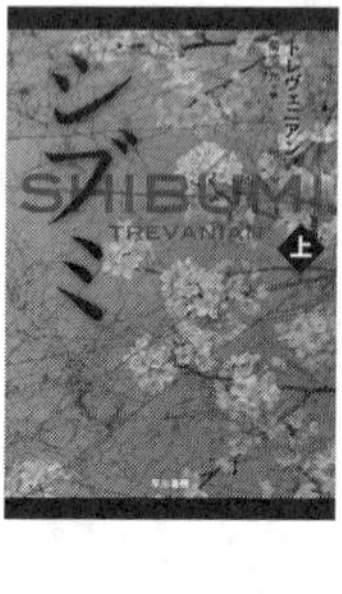

翻訳者

加賀山卓朗

冒険・スパイ小説のカテゴリーのなかでは〝異色〟の作品と言っていいだろう。たしかにCIAもイギリス情報部も出てくるが、筋立ての中心は、そのCIAすら下働きに使う強力な影の組織マザー・カンパニイと、フリーランスの暗殺者ニコライ・ヘルとの戦いだ。マザー・カンパニイが始末し損ねたテロリストのひとりが、親類と交友のあったヘルのもとへ逃げこんだことで、両者の決戦の火《ひ》蓋《ぶた》が切られる。

小説の前半では、そこにヘルの青年期までの数奇な人生が織りこまれる。第二次世界大戦前の上海から、戦中戦後の日本へ移っての成長譚《たん》がじつに味わい深い。とくに、父親代わりだった岸川将軍とヘルが新潟の桜を見にいく場面は、日本の小説でもあまり見かけないほどの美しさと哀切感に満ちている。後半、引退したヘルが住むフランス・スペイン国境のバスク地方に舞台が移ってからは、迫真の洞窟探検《ケイビング》や、豪放磊落《らいらく》なバスク人、ル・カゴとの友情など、冒険小説の要素が濃くなって、物語は一気に結末になだれこむ。

作者のトレヴェニアンは長く謎の人物だったが、二〇〇五年に亡くなり、テキサス大学元教授のロドニイ・ウィリアム・ウィテカーだったことが正式に判明した。多様な作品群からもわかるとおり、小説が巧いだけでなく博識で懐《ふところ》の深い人である。本書も上質のエンターテインメントでありながら、随所に出てくる日本論や文明論などまったく古びていない。それどころか、いまだからこそ納得のいく達見が多々ある。

じつは本書では、ヘルの暗殺者としての全盛期があまり描かれていない。トレヴェニアンの死後、そこを埋めるかたちで書かれたのがドン・ウィンズロウの『サトリ』だ。さすがはウィンズロウ、本書をうまく補って、囲碁と日本庭園を愛し〝シブミ〟をめざすニコライ・ヘルの物語に厚みを加えている。

『大洞窟』

Styx, 1982

クリストファー・ハイド

田中 靖訳／文春文庫

書評ライター 小池啓介

本書『大洞窟』は、死と隣り合わせの状況で極限の選択を迫られる人間の姿を描く、冒険小説の醍醐味をシンプルな設定に凝縮した逸品だ。

ユーゴスラヴィアにある渓谷の付近で発見された洞窟には、旧石器時代中期にネアンデルタール人が描いたと思《おぼ》しき壁画が描かれていた。考古学上、古生物学上の一大発見になり得るスブラノ洞窟の壁画を調査するために集まったのは、考古学者、地質学者、イラストレーター、ジャーナリスト、洞窟潜水専門のダイバーなどの多彩な面々。ところが本格的な調査を開始した矢先、突然起こった地震によって洞窟の天井が崩落し帰り道が塞がれてしまう。生き残った者たちは、日本人地質学者の原田の提案に従い、さらに洞窟深くへと下ることで脱出を試みるのだが……。

巨大な洞窟に閉じ込められた人びとが知恵と勇気をふりしぼり、ひたすら生還を目指す本作の原題は*Styx*。ギリシャ神話におけるステュクス川のことで、それは地下深くを流れる大河であるという。いわば黄泉《よみ》の国の川であり、作中で一行が脱出への道しるべとする洞窟内の水の流れは「黄泉の川《ステュクス》」と名付けられることになる。また、black as Styxと書いて「真っ暗闇の」と表現することもあるとかで、まさしく作品のすべてをあらわす象徴的な単語といっていいだろう。漆黒に包まれた黄泉の国からの脱出行が、邦題もまた単刀直入な『大洞窟』で語られるすべてである。

設定はシンプルでも状況は複雑怪奇だ。予測不可能な鉄砲水〝跳び水〟や高熱の噴泉といった自然現象から猛毒を持つムカデなどが一行を苦しめる。この作品に、〝敵〟は出てこない。人為を介さない、自然の驚異としか呼びようのない存在が立ちはだかるのだ。ときに犠牲者を出しながら、それでもなお己の判断を信じて前進を続ける人間たちの決死のサバイバルが生む臨場感は並ではない。

アドベンチャー小説の極みに達した、巻を措《お》く能《あた》わざる一冊だ。

The African Queen, 1935

『アフリカの女王』

セシル・スコット・フォレスター

佐和 誠訳／ハヤカワ文庫NV

書評家 古山裕樹

本書の主人公は女性である。典型的な英国冒険小説としては、極めて珍しい。

アフリカのドイツ植民地。宣教師の兄とともにイギリスから渡ってきたローズは、兄の布教活動を長年支えてきた。だが、第一次世界大戦はアフリカ奥地の密林地帯にも影を落とす。植民地のドイツ軍が村民を徴発し、布教を妨げられた兄は失意のうちに亡くなった。そこに現われたのが、イギリス人の技師オルナット。粗野で無教養な呑んだくれの男だが、おんぼろ蒸気船〈アフリカン・クイーン〉を所持していた。ローズはオルナットを説得し、ドイツ軍への報復を持ちかける。船の先端に爆薬を積んで、湖を警備するドイツの砲艦に体当たりの攻撃を仕掛けようと言うのだ。かくして二人は、激流を下る冒険に挑んで、湖を目指す……。

危険を共にした男女が、数々の試練を経て親密になるという展開そのものは非常にありふれているけれど、二人の関係のあり方、そして主人公ローズの姿は、やはり当時の小説としては独特である。

彼女はあっという間に操船技術を身につけて、オルナットを率いて冒険に乗り出す。祖国と亡き兄のため、ドイツ軍に一矢報いる――それが彼女の表向きの動機だが、むしろ禁欲的な布教活動から解き放たれて、自らの意志で道を切り開いていくことに喜びを感じているようにも見える。一方のオルナットは、ヒーローらしさとは縁の薄い、ローズに付き従う存在として描かれる。物語は常にローズが主導する形で展開し、終盤ではローズの側からオルナットにプロポーズする。つまり本書は、ステレオタイプな冒険小説における男女が逆転した物語なのだ。

作者セシル・スコット・フォレスターは、一九世紀の英国海軍を舞台にした帆船小説〈海の男／ホーンブロワー・シリーズ〉で知られる。『アフリカの女王』は、〈海の男／ホーンブロワー・シリーズ〉の開幕に先立つこと二年、一九三五年に発表された。

『砂の渦』
Twist of Sand, 1959

ジェフリー・ジェンキンズ

新津一義訳／西武タイム

＝早川書房編集部

〝骸骨《がいこつ》海岸〟。それは暗礁と砂洲《さす》に囲まれ、測量すらままならない南アフリカ沿岸の危険な難所である。元イギリス海軍の潜水艦艦長で、現在はトロール漁業者に身をやつしているジェフリー・ピースは、ある目的から骸骨海岸の探索に執念を燃やす日々を送っていた。そんな折、ピースのもとにカブトムシを研究しているというスタイン博士が訪ねてくる。スタインはピースの素性と海軍から追放された理由を知っており、半ば脅迫じみた口調で骸骨海岸へ自分を連れて行くように要求する。果たして骸骨海岸には何があるのか？　ピースの目的とは？　物語は第二次世界大戦下のマルタ島に遡《さかのぼ》る……。

ジェフリー・ジェンキンズほどサービス精神が旺盛な作家はなかなかいない。『暴風海域』では数十年前の客船の幻影が浮かぶ魔の海域で消失した航空機の謎を追い、『星のかけら』では古代遺跡の眠るアフリカの鉱山でダイヤモンドをめぐって陰謀が繰り広げられる。魅力的な舞台設定と矢継ぎ早にアクションを展開させる才能はデビュー作の本書でも遺憾《いかん》なく発揮されており、序盤は骸骨海岸に挑むトロール船の海洋アクション、中盤の回想シーンでは潜水艦による緊迫の海中戦、後半はサスペンス溢れる秘境の冒険と次々と舞台と趣向を変え、まったく読者を飽きさせない。特筆すべきは猛威を振るうアフリカの大自然やワクワクさせるガジェットの数々。爆発する海底火山！　荒れ狂う砂塵！　集団自殺する動物たち！　謎の難破船！　しかもそれらが終盤になってしっかりストーリーに絡んでくるのはさすがとしか言いようがない。

骸骨海岸にとりつかれた主人公ピースの狂気すれすれのテンションの高さも凄まじいものがある。ちなみに二作目の『ハンター・キラー』ではピースを始め『砂の渦』の人物設定が一部流用されている。米国副大統領をミサイルで宇宙に打ち上げる（！）という、史実や科学技術を想像力で膨らませる著者ならではの快作で、こちらも併せてぜひお読みいただきたい。

（K・N）

『虎の眼』

The Eye of the Tiger, 1975

ウィルバー・スミス

飯島 宏訳／文春文庫

コラムニスト
香山二三郎

『血のケープタウン』のロジャー・スミスや『流血のサファリ』のデオン・マイヤー等、南アフリカの白人作家の犯罪小説が近年話題を呼んでいるが、本書の著者もまた、ザンビア生まれで南ア在住の白人作家。ただしジャンルは冒険小説で、デビュー作 *When the Lion Feeds*（一九六四）以後、*Desert God*（二〇一四）まで、ほぼ年一作ペースで作品を発表しており、七五年刊の本書は長篇第九作に当たる。翻訳は九〇年刊で、『このミステリーがすごい！　1991年版』（宝島社）の海外編第七位。

アフリカ南東部、モザンビークの沖合の小さな島国セント・メアリー。ハリー・フレッチャーはそこで愛艇ウェイヴ・ダンサーを駆ってチャーター船業を営んでいたが、一月のある日、島にやってきたふたり連れの客は危険な雰囲気を発散させていた。さらに案内役の青年ジミーを加えた一味は危険な岩礁の島へ案内させ、そこで海中から何かを引き揚げるが、その途端、用済みになったジミーとハリーに襲いかかってくる。危うく難を逃れたハリーだったが、ジミーは殺されてしまう。やがて彼の姉が島を訪れ、一味が引き揚げたものが何か明かすが、それはさらなる災難にハリーを巻き込んでいくのだった。

風光明媚《めいび》なインド洋の小島を舞台にダイナミックなカジキ釣りのシーンから幕を開けるが、程なく物語は宝探しテーマの血腥《ちなまぐさ》い争奪戦へと転じていく。主人公のハリーは犯罪にも手を染めたことのある元傭兵。過去を捨て、この島で第二の人生を送っていたが、思いがけないトラブルに否応なく巻き込まれていく。スミス作品の多くはアフリカを舞台にしているが、本書の読みどころもハリーのハードボイルドな語りと、ワイルドな自然描写を背景に繰り広げられる多彩なアクションシーンだろう。ストーリー的にも真相をめぐって二転三転する、ヒネりの効いた海洋冒険小説に仕上がっている。スミス作品は本書以外にも一〇作以上が翻訳されているが、ほとんどが品切れ状態。新作紹介とともにその復刊も望まれる。

Alatna, 1964

『アラスカ戦線』

ハンス＝オットー・マイスナー

松谷健二訳／ハヤカワ文庫NV

松木　孝

一九四二年六月、日本軍はアリューシャン列島のアッツ島を占領、二年後に飛行場の建設を開始した。この地から長距離爆撃機を飛び立たせ、アメリカ本土を爆撃しようというのだ。だが、飛行ルートにあたるアラスカ上空は悪天候の日が多く、出撃するには多大な危険が伴っていた。現地からの正確な気象情報を得ることが急務で、この困難な任務は満州にいた日高《ひだか》大尉に託される。日高は少年時代から荒野の生活を好み、十種競技でオリンピックの銀メダルに輝いた鉄人。人を引きつける魅力のあるサムライで、指揮官としてふさわしい人物だった。潜入部隊の編成を任された日高は、小学校以来の友人で植物学者の刀自本《とじもと》少尉、陸軍きっての名通信士、日高を慕う山岳民族の青年など十名を選抜、アラスカの奥地にパラシュート降下し、無電で気象情報を送り始める。

だが、この無電をアラスカ方面軍がとらえ、発信者とその目的を突き止めるべく、特別チームを送り込む。チーフとなる自然保護局に勤める野獣監視員のアラン・マックルイアをはじめ、彼のアシスタントを務めていた先住民、アラスカ・スカウトの精鋭たち、そして勇猛果敢な隻眼のウィリアム大尉の十四名である。

痕跡を消し、食料を自給し、場所を変えて気象情報を送る日高たちと、残されたわずかな変化を見つけ、謎の発信者を探すアメリカ・チーム。その逃亡と追跡が強い緊迫感を生む。そして、日本軍がアメリカ・チームに発見されて始まる壮絶な戦闘。互いに相手の動きを読み、罠をかけ、戦う。しかも、凶暴な獣、ブリザード、酷寒が容赦なく襲い、食料の自給も困難になる。日高とアランの一騎打ちのシーンに興奮し、互いの力を認め合う場面には感動するだろう。日高とアラスカ先住民の娘との恋も描かれ、読む者を引き込まずにはおかない。

1981

『惑星ＣＢ－８越冬隊』

谷　甲州
ハヤカワ文庫ＪＡ

早川書房編集部

銀河の辺境にある惑星ＣＢ－８は雪と氷に覆われた極寒の星。汎銀河資源開発公社は人工太陽を使ってこれを居住可能にしようとしていた。

越冬調査のために惑星の極点に設置された基地で、隊員らが身体の不調を訴えはじめる。原因は地殻変動に伴う急激な気圧の低下にあった。このＣＢ－８、季節によって大規模な地殻変動を起こすという特異な星だったのだ。

基地のリーダーはリスク分散を名目に、隊員のほぼ半数にあたる幹部以外の人員を遠く離れた前進基地へと追いやる。だがそこへ向かった輸送機は、悪天候で着陸に失敗、前進基地へたどり着いたのは一握りの隊員だけだった。

　地殻変動による深刻な影響は他にも出ていた。惑星の重心がずれたことで人工太陽の軌道が狂い、そこから電力供給を受けていた極点基地が送電を断たれて生命維持機能を喪失、全滅したらしいのだ。これを放っておけばコントロールを失った人工太陽の熱照射によって、極点基地が焼失するおそれが出てきた。そうなれば食糧を含むすべてが失われ、迎えの船が来る夏を待たずに誰も生き残れなくなってしまう。

　それを回避するには極点基地へ戻り、人工太陽の熱照射を停止させる措置をとるほかない。人工太陽の熱照射開始まであとわずか十七日。その間に薄い大気と吹きすさぶブリザードをついて六五〇〇キロにおよぶ道のりを踏破しなければならない。刻限が迫るなか極点基地へと向かう隊員たちの前に、圧倒的な難所が次々と立ちはだかる……。

　緊迫感に満ちた極限状況の描写もさることながら、絶望の淵に追いやられてなお立ちむかう男たちの勇気、心揺さぶる友情と信頼のドラマもまた大いなる読みどころだ。

　本書は、著者の長篇デビュー作であり、現在も書き続けている〈航空宇宙軍史〉の遙か未来にある物語である。また青年海外協力隊員としてネパール等に滞在していたときのヒマラヤでの高所登山の経験が見事に活かされた冒険小説の傑作であり、SF的設定がみごとに効いたタイムリミット・サスペンスである。　（S・T）

1995
『ホワイトアウト』

真保裕一
新潮文庫

書評家
西上心太

一九九一年に食品衛生管理官の男を主人公にした『連鎖』で第三十七回江戸川乱歩賞を受賞し、デビューを果たしたのが真保裕一である。それ以来年一作というペースで、公正取引委員会審査官や地震火山研究官など、少し毛色の変わった公務員が事件に巻き込まれていくサスペンスを発表してきた。『連鎖』こそ犯人によるトリックが用意されるなど、本格ミステリの味付けがあったが、それ以降の作品は、作者の本領である冒険活劇の要素が強くにじみ出るようになっていった。そして五作目にして作者の膂力《りょりょく》を示す冒険小説の本道を行く大作が発表された。それが本作である。

日本最大の貯水量を誇る奥遠和《おくとおわ》ダムに隣接し、奥遠和川水域の九つのダムを集中管理する施設が、「赤い月」を名乗るテロリストによって占拠されてしまう。彼らはダムに通じる唯一の道であるトンネルを爆破し、大雪に覆われた厳冬期のダムの孤立化を図る。テロリストはダムの放流を盾に、政府に対し二十四時間以内に五十億円を用意せよとの要求を突きつける。だがただ一人、テロリストの手から辛くも逃れた男がいた。登山家でもある職員の富樫輝男《とがしてるお》だった。しかも人質の中には、富樫とともに遭難者の救助に向かって命を落とした親友の婚約者だった平川千晶《ひらかわちあき》が含まれていた。

冒険小説のあらゆる要素が凝縮された作品である。銃器によって武装したプロ集団に、徒手空拳で挑む主人公。しかも彼は自分の心の弱さが、親友を死に追いやったのではないかという思いを払拭できないでいるのだ。テロリストだけでなく、それ以上に危険な自然の脅威に襲われた富樫は、恐怖、寒さ、孤独という極限状況の中で、肉体と精神を鼓舞して難敵に挑む。その姿に胸を打たれない者はいないだろう。第十七回吉川英治文学新人賞を受賞した傑作だ。作者自ら脚本を手がけた同名の映画も大ヒットした。

The Most Dangerous Game, 1963

『もっとも危険なゲーム』

ギャビン・ライアル

菊池 光訳／ハヤカワ・ミステリ文庫

ミステリ研究家
松坂 健

ハンターの醍醐《だいご》味《み》は凶暴な熊やライオンを仕留めることだが、それも何度もやるうちに興奮の度合いは摩滅してくる。ハンターが本当に狩りたいのは、実は自分と同等の知力と体力を備えている人間ではないか。究極のハンティングゲームは人を追い立てること。

この単純なテーマを緊迫した短篇小説に仕上げたのが、リチャード・コネルの“The Most Dangerous Game”、ギャビン・ライアルと同じタイトルだ。おそらく、ライアルが冒険小説のエッセンスとしてのこの作品に対するオマージュを捧げたのだと思う。

ビル・ケアリはフィンランドとソ連（冷戦時代の物語だ）の国境で怪しげな物資密売の仕事に従事する水陸両用機のパイロットだが、トラブルに巻き込まれ、瀕死の重傷を負いながら逃走する。自分がかつて腕利きの秘密諜報部員だった過去を誰かが探っている。やがて、森林の奥に逃げたビルはアメリカの大富豪ホーマーに助けられる。だが、それは新しい悪夢の始まりだった。凄腕のハンター、ホーマーはビルを獲物にハンティングゲームを仕掛けたのだ。ビルは奸智にたけたハンターから脱出できるか？

ライアルの作品のなかでは、もっともストレートなストーリーラインをもっている。そのシンプルさが「ゲーム」の迫力を生んでいる。自分を囲む状況を冷静に分析しつつ、死中に活を求めていく過程で明らかになってくるビルの過去という設定も効いている。

これで映画にならなかったのが不思議なくらいだが、コネルの元ネタが三回も映画化されているという事情もあったのだろう。一回目は『猟奇島』（一九三三）という名で公開されている。二回目は『恐怖の島』（日本ではTV放映）で、これはロバート・ワイズの初期作品。三回目が、ハンターを旧ナチにしたリチャード・ウィドマーク主演の『太陽に向って走れ』（一九五六）。それでも、ライアル版の映画化も見たいものである。

『自由への逃亡』

Le Chien, 1976

A・バスケイス＝フィゲロウア

岡村孝一訳／ハヤカワ文庫NV

書評ライター
小池啓介

追うものと追われるものとの攻防を描くマンハント小説に警句やメタファーを散りばめることにより、『自由への逃亡』は物語の随所でそれらの意味を考える欲求を読者それぞれに喚起させるように出来ている。一気呵成《かせい》の読みを拒むところが本書の美点なのだ。

とある独裁国家が舞台になる。主人公の青年アリスチド・ウングリア、通称アリは反政府勢力のリーダーだ。アビガイル・アナヤ大統領の総《す》べる政権への反対運動に身を投じた彼は、強制労働キャンプに収容されるが、看守を殺害し逃走することになる。だが、看守が飼っていた一匹の犬がアリの後を追う。その吠え声だけで囚人を怯えさせ、ジャガーをも狩るほどの凶暴性をもった存在――それが〝犬〟の正体だ。「あいつを、殺せ」という飼い主の死に際の言葉が犬を衝き動かす……。

犬が追いかけてくる――マンハント小説のなかでもとりわけ単純な状況に、前述したある種の文学性を内包させたところが最大の特徴である。肉体を駆使する活劇に興奮するも良し、クーンツもかくやというほどのホラーとして読むも良し。さまざまな読み方を許容する作品なのだが、当初は「生きているロボット」とも評されていたはずの犬の心理を描いたところに肝があるように思えてならない。逃走と追跡のさなか、アリのみならず、犬の内面にも変化が生まれていくのだ。

アリの見る世界とは何なのか、それを追う〝犬〟とは何を仮託された存在なのか。答えはひとつではないはずだ。ただし、著者のフィゲロウアが戦争を取材するようなジャーナリストの顔ももつことを知ってしまうと、この小説は文明批評として読むことしかできなくなる恐れがある。そういった情報をあえていったん封印し自由な態度で向き合うことで、本書はあなたを無限の広がりをもつ読書体験に誘ってくれるに違いない。気になった部分でしばしば立ち止まり、自らの人生観をそこに向き合わせてみてほしい。

Hunter's Run, 2007

『ハンターズ・ラン』

ジョージ・R・R・マーティン
ガードナー・ドゾワ
ダニエル・エイブラハム
酒井昭伸訳／ハヤカワ文庫SF

翻訳家
酒井昭伸

いまや重鎮となったマーティンとドゾワが、まだ若い時分、創作のキャッチボールをしながら書いた導入部を骨格にして、若手のエイブラハムが肉づけをし、完成させた、異星秘境冒険小説。七〇年代の若手とゼロ年代の若手による、いわば時空を越えた合作である。

時代は遠い未来、舞台は自然の豊かな植民星。ふとしたことから謎の秘密基地を発見してしまった主人公ラモンは、異星人にとらわれて、マンハントを強要される。異星人いわく、「もうひとりの発見者は逃亡した。〝同じ人間〟同士なら考え方も読みやすい

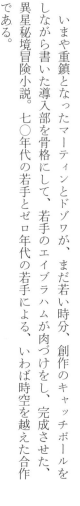

だろうから、おまえがいって、つかまえてこい」——かくしてラモンは、お目つけ役の異星人ともども、風光明媚《めいび》な異星の山岳地帯へ人狩りに出発する。だが、敵もさる者、逃げる先々に罠を仕掛けていくため、追う側はたちまち満身創痍《そうい》に。しかも森の中には恐ろしい魔獣が徘徊《はいかい》している。つぎつぎに襲いくる脅威のなかで、やがて明らかになる逃亡者の重大な秘密とは？　はたしてラモンは逃亡者をとらえ、異星人から解放されるのか？

筏《いかだ》を組んで川下り、やがて滝に差しかかり——と冒険物の定番パターンを押さえつつ、舞台と状況の珍しさゆえに、定番の冒険を新鮮に見せてしまうのが本書の楽しいところ。どこか珍道中的でもある追跡劇の途中、ちぐはぐな異文化コミュニケーションを重ねるうちに、お目つけ役の異星人とのあいだに奇妙な友情が芽生えていくのも読みどころのひとつだろう。最初と最後は犯罪小説のパートで、冒険小説のパートをはさみこむ形をとる。真の敵をだしぬく痛快なラストも含めて、そこのところの出来もよく、読後感もさわやかだ。

なお本書では、〝なぜSFの主人公はアメリカ中産階級の白人ばかりなのか〟という某作家の疑問に答えるべく、人物名も地名もほぼスペイン語で統一されている。罵倒《ばとう》のことばに〝阿呆《ペンデホ》〟などのスペイン語が頻出するのが、これまた新鮮でおもしろい。

『飛べ!フェニックス』

The Flight of The Phoenix, 1964

エレストン・トレーバー

渡辺栄一郎訳/酣燈社

ミステリ研究家
小山 正

大傑作と名高いロバート・アルドリッチ監督の映画『飛べ!フェニックス』(一九六五)の原作小説。同じ訳者による二種類の本があり、元版が〈講談社ウイークエンド・ブックス〉、後版が酣燈社〈スカイ・ブックス〉から出版されている。

サハラ砂漠を横断する十四人乗りの航空定期便が砂嵐に遭遇し、エンジントラブルを起こして、砂漠に不時着する。着陸の衝撃で二人が死亡。十二人は無事だったが、中には重傷者がいた。彼らが降りた場所は広大な砂漠の真ん中で、人が住む場所までの距離は数百キロ。無線機が壊れたため、助けを呼ぶこともできない。飛行機は二つの胴体が連結した双胴機だったが、着陸時に胴体の一部が折れ、飛び立つことは不可能。救援を待つが、その気配は微塵《みじん》も無かった。

生き残った者を灼熱が襲う。食料と水も限られていた。誰もが死を覚悟し始めたその時、一人の男が壊れた飛行機のパーツを再利用し、双胴機を単発機に作り替えることで、再び飛び立つことが可能だと宣言する。かくして、死と隣り合わせの中、飛行機を手作りで再生させる奇想天外な計画と、極限のサバイバル生活が始まった。

途中、仲間割れは起きるし、飢餓状態と健康悪化で皆が次々と倒れてゆくなど、波瀾の展開が続く。が、この作品の肝は、飛行機を再生させるストリンガー青年の正体にある。作者も、彼の意外な素顔について、気配りの効いた記述を試みており、その効果があってこそ、この悲惨極まる話がロマンあふれる壮大な物語に変貌するのだ。しかし、翻訳された二種の単行本の登場人物紹介欄には、どちらも同じように、彼の意外な正体があっさりと記されている。これは興ざめだなあ。ぜひとも巻頭の紹介欄は飛ばして、白紙の状態で読むことで、アッと驚いていただきたい。

著者はアダム・ホールの名で、英国の秘密諜報員クィラーを主人公としたスパイ小説『不死鳥を倒せ』なども書いている。トレヴァー名義は他に『大暴風』『迎撃』が訳されているが、多くは未訳。その中には、まだまだ傑作があるかもしれない。

Storm Warning, 1976

『脱出航路』

ジャック・ヒギンズ

佐和 誠訳/ハヤカワ文庫NV

書評家 酒井貞道

第二次世界大戦も佳境に入った一九四四年八月、ブラジルの港を出港したのは、スウェーデン船籍の三本マストの帆船だった。しかしそれは偽装であり、この船は実際にはドイツの老朽帆船《ドイッチェラント》だ。祖国ドイツの港まで、八千キロに及ぶ航路は、ほぼ全域にわたって、制海権が敵方である連合国に押さえられている。関係者は、連合国による臨検をかわすには、中立国の船と偽るのがいいと判断したのである。かくして、船長以下三十人の乗組員と、乗客の領事補夫妻と尼僧たちは、危険な航海を開始する。

大小のトラブルを乗り越えて、《ドイッチェラント》はいよいよイギリス北部のヘブリディーズ諸島に差し掛かる。だがそこでは悪天候が待ち受けていた。時あたかも近くの英領ファーダ島には、戦争の帰趨《きすう》に導かれ、様々な人物が集まろうとしていた。捕虜となったドイツ海軍のUボート艦長、戦傷が癒えるまで砲艇を使った郵便配達をさせられているイギリス人軍人、そしてその砲艇を襲いつつも深追いはしないドイツ軍のユンカースの機長。役者が揃いつつある中、嵐が《ドイッチェラント》を襲う。

七十年以上も前とはいえ、大陸間移動に帆船を使うというのは当時にあっても時代遅れであり、ましてや《ドイッチェラント》は船齢六十の老朽船である。航海には多大な困難が伴い、誰もが失敗を半ば予想しているのだが、船上の人のほとんどは心が折れない。そして後半では、英米のそれぞれの登場人物が、それぞれに個性を発揮しつつ、嵐に翻弄《ほんろう》される《ドイッチェラント》に関与してくるのである。敵味方を超えた騎士道精神がまばゆいばかりに光り輝き、危機においてこそ輝きを増す〝海の男〟の誇りが胸に染みる。それは海洋冒険小説の醍醐味に他ならない。また、「かような気概に満ちた人々が、なぜ殺し合わねばならないのか」という常に付きまとう疑問が、物語に奥行きを与える。戦争海洋冒険小説の最高峰の一つである。

Recovery, 1980

『A‐10奪還チーム 出動せよ』

スティーヴン・L・トンプスン

高見 浩訳／ハヤカワ文庫NV

翻訳家 山中朝晶

冷戦下の東ドイツを舞台に、機密兵器をめぐって米ソが繰り広げる壮絶な空中戦とカーチェイスを描いた傑作。一九八〇年に出版された小説だが、時代を越えて、読む者の胸を熱くする一冊だ。冷戦を知らない世代にもぜひ読んでほしい。

本書の面白さは、ひとつには卓抜な着想にある。冷戦当時、米ソは秘密協定を結び、東西ドイツにそれぞれ「軍事連絡部」を置いて、最前衛の情報機関として活動させていたというのだ。双方の軍事連絡部には完全な治外法権と、行動の自由が認められていたという。一見、荒唐無《こうとうむ》稽《けい》な話に思えるが、これは事実だったらしい。

さらに本書を面白くしているのが、アメリカの傑作攻撃機A－10と、高度にチューンアップされたフォード・フェアモントだ。この小説ではA－10に〝ジーザスボックス〟と呼ばれる画期的な装置が搭載され、その奪取をもくろむソ連が、偽の誘導電波で機を東ドイツ領内に不時着させる。そうはさせじとアメリカは、ポツダムの軍事連絡部から「奪還チーム」を出動させ、パイロットと〝ジーザスボックス〟を守ろうとする。こうして元カーレーサーの主人公マックス・モスが、最高性能のフェアモントを駆って、瀕死の僚友と、思わぬ事情から道案内をすることになった名家の令嬢を乗せ、決死の逃避行を繰り広げるのだ。

マックス・モスは大胆不敵な運転技術と機略を駆使し、幾重にも張りめぐらされた包囲網の突破を試みる。登場人物それぞれの人生をかけたカーチェイスが本書の白眉であり、冒険小説の王道を行く作品といえる。

著者スティーヴン・L・トンプスンは空軍出身で、カーレースの参加経験も有する。マックス・モスを主人公とするシリーズは、本書を皮切りに四作出版された。

First Blood, 1972

『一人だけの軍隊』

デイヴィッド・マレル

沢川 進訳／ハヤカワ文庫NV

書評家
酒井貞道

映画『ランボー』の原作としてつとに有名なこの作品だが、原作と映画とでは内容がかなり異なる。映画は観たが小説はまだ、という方は、登場人物の名前や設定が重なっているだけの、全く別の作品だと考えて読み始めた方が良い。

ベトナム戦争の復員兵、ジョン・ランボーは、ケンタッキー州マディソンでヒッチハイクをしていた。彼を見つけた警察署長ウィルフレッド・ティーズルはランボーに、街に入るなと警告する。それでも街へ入ろうとしたランボーは逮捕され、浮浪と公務執行妨害の罪で禁固刑に服すことになった。しかしランボーは、彼の髪やひげを無理矢理切ろうとした警官を殺害して脱走し、近くの山に逃げ込んでしまう。ティーズルら警官は、地元住民や州軍とともに山狩りを行なうが、奸智《かんち》に長《た》けたランボーの手により多数の死傷者が出てしまう。ティーズルも負傷し手当を受けるが、そこに、ランボーを育てたというサム・トラウトマン大尉が到着する。彼はティーズルに対して、手を引くよう忠告した。しかし、大佐や部下の警官たちの制止も聞かず、ティーズルはランボーを追うのであった。

本書には、ランボーとティーズルの心理描写が多く、必然的に、追う者と追われる者が対比される。ランボーは殺戮《さつりく》マシーンとして教育されており、ヴェトナム戦争時には国家に貢献したものの、戦後はアメリカ社会で行き場をなくし、戦時の記憶のフラッシュバックにも襲われる。一方でティーズルは、朝鮮戦争に従軍して、帰国後は警察署長として社会の中で重きをなしている。街の平和を守ることにも熱心で、社会的責任も果たそうとしている。彼らの対照的な境遇が、朝鮮戦争とヴェトナム戦争の違いをあぶり出しているかのようだ。だが結局、二人の対立は街全体を巻き込んだ、凄惨で暴力的な悲劇を呼ぶのである。ダイナミックなストーリー展開の果てに訪れる、やるせない幕切れも味わい深い。

Centrifuge, 1984

『樹海戦線』

J・C・ポロック

沢川 進訳／ハヤカワ文庫NV

コラムニスト
香山二三郎

国際謀略スリラーというジャンルを切り開いた作品といえば、まず思い浮かぶのが一九七〇年代初頭に登場した二作、フレデリック・フォーサイス『ジャッカルの日』（一九七一）と、ロバート・ラドラム『スカーラッチ家の遺産』（同）だろう。八〇年代に入ると、そこにさらに、最新の軍事データを盛り込みリアルなアクション演出を売りにした作品が加わってくる。それが一九八四年というやはり同じ年に刊行されたトム・クランシーの『レッド・オクトーバーを追え』と本書ではないだろうか（ちなみにクランシー作品は一九八六年度「週刊文春ミステリーベスト10」の海外部門第三位に、本書は同第九位にランクインしている)。

犬の訓練所を営む元グリーンベレー(陸軍特殊部隊)隊員のマイク・スレイターはヴェトナム戦争時代の司令官ブルックス中佐に呼び出され、自家用機でメイン州の湖を訪れる。ブルックスは国防総省管轄の調査・実験施設の保安主任をつとめており、ある男の写真を見てほしいという。だがその直後、ブルックスは狙撃される。スレイターは襲ってきた一味を何とか撃退するが、暗殺集団は再び彼の住まいを襲撃してきた。スレイターは何故執拗《しつよう》に狙われるのかわからなかったが、そこにはＣＩＡ内部に潜むソ連スパイが絡んでいた。ブルックスともども、その正体を暴く情報を握っていると疑われたのだ。スレイターは戦友とともに、カナダの森林地帯で敵を迎え撃とうと策を練るが……。

本書は著者の長篇第三作で、デビュー作『デンネッカーの暗号』、第二作『ミッションＭＩＡ』も元グリーンベレー隊員を配した冒険アクションものだった。それというのも、著者自身、元グリーンベレーということで、なるほど軍事知識が豊かで戦闘シーンにリアリティがあるのも当然だ。ソ連の特殊部隊との死闘になる後半は今読んでも迫力充分だが、アクション演出のみならず、スレイターと犬との関わり等、他にも印象に残る工夫が凝らされている。著者は軍事もののほかにも、ジェイムズ・エリオット名義で『かくも冷たき心』や『射程圏』等のサスペンスアクションを発表している。

Time to Hunt, 1998

『狩りのとき』上下

スティーヴン・ハンター

公手成幸訳／扶桑社ミステリー

翻訳業 公手成幸

稀代のスナイパー、ボブ・リー・スワガーとその父アールの活躍を描いたスティーヴン・ハンターの作品群は、〈スワガー・サーガ〉と呼ばれる。そのシリーズの原点は、ボブ・リーを主人公に据えた『極大射程』、『ブラックライト』、『狩りのとき』からなる最初の三部作だ（本国では〈ボブ・リー・スワガー・トリロジー〉と呼称される）。

物語の舞台は、ヴェトナム戦争時代のアメリカとヴェトナム、そしてこの小説における現在のアメリカ。前半の主要な舞台は、ボブ・リーがスポッターのダニー・フェンを相棒として戦闘をくりひろげるヴェトナムの地だ。この壮絶な戦闘の描写は、その部分だけでひとつの小説として成立するほどすばらしいのだが、それだけではなく、そのなかに物語の背景が緻密に記されていて、前二作では語り尽くされなかったさまざまな因縁が明らかにされる。なぜダニーに悲惨な運命が降りかかることになったのか、なぜいま、ボブ・リーとその家族が謎のスナイパーにつけ狙われることになったのか？　その当時、ボブ・リーとダニーは背後で策動する情報機関に操られていたのだ。このあたりの描写は、ル・カレのスパイ小説を彷彿《ほうふつ》させるところがある。

後半は、情報機関の策謀を突きとめたボブ・リーが、その首謀者を追う展開が中心となる。〝狩りのとき〟の始まりだ。多数の敵との激闘、敵スナイパーとの一対一の死闘、そして黒幕との最終的な対決。それは復讐劇の完結でもある。シリーズのなかでよく語られることだが、スワガー家の男は国家や理想といった抽象物ではなく、あくまで個人的理由——友情や愛情など——のために戦うのだ。

「ライフワークになってしまったからには、最後までつきあわなくてはいけないだろう」と著者ハンターが吐露するまでになった、〈スワガー・サーガ〉。『狩りのとき』は、その核心をなす作品と言えよう。

『ティンカー、テイラー、ソルジャー、スパイ』

Tinker, Tailor, Soldier Spy, 1974

ジョン・ル・カレ

村上博基訳／ハヤカワ文庫NV

翻訳家 村上博基

ロンドンのケンブリッジ・サーカスにあることから、英国情報部本部はサーカスと呼ばれる。チーフのコントロールはかねて、六階の首脳部のなかに〝もぐら〟ことソ連の潜入工作員がいるとにらむが、仲間内の追及を表立ってはできず、のちに引退して学究生活を送るスマイリーにその任を依頼する。

スマイリーは過去の通信履歴など膨大な記録を綿密に検証し、元情報調査係や新聞記者にも詳しくさかのぼって事情をきき、いよいよサーカス内の二重スパイの存在を確信する。おそらくモスクワ・センター（ソ連情報部）のチーフであるカーラの指令を受けただれかが、ロンドンから手引きしている。

コントロールもサーカスを追われるようにして辞《や》め、失意のうちにほどなく死ぬが、生前、裏切り者の〝もぐら〟は六階のだれかだと信じて疑わず、それぞれに童謡の文句から取った仮名を付して、ティンカー（鋳掛け屋）、テイラー（仕立て屋）、ソルジャー（兵隊）などと呼んでいたが、そのひとりのベガーマン（乞食）が、知らぬは当人ばかりで、じつはスマイリーだった。

『ティンカー、テイラー、ソルジャー、スパイ』はスマイリーとカーラの対決を描く〈スマイリー三部作〉の第一作で、『スクールボーイ閣下』、『スマイリーと仲間たち』へと続く。

『ティンカー、テイラー』は二度ほど映画化されていて、わたしは『裏切りのサーカス』しか見ていないが、ゲイリー・オールドマン演ずるスマイリーが意外や意外、どこにも文句をつけたくならない。原作の主人公は短軀肥満で、ネクタイの太い端で眼鏡を拭くのが癖だが、長身のオールドマンもいい味を出していた。ただサーカスの意味をぜんぜん知らぬ人は、曲芸団の話だと思ったのではないか。

The Human Factor, 1978

『ヒューマン・ファクター〔新訳版〕』

グレアム・グリーン

加賀山卓朗訳／ハヤカワepi文庫

翻訳者
加賀山卓朗

静かで深い物語である。四十年ほどまえに書かれていながら、スパイ小説のベストの企画があると、いまもかならず名前があがるほどだが、派手なカーチェイスや銃撃戦の類はいっさいない。ピリピリするような緊張感はある。胸に迫りくる寂しさもある。愛も、死もある。要するに、スパイ云々《うんぬん》というより一個の小説としてすぐれている。晩年の大家が持てる技巧を駆使して書いた珠玉の作品だ。

舞台はイギリス情報部。とはいえ、主人公のカッスルはぱっとしない初老の公務員で、職場の雰囲気もどこか町役場のよう。折しもその情報部内の機密がソ連側にもれていることがわかり、二重スパイを探す調査が始まる。一見平凡なカッスルの生活でひとつ目立つのは、妻と子が南アフリカから来た黒人ということだった。これがじつは重要な意味を持っている。穏やかに始まった物語はゆっくりと加速して、最後には思いがけない展開となる。有名なラストシーンは、一度読めば忘れられなくなるほど切ない。

本書はイギリス情報部で実際にあった二重スパイ事件にヒントを得ている。グリーン自身、第二次世界大戦中に情報部に勤めていたのだが、そこで問題の二重スパイのひとり、キム・フィルビーの部下となり、親しくつき合った。だからここには文学作品としての香《かぐわ》しさとともに、実体験者ならではのリアリティもある。彼がフィルビーのなかに見た〝人間的要因〟が少なからず反映されているはずだ。同じ事件に触発されて、ジョン・ル・カレは『ティンカー、テイラー、ソルジャー、スパイ』を書いた。

グリーンのこの作品が気に入ったら、『ハバナの男』も読んでみてほしい。スパイものとして『ヒューマン・ファクター』が〝陰〟だとすると、『ハバナの男』は〝陽〟の代表格。作家の間口の広さが実感できる。

The Company, 2002

『CIA　ザ・カンパニー』

ロバート・リテル

渋谷比佐子監・訳／柏艪舎

ミステリ研究家
松坂　健

グループ・サガ（年代記）と名付けていい小説のジャンルがある。

ある特定のグループが形成され、その構成員たちがどんな人生を送っていったかを、同時並行的に描いていくものだ。

この手法を意識的に採用して大成功を収めたのが、メアリー・マッカーシーの『グループ』だ。名門女子大、ヴァッサーのクラスメート八人がたどった、それぞれの人生を通して、アメリカの社会史が浮かび上がってくるという作品につかわれた手法だ。

このグループ・サガをエスピオナージュの世界に応用したのがロバート・リテルの二

段組み上下九六十頁に及ぶ超大作『CIA　ザ・カンパニー』だ。

一九五〇年、名門イェール大学を卒業した三人の学生が創立まもないCIA、通称ザ・カンパニーに雇われる。ザ・ファームと呼ばれる施設に送られ、スパイとしての訓練を施された彼らは、冷戦の〝戦士〟として、世界各地の支局に飛ばされる。

学生の一人、ジャックはベルリンに配属され、魔法使いと呼ばれるベルリン支局長のもとで鍛えられていく。一方、ジャックたちの大学時代の仲間、イヴゲニーはKGBに所属し、まったく対照的に生きていくことになる。

そして彼らの目の前で、ハンガリー動乱、キューバ危機、アフガン侵攻、ベルリンの壁崩壊など、多くの歴史的な事件が展開する。

そのような事件の裏側にどんな国家間の取引があったのか。その「秘密大戦争」（こういうタイトルの映画があった）が実に面白く、長いけれど、飽きそうになると、次の事件が起きるので、巻を措《お》く能《あた》わず状態になれる。

ル・カレのロシア大物スパイ、カーラとの戦いを描いた『ティンカー、テイラー、ソルジャー、スパイ』『スクールボーイ閣下』『スマイリーと仲間たち』の三部作も、スマイリー・グループの年代記といっていい。もしもタイトルをつけるなら、『ザ・サーカス』となるだろう。リテルは見事にル・カレと合わせ鏡になっているのである。

Spy Story, 1974

『スパイ・ストーリー』

レン・デイトン

後藤安彦訳／ハヤカワ文庫NV

書評家
古山裕樹

「わたし」はかつて情報機関に勤めていたが、今ではロンドンの軍事研究本部に研究員として勤務している。原子力潜水艦に乗り組んでの四十三日間に及ぶ調査行も、研究員としての日常業務のひとつだ。その長期出張を終えてロンドンに帰ってきた「わたし」は、昔借りていたフラットを訪れた。だが、室内の様子がどこかおかしい。妙な事件を経て、やがてKGB大佐シュトークが姿を見せる。どうやら、昔の仕事に関わる陰謀に引きずり込まれてしまったらしい……。

続く『昨日のスパイ』『トゥインクル・トゥインクル・リトル・スパイ』と合わせて

三部作を構成する作品。主人公の「わたし」は、デビュー作『イプクレス・ファイル』以来の主人公とよく似ているが、デイトン自身が両者は別人であると明言している。本書の「わたし」はパット・アームストロングと名乗っているが、決して本名ではない。

軍事研究本部で行なわれている、コンピュータによるシミュレーションを伴った図上演習が、物語の趣向を形作っている。各章の冒頭には、図上演習の規則や手順の一節が記されていて、それが章の内容と響き合っている。スパイ戦を、図上演習のようなゲームになぞらえて、物語全体が組み立てられている。

主人公の身辺には不可解なできごとが連続する。だが、事態の全体像はなかなかはっきりしない。物語を読み進めるうちに、まるで迷路を進んでいくような感覚に襲われる。冷戦を背景にした謀略の物語だが、決して時代と枠組みに寄りかかった作品ではない。官僚としての平凡な日常と、国家間の秘密のゲームとが地続きになっている。登場する人々は、決して見た通りの存在ではない。婉曲に語るスタイルは決して明快とは言えないが、秘密に彩られたスパイの日常を描く手法としては魅力に富んでいる。冷戦が終わったあとの現在でも、じっくり読み解いてみたい誘惑に駆られる作品だ。

1990

『K［ケイ］』

久松 淳

新潮社

早川書房編集部

ペレストロイカによる東西の雪解けが期待されていたころ。

警視庁公安部外事一課の松岡《まつおか》は、上司である石川《いしかわ》の机の上から十四年前に姿を消した恋人ケイに似た女性の写真を発見した。どうやら石川はＫＧＢのスパイとして彼女を単独で追っているらしい。

思い余った松岡は、石川を先回りしてその女性を探し出し、匿《かくま》いはじめる。女性は柳《やな》瀬《せ》令子《れいこ》と名乗り、ケイではないと主張するが、すでに彼女との日々に溺《おぼ》れ始めていた松岡はその話を受け入れられずにいた。

そんなとき、松岡は部長の緒方から四カ月でソ連のスパイを発見せよと命じられる。日本政府とソ連の北方領土をめぐる交渉を有利に進めるための材料がいるというのだ。この計画が失敗すれば出世の道はないと脅された松岡は、令子に仲間を売るよう頼まざるをえない。令子はしぶしぶ承諾するかわりに、松岡にKGBのスパイになるよう持ちかける。だが彼女は知らなかった。松岡は十四年前からすでにKGBのスパイとして活動していたことを――。

本作は公募新人賞である第二回日本推理サスペンス大賞の最終候補作となり、のちに新潮ミステリー倶楽部から特別書下ろしというかたちで刊行された。時代の変化に戸惑うKGBと方針転換を迫られる警視庁公安部の騙し合いを精緻に描いていく手腕は処女作とは思えず、見事の一言。国同士の対立に、正体不明の女エージェントの目的、松岡の思惑が絡まり合い、物語は複雑に展開していく。

著者は第五回日本推理サスペンス大賞において、本作の続篇『殺される理由』という作品で最終候補になった。こちらは未刊行であり、現在著者の作品は本作しか読むことができないのが大変惜しまれる。（N・T）

『残虐行為記録保管所』

The Atrocity Archives, 2004

チャールズ・ストロス

金子 浩訳／早川書房

翻訳家 金子 浩

イギリスのSF作家チャールズ・ストロスの作品。魔物じみた異形の生物が異世界から侵入してくるのを数学的魔術によって防ぐため、イギリス政府は秘密組織〈ランドリー〉を設立していた。コンピュータおたくの主人公ボブ・ハワードは〈ランドリー〉の若き新米エージェントだ。ボブははじめての現場任務として、アメリカからの帰国を希望する大学教授との接触を命じられる。赤毛美女の大学教授モーはオカルト的国防にかかわる研究をしていたため、アメリカ政府から帰国を許されていなかったのだ。モーはテログループに拉致《らち》されるが、どうにか救出される。そしてふたりは陰謀に巻きこまれる。テログループにはナチス・ドイツの魔術研究機関アーネンエルベが関係しているらしいことが明らかになったため、ふたりはアーネンエルベの資料が保管されているアムステルダムの残虐行為記録保管所へと向かう。表題作に加え、その続篇でヒューゴー賞ノヴェラ部門を受賞した、牛がメデューサににらまれたかのように石化したことからはじまる騒動を描いた「コンクリート・ジャングル」も収録されている。

SF＋クトゥルー＋スパイ・スリラー。イギリス人作家らしいひねくれたユーモアと脱力感が全篇に漂っているし、情報量はすさまじいのにストーリー展開はゆったりしているので、好みが分かれるかもしれないが、ハマる人にはハマるはず。たとえばモンティ・パイソンが好きな人は気に入るのでは（作中にモンティ・パイソン・ネタも登場する）。

ストロスは著者あとがきで、本作を執筆するにあたって影響を受けた作家としてレン・デイトンとH・P・ラヴクラフトを挙げ、〝冷戦期のスパイ小説は、いくつもの点で、ホラー小説の究極表現だった〟とし、〝ラヴクラフトはスパイスリラーの偉大な先駆者のひとりだった〟と述べている。

『寒い国から帰ってきたスパイ』

The Spy Who Came in from the Cold, 1963

ジョン・ル・カレ

宇野利泰訳／ハヤカワ文庫ＮＶ

翻訳者　加賀山卓朗

冷戦期に東西に分かれていたベルリン。その象徴である全長百五十キロ超の〝ベルリンの壁〟の建設が始まって二年後に、本書は発表された。００７シリーズのような常人離れした主人公の活劇とはちがう、等身大のリアルなスパイの攻防を描き出し、ジョン・ル・カレをデビュー三作目で一躍ベストセラー作家にするとともに、その後のジャンルの大きな流れを作った。

イギリス情報部員アレック・リーマスは、ベルリンでの任務に失敗して組織を追われ、すさんだ生活を送っていたが、そこへ東側のスパイが仲間に引き入れようと接触してくる。リーマスは彼らに協力しはじめ……と書くと、この種の小説のふつうの導入部のようだが、ル・カレの緻密なプロットはそこから読者の予想を何度も裏切る。

作曲にたとえれば、壮大な交響曲を量産するまえの小規模な管弦楽曲といった趣もあるけれど、本書はのちの大作のすばらしさを充分予感させるだけでなく、スパイ同士の人間的な駆け引き、〝制度・組織〟対〝個人〟という図式、虐《しいた》げられる人々の運命など、ル・カレ作品のエッセンスがすでにぎっしり詰まっている。全体のために個人が圧殺されることを許さないこの作家の視座は、半世紀を経たいまに至るまでまったくぶれていない。やや短いぶんストーリーの密度が高く、印象深いラストも含めて展開も派手だから、むしろほかの作品より濃厚に感じられるのではないだろうか。大作群をまえにどれから攻略しようかと悩んでいる読者にお薦めしたいゆえんである。

なお、ル・カレの本のタイトルには含蓄のあるものが多いが、本書も原題は *The Spy Who Came in from the Cold* で、じつは寒い〝国〟ではない。読み終わったら、その意味も考えてみてほしい。

Charlie Muffin, 1977

『消されかけた男』

ブライアン・フリーマントル

稲葉明雄訳／新潮文庫

作家
深緑野分

深夜の東ベルリン、うだつの上がらない風采の中年男チャーリー・マフィンは、西側への亡命を希望する東ドイツ人青年に、検問所通過に必要な車と書類、偽造旅券を渡す。青年は喜んでフリードリヒ通りの検問所へ向かうが、発砲自由地帯に着くや否や投光器に照らされ、射殺される。実はマフィンは英国の諜報員で、車は彼のために諜報部が用意したものだった。彼は、青年の死を見届け組織の罠を確信すると、別のルートから故郷へ帰る。

特権階級の軍人たちが諜報部を牛耳《ぎゅうじ》って以降、マフィンはソ連の大物ベレンコフを逮捕した立役者にもかかわらず、反抗的な態度と労働者階級の出自ゆえに、組織から疎《うと》まれていた。任務中の殉職という厄介払いから辛くも逃れたものの降格処分となったが、その間も、かつて自分が捕らえた収容中のベレンコフと面会を続ける。

同じ頃英国諜報部は、ソ連の実力者カレーニン将軍が亡命を希望しているとの情報を得る。これは罠か、それとも本物か？　合衆国のCIAも絡んで駆け引きが行なわれる中、若く自信に溢れた諜報員ふたりがカレーニンに接触を試みる。

やや滑稽《こっけい》なほど強調して描かれる愚かな特権階級者たちが、作戦の失敗により雑草マフィンを頼らなければならなくなる展開は、反権力の気配充分で小気味いい。だが本作の最大の魅力は、主人公が気のいい雑草などではなく、狡猾《こうかつ》さと読めない心、そして非情さを持っているところにある。たとえば冒頭のように青年を身代わりにしたり、妻を愛していると言いつつ上司の秘書と情事を重ねたりする――だがその人物像こそが本作の動脈であり、そこかしこに張り巡らされたものが終盤、一点に収束していく。登場人物の相関関係や心理描写が結びついた時、ぞくりとするほどの快感が得られるだろう。

〈チャーリー・マフィン・シリーズ〉は本作からはじまるが、次作『再び消されかけた男』のあらすじも含め、ネタばらしをされないうちにお読みいただきたい。

『パンドラ抹殺文書』

The Deadly Document, 1980

マイケル・バー＝ゾウハー

広瀬順弘訳／ハヤカワ文庫NV

文芸評論家
三橋　曉

イスラム系アラブ諸国がひしめく中東にあって、ユダヤ人の国として、建国以来、周辺国との争いがたえないイスラエル。世界最強ともいわれる諜報機関モサドを擁することでも知られるこの国発の作品で注目を集めたのが、マイケル・バー＝ゾウハーである。作者自身のホームページによれば、バー＝ゾウハーが手がけたフィクションは一ダース余りあるが、『パンドラ抹殺文書』は五作目にあたる。モスクワに駐在するCIAの女性局員からKGBが押収した極秘の暗号文書は、KGB高官の一人に宛てたものだった。体制の上層部に潜む裏切り者は誰か？　ブレジネフ書記長直々の命令で、KGB議長のアンドロポフは、モール（スパイ）狩りに乗り出す。

その頃アメリカ側も、KGBに送り込んだスパイ〝パンドラ〟からのSOSを受け、応急工作を急いでいた。パンドラの正体を察した〝アキレス〟という人物の脅威を取り除くため、CIA長官から選択を迫られた大統領は、苦渋の末に危険な作戦を承認する。

そんなプロローグで幕のあく本作だが、四部からなる本篇が始まるや、偶然パンドラの秘密に近づいてしまったフランス娘のシルヴィーとKGBへの私怨を抱くCIA局員ジェームズ・ブラッドリーという男女の道行きが語られていく。本作は、このように東西両大国の諜報機関がしのぎを削る謀略小説でありながら、ソフィスティケートされたエンタテインメントにもなっている。

海外特派員や、自国の国防相（モシェ・ダヤン）の報道官、あるいは大学で教鞭をとるなどの多彩なキャリアを血肉とするバー＝ゾウハー作品だが、特長は読者の意表をつくトリッキーな作風にある。本読本の旧版でベスト3の一角を占めた本作をはじめ、『過去からの狙撃者』や『二度死んだ男』など秀作が多いが、今世紀に入って復活を果たした『ベルリン・コンスピラシー』でも、その切れ味に衰えはない。

1962
『ゴメスの名はゴメス』

結城昌治
光文社文庫

文芸評論家 中辻理夫

結城昌治はミステリにおける様々なジャンルに挑んだ一人として知られている。最初は〈郷原部長刑事〉三部作で質の高い本格ミステリの書き手という地位を確立したが、一九六二年、『死者におくる花束はない』でユーモア・ハードボイルドをものにした。そして同年に本書『ゴメスの名はゴメス』を刊行したのである。こちらはスパイ・ミステリで、やはりジャンルが異なる。

当時の日本ではまだスパイ・スリラーはさほど書かれていなかった。本書が後発作家を刺激し、ジャンル定着に導いたことは間違いないだろう。

ときは一九六一年。貿易商社に勤める坂本はベトナム・サイゴン（現ホーチミン市）に来ていた。支社で働いていた香取が突如姿を消したため、後任として働きながら、彼の行方を捜す目的があった。彼は単身赴任で、坂本は日本で香取の妻の由起子と不倫関係にあった。なので香取の死を望む気持ちと生還を願う気持ちが混在している。

ベトナム戦争は激しくなっていた。現地の警察本部を訪れると刑事は、殺されたのではないかと言う。調査を進めていくうちに、坂本は尾行の気配に気づく。銃声がし、尾行の主である男が倒れた。急いで駆け寄るも、男は「ゴメスの名は……」と言い残し絶命した。その後も坂本は謎の人物たちから接触される。もしかして香取は諜報戦に巻き込まれスパイに仕立て上げられたのではないか、そして自分も同様の目に遭うのではないか、と恐怖の念に駆られていく。

無事にサイゴンを脱出しようと試みる坂本の必死の抵抗はサスペンス、アクション・シーンを生み出し、エンターティンメントとして存分に楽しめる。と同時に結城昌治独特の文学性は本作でも発揮されており、それはすなわちスパイという存在の哀しみを描き切ったから達成されたのだ。おそらくこの点が本作最大の読みどころだろう。

1966
『風塵地帯』

三好 徹
双葉文庫

ライター　若林 踏

一九四五年八月、インドネシア独立運動の指導者であったスカルノは植民地オランダからの独立を宣言、大統領に就任しインドネシア政府を樹立する。一九五五年には民族自決の精神を謳《うた》う「第一回アジア・アフリカ会議」を開催するなど、世界的な政治家としての名声を得たスカルノだったが、一九六五年に起きた左派系軍人のクーデター「九月三十日事件」により国民の反発を買い失脚してしまう。

日本では六〇年代、このスカルノ政権を題材にした国産謀略小説の里程標的作品が二つ生まれている。一つは日本初のスパイ小説と呼ばれる中薗英助『密書』（六一年）、そしてもう一つが第二十回日本推理作家協会賞を受賞した本書である。

特派員としてインドネシアに着任した新聞記者の香月は、カメラマンの鳩谷と再会する。しかし再会直後、鳩谷はバンドンで遺体となって発見される。シンガポールに飛び立つと言っていたはずの鳩谷の死体が、なぜインドネシア内で見つかるのか。事件を追う香月だったが、やがて彼自身にも殺人の嫌疑が降りかかる。

本書の魅力は何と言っても臨場感溢れる風景描写だ。無実の罪で尋問室に閉じ込められた香月の感じる、うだるような暑さ。クーデターが勃発し、銃声が轟く街中の緊張感。読者は語り手である香月の目を通して、動乱のインドネシアを間近で体感している気分になるはずだ。そのリアルな描写は「インドネシアに行くなら、この一冊で勉強は事足りる」と現地の商社マンや新聞記者が薦めるほどだったという。（著者自身は当時、インドネシアを訪れていないにもかかわらず！）

三好徹は本書の着想を、先述のクーデター事件の際に出た「ある外電」から得たと語っている。一見何気ない情報であるその外電に疑問を抱いた三好は、実は途方もない陰謀が隠れていたのではないかと考え、大胆な仮説を作品の中に織り込んだ。この想像力の飛躍こそ、本書が国内スパイ小説の代表作と呼ばれるゆえんである。

The Tears of Autumn, 1974

『暗号名レ・トゥーを追え』

チャールズ・マッキャリー

広瀬順弘訳／扶桑社ミステリー

書評家 古山裕樹

ケネディ大統領暗殺を扱った小説は多い。事件の謎めいた性質ゆえに、そこに何らかの謀略を見いだす作品も少なくない。本書もまた、暗殺事件の隠れた真実を扱っている。

ポール・クリストファーの表の顔はジャーナリスト、裏の顔はCIAの工作員。東南アジアでの工作活動に従事していた彼は、ジャーナリストとして南ヴェトナムのゴー・ディン・ディエム大統領に関する記事を書く。だが、それから間もなく、南ヴェトナムでクーデターが起き、ディエム大統領が殺された。それから三週間後、ダラスでケネディ大統領が暗殺された。ポールは直感する――二つの事件には関係がある、と。彼はディエム大統領の親族が口にした「レ・トゥー」という名前を手がかりに、二人の大統領の死に隠された意外な真相を探り出す……。

ケネディ暗殺に関してユニークな説を提示した作品ではあるが、その魅力の中心は謀略小説らしい要素とは別のところにある。

本書は、ポール・クリストファーとその一族、周辺の人物を描いた、全十作からなる大河小説の一冊なのだ。あいにく日本に訳されたのは、本書と『蜃気楼を見たスパイ』『カメンスキーの〈小さな死〉』『最後の晩餐』の四作だけだが、これらの内容も互いにつながっている（たとえば、本書のラストシーンの後日談が『最後の晩餐』で語られる）。

もちろん、本書単独でも充分に楽しめる作品に仕上がっている。特に、かつて詩集を出版したこともあるポールの造形は印象深い。本書の冒頭でも、彼と詩の関係から始まって、別れた妻と新しい恋人のそれぞれとの関係を、詩と重ね合わせるようなエピソードが語られる。作中のところどころに見られる文学趣味と重なって、独特の抒情を醸《かも》し出している。

ちなみに、作者チャールズ・マッキャリーはCIA勤務経験者。フレミング、ル・カレ、グリーンらと同じく、スパイだったスパイ小説家の一人だ。

『リトル・ブラザー』

Little Brother, 2008

コリイ・ドクトロウ

金子 浩訳／早川書房

翻訳家 金子 浩

カナダのSF作家コリイ・ドクトロウが二〇〇八年に上梓し、二〇一一年に邦訳が刊行された作品。サンフランシスコに住む十七歳のマーカス・ヤロウはごくふつうの高校生だが、じつは凄腕のハッカーでもあった。マーカスがいつもの仲間と遊んでいたときに大規模爆弾テロが発生する。マーカスたちはテロリストの疑いをかけられて国土安全保障省（DHS）に拘束される。マーカスは拷問まで受けて訊問されるが嫌疑不充分で釈放される。ところが一緒にとらえられたマーカスの親友は行方不明のままになる。マーカスは親友を救うため、仲間たちの協力を得ながら、高圧的なテロ対策を実行し国民をスパイするDHSに、ハッカーとしての知識を駆使して戦いを挑む。

アメリカではヤングアダルト向けに出版された作品だが、津田大介氏が帯に寄せているように、「痛快な青春小説」として大人も充分に楽しめる。SFということになっているが、大規模テロがサンフランシスコで起こるという設定以外の、ハッキングやDHSのテロ対策などに関する記述はほとんど現実そのままなので、ふだんSFを読まない読者にもお勧め。著者のドクトロウはIT関係の仕事をしていたことがあり、ブロガーとしても有名な人物なので、その方面に関心のある読者は興味深く読めるはずだ。くわしくなくても、作中でわかりやすく解説してくれているのでだいじょうぶ。

この作品の邦訳が刊行されたあと、わが国では特定秘密保護法が可決され、若者主導のデモが広がり、マイナンバー制度が実施された。この作品の世界はますます現実味を増しているのだ。

二〇一三年にアメリカで、続篇 *Homeland* が刊行された。また先頃、パラマウントが本作の映画化権を取得したことが明らかになった。

The Tourist, 2009

『ツーリスト　沈みゆく帝国のスパイ』上下

オレン・スタインハウアー

村上博基訳／ハヤカワ文庫NV

翻訳家
村上博基

ツーリスト――それはCIAがアメリカの覇権維持を目的に、世界じゅうに放った凄腕のエージェント。過去も決まった名ももたない者たちだ。そんなツーリストのひとり、ミロは機密漏洩が疑われる親友の調査を命じられ、パリにおもむくが、容易に真相はつかめない。二〇〇一年九月にヴェネチアでいろいろなことに遭遇したなかには、アメリカ人の妊婦ティーナもいて、そのおなかの子が図らずも自分の娘ステファニーになった。

それから六年後、二〇〇七年。〈タイガー〉の異名を取る国際的暗殺者を追って行ったテネシー州の片隅で、ミロは田舎町の保安官にあっけなく逮捕されたタイガーに会う。

そして取調中に、自身もかつてツーリストだったと告白するタイガーは、なぜか青酸カリで自殺をとげる。

二〇〇一年に同僚の公金横領容疑でヴェネチアに飛んだミロは、旧知の工作員アンジェラと調査にあたったが、そのアンジェラが、いまは中国に機密を漏洩している容疑者だと知らされる。死んだタイガー、ヴェネチアで知った実業家ユグリモフ、CIA作戦部次長グレインジャーなど、敵はもとより味方であってもどこか疑わしい人物が入り乱れるなか、ミロはしだいに謎の網にからめとられてゆく。あげく上司グレインジャーは目の前で何者かに射殺され、不可解な事件は事件を呼ぶのだが、なにひとつ明らかになることはない。

ジョージ・クルーニー主演で映画化のうわさもあり、なるほどどんな場面も大型スクリーンにスピーディに流動炸裂させたら、さぞかしエキサイティングになるだろうと思われる。

『ピルグリム』全三巻

I Am Pilgrim, 2012

テリー・ヘイズ

山中朝晶訳／ハヤカワ文庫ＮＶ

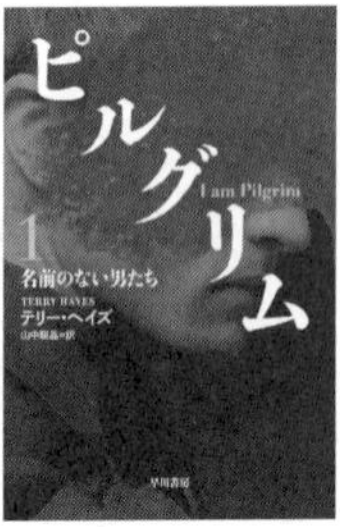

翻訳家 山中朝晶

原書で七百ページ、文庫で全三巻という超大作だが、明快なストーリーと真実味のある叙述で一気に読ませる。9・11後の混沌とした世界を鋭く切り取った冒険小説だ。

ニューヨークの安ホテルの完全犯罪現場で幕を開けた物語は、いつしか、伝説のスパイ〈ピルグリム〉とアメリカ殲滅《せんめつ》をくわだてる孤高のテロリスト〈サラセン〉との息詰まる追跡劇に発展する。〈ピルグリム〉は八歳で実の母を失い、大富豪の養父に引き取られ、諜報界に足を踏み入れて、若くして伝説的なスパイになったが、重圧と苦悩で消耗し、引退する。一方〈サラセン〉は幼いころ、サウジアラビアで公開斬首によって父を失い、アフガニスタンやガザを遍歴して、サウジ王家を支えるアメリカの打倒を画策するに至る。〈サラセン〉の天才的な着想を知って震撼《しんかん》したアメリカ大統領は、引退していた〈ピルグリム〉を呼び戻し、単身で追跡に向かわせるのだ。

捜索の過程ではエシュロンをはじめとしたテクノロジーが活躍し、諜報組織のネットワークも駆使されるが、本書において組織の果たす役割はあくまで後方支援であり、クライマックスを形づくるのは〈ピルグリム〉と〈サラセン〉というこのうえない好敵手同士の個人戦だ。追う者と追われる者との「激烈な意志の闘い」が、本書を地球規模のマンハント小説に仕上げており、そこには『ジャッカルの日』を彷彿《ほうふつ》させる迫力がある。『マッドマックス2』などの脚本家の著者テリー・ヘイズは巧みなプロットで、これらの要素を見事につなげ、劇的な終幕へ向かわせる。すべての伏線が回収され、無駄なエピソードがひとつもないところに、本書の完成度の高さを感じる。

〈ピルグリム〉を主人公とした物語は全三部作の構想で、本書はその第一部だという。ぜひ完結を見届けたいものだ。映画化も決定している。

The Gray Man, 2009

『暗殺者グレイマン』

マーク・グリーニー

伏見威蕃訳/ハヤカワ文庫NV

翻訳家 伏見威蕃

〝グレイマン〟ことコート・ジェントリーは、もとはCIAの特殊部門に属していたが、本人にもわからない理由から、〝目撃しだい射殺〟指令が発せられた。軍や情報機関のような組織の支援を受けることはもはや望めず、闇の世界で生きるしかなかった。狙撃の名手で、多様な武器を使いこなせるジェントリーは、フリーランスの暗殺者として、ただ独りで困難な依頼も成し遂げ、ひそかな名声を築いていった。

当然ながら、つねに追われる身であり、片時も油断することができない。

だが、ジェントリーは、完全に冷酷非情な人間ではなく、そのために窮地に陥ることもあった。これは弱みでもあるが、そういうところのないヒーローは、けっして共感されないだろう。一匹狼で、凄腕で、人間味がほんのすこしだけあるグレイマンのこのシリーズは、久しぶりに冒険小説らしい冒険小説を読者に味わわせてくれる。

〝グレイマン〟とは、〝目立たない男〟を意味する。身分を隠して秘密任務を行なう特殊部隊員や諜報員にとって、欠かせない資質だ。ジェントリーは〝平凡な外見〟を利用して、雑踏にまぎれ込む名人なのだ。

〈グレイマン・シリーズ〉第一作の本書では、ジェントリーは何度も襲撃を受けながら、ヨーロッパを東から西へと横断してゆく。チェコ、ハンガリー、スイス、フランス——さまざまな隠れ家やつてをたどりながら移動するあいだも、追っ手が襲いかかる。ヨーロッパはジェントリーを標的とする人間狩りの舞台になっていた。

〈グレイマン・シリーズ〉の魅力のひとつは、乗り物（移動手段）や武器が多彩で、正確に描写されていることだ。冒頭でジェントリーは、車輛などを破壊するのにも使える大口径のバレット・アンチマテリアル・ライフルを使用する。拳銃はグロックが好みなのか、よく出てくる。しかも、作者グリーニーが研究熱心なおかげで、武器装備の描写は正確であるばかりではなく、最新情報が盛り込まれている。むろん、そういう細部は、スリリングな展開があってこそ生きてくる。とにかく面白い！

On Target, 2010

『暗殺者の正義』

マーク・グリーニー

伏見威蕃訳／ハヤカワ文庫NV

翻訳家
伏見威蕃

題名からもわかるように、グレイマンことコート・ジェントリーの独特な倫理観が、ストーリーを動かしてゆく。

サンクトペテルブルクでロシア・マフィアにスーダン大統領暗殺を依頼されたジェントリーは、その直後、かつての上司に、それと矛盾する仕事を押しつけられた。アメリカ政府は、スーダン大統領を国際司法裁判所で裁くことを望んでいるので、暗殺せず、拉致《らち》しろというのだ。見返りは、〝目撃しだい射殺〟指令の撤回。

ジェントリーを乗せたロシア軍輸送機は、事情が変わったために、目的地ハルツームに直行せず、紛争地帯のダルフールに着陸地を変更した。このため、ジェントリーの作戦には狂いが生じた。ダルフールに着陸したロシア機を見て疑いを抱いた国際刑事裁判所特別捜査官エレン・ウォルシュが、ダルフールで現地の当局に連行されたのを救いだしたジェントリーは、エレンを国連難民キャンプに送り届けた。そして、ひとつの約束をする。そして、後日、それを果たす。ジェントリーはエレンと絆が結べそうなのを感じるが、許されないことだった。また逃避の日々が再開された。第一作ではやや受け身に動いていたジェントリーが、この第二作では、あらたな意志をもって行動するようになる。そして、その流れを色濃く受け継いでいるのが、第三作『暗殺者の鎮魂』である。

ジェントリーはロシア・マフィアに指示して、べつの移動手段を準備させ、スーダン大統領が訪問する予定になっているスーダン東沿岸の町を目指した。ロシア・マフィアを敵にまわすことは承知の上で、ジェントリーは大統領暗殺を拉致にすりかえることを決断していた。元上司のチームの支援があるとはいえ、困難な任務であることに変わりはなかった。

それが終わったとき、ジェントリーは結局、敵を増やすはめになった。

Ballistic, 2011

『暗殺者の鎮魂』

マーク・グリーニー

伏見威蕃訳／ハヤカワ文庫NV

翻訳家 伏見威蕃

アマゾン川流域に隠れ住んでいたジェントリーを、〝マンハンター〟（人狩り屋）が発見、追っ手が差し向けられた。ジェントリーはろくな武器も持たず、アマゾンの自然を利用して襲撃者たちを撃退した。

その後、ジェントリーはメキシコに逃れた。メキシコでは警察が麻薬カルテルに牛耳《ぎゅうじ》られ、連邦警察の特殊作戦部門のみが取り締まりを行なっていた。この部門のチームが連邦政府の指示で、カルテルのボス、デ・ラ・ロチャを暗殺するためにヨットを急襲した。だが、チームはデ・ラ・ロチャの罠にかかって全滅する。チーム指揮官エデュアルド・ガンボア少佐が死亡したことを、ジェントリーはテレビのニュースで知る。ジェントリーはかつて、ラオスでの作戦で、ガンボアに命を救われたことがあった。旅の途中でガンボアの墓を訪れたジェントリーは、ガンボアの家族と顔を合わせてしまい、家に招かれる。命の恩人ガンボアへの鎮魂の思いが、ジェントリーを苦しい戦いにひきずりこんだ。

殉職警官追悼式典でデ・ラ・ロチャは、ガンボアたちが腐敗していたというプロパガンダをひろめたばかりか、警官たちの家族を虐殺するために刺客をまぎれこませていた。ジェントリーは、ガンボア一家をその場から逃がす。だが、デ・ラ・ロチャ一味は執拗《しつよう》に追ってきた。一家は家を離れ、隠れ家に潜むが、そこにもデ・ラ・ロチャの魔手が迫る。じつは、〝死の聖女〟に帰依《きえ》しているデ・ラ・ロチャは、一家の殺害よりもさらに恐ろしいことを企んでいた……。

ジェントリーは、自分の身を護るだけではなく、ひとの命を救い、護らなければならなくなった。しかも、敵は世界一残忍な麻薬カルテルの親玉で、財物にものをいわせ、無数の手先を使って追ってくる。ジェントリーは、毒を以て毒を制するという大胆な方策を編み出して、この窮地を切り抜けた。だが、それはまた、敵を増やし、安全な地域をまたひとつ減らすことでもあった。

Dead Eye, 2013

『暗殺者の復讐』

マーク・グリーニー

伏見威蕃訳／ハヤカワ文庫NV

翻訳家
伏見威蕃

ジェントリーの強みのひとつは、〝ひと目につかない〟ことだったが、いまではどこの都市にも多数ある防犯カメラと顔を見分ける高度なソフトウェアによって、それも通用しなくなりつつあった。また、高高度を飛ぶドローン（無人機）や、肉眼でとらえにくい超小型ドローンは、防犯カメラがないところでも監視活動ができる。帽子を目深にかぶり、襟を立てても、歩容《ほよう》で識別できるソフトウェアもある。こういった高度なテクノロジーが、グレイマンの活動をさまたげるようになっていた。

ジェントリーは、サンクトペテルブルク近郊で復讐を遂げたあと、エストニアのタリンへ行った。だが、監視活動によって発見され、CIAの抹殺チームに襲われ、窮地に陥るが、味方か敵かよくわからない男に救われた。その男、〝デッドアイ〟は、いってみればグレイマンの影法師だった。そして、デッドアイはグレイマンを名乗り、重大な暗殺を行なおうとしていた。

イスラエルの諜報機関モサドが、その計画を知り、グレイマンを抹殺するためのチームをヨーロッパに派遣した。ジェントリーはモサドにも付け狙われるはめになった。だが、ジェントリーはモサド諜報員との結びつきで、窮状を打開してゆく。

この四作目では、グレイマンの名を不滅のものにしたキエフでの作戦にも触れている。作者のこういうテクニックも心憎い。

ジェントリーは、冒頭、マイクロライト・プレーン（超軽量機）で敵地に侵入する。その後、北ヨーロッパならではの、フェリーや列車など、国と国を結ぶ交通機関を使って逃走する。さらに、敵方のテクノロジーを逆用して、反撃する。

なんといっても圧巻は、自分の〝影法師〟であるデッドアイとの最後の対決だ。デッドアイは、ずっとグレイマンの心の動きを読みながら行動してきた。そして、その仕上げの仕事に取りかかった。だが、ジェントリーがぎりぎりの瞬間に現われ、死闘がくりひろげられる。

射雕英雄傳, 1957

『射雕英雄伝《しゃちょうえいゆうでん》』全五巻

金庸

金海南訳、岡崎由美監修／徳間文庫

＝ 早川書房編集部

舞台は十三世紀の中国、南宋の時代。親友同士である郭嘯天《かくしょうてん》と楊鉄心《ようてつしん》という二人の男が、全真教の指導者である丘処機《きゅうしょき》と出会い、親しくなる。しかしその後、両家の暮らす村が官兵に襲われ、郭の妻、李萍《りへい》と、楊の妻、包惜弱《ほうせきじゃく》が連れ去られてしまう。郭と楊が殺されたと知り、無念のもとに妻たちの行方を追う丘処機は道中で七人の義兄妹「江南七怪」たちと諍《いさか》いを起こし、彼らにある勝負を持ちかける。それは、李萍と包惜弱の子を見つけ出して武術を教え、十数年後に彼らを戦わせること。その後、李萍はモンゴルで郭靖《かくせい》を生み、ジンギスカーンの庇護下に。包惜弱は楊康《ようこう》を産み、金朝の王、完顔洪烈《ワンヤンこうれつ》の庇護下に入る。さらに数年後、江南七怪は郭靖を、丘処機は楊康を見つけ出し、物語は大きく動き出す。さまざまな人々との出会い、そしてたゆまぬ鍛錬の果てに、郭靖に待ち受ける運命とは……。

中華圏で圧倒的な支持を受ける武侠小説の大家、金庸が一九五七年に発表した代表作。どこまでも実直で情に厚い主人公、郭靖の成長と、眉目秀麗にしてしたたかなヒロイン、黄蓉《こうよう》との清らかな恋人関係を主軸としながら、義侠心にあつい江南七怪や、邪道の武術に手を染めた「黒風双殺《こくふうそうさつ》」の異名を持つ陳玄風《ちんげんぷう》と梅超風《ばいちょうふう》、神出鬼没の達人、洪七公《こうしちこう》、黄蓉の父であり狷介《けんかい》な黄薬師《こうやくし》といった、数多くの武芸の手練《てだれ》たちの立ちまわりが物語を力強く彩ってゆく。また、郭靖と対照的な存在である楊康の姿は、もうひとつの物語を描き出す。激動の史実の大きな流れの上に、波瀾万丈の物語を繰り広げる著者の力量が遺憾なく発揮された歴史ロマンにして、個性的なキャラクターたちが繰り広げる歯切れのよい一大冒険活劇である。本作から十数年後を舞台にした『神鵰剣侠《しんちょうけんきょう》』（一九五九年発表）、そこからさらに約百年後を舞台とする『倚天屠龍記《いてんとりゅうき》』（一九六一年発表）とあわせて三部作を成しており、『射雕英雄伝』は、子々孫々まで続く壮大な物語の序章でもあるのだ。

（J・N）

1992～1998

『デルフィニア戦記』全十八巻

茅田砂胡

中公文庫

早川書房編集部

青年と少女が出会ったら、普通はラブロマンスを期待しそうなもの。ところが二人の間に結ばれたのは、色恋の赤い糸ではなく、信義のもとの盟約だった。

大陸の華と呼ばれる大国デルフィニアは、前王の死後、庶子の王が立ったものの、官僚支配を目論む侯爵の姦計によってその王も追われ、混乱の渦中にあった。その国境近くで、自由戦士ウォルは、騎士の集団に多勢に無勢で襲われているところを、謎めいた美少年リィに助けられる。驚くべき剣技と身体能力をもつリィは、さらに驚くべきことにじつは少女で、しかも異世界からやってきたのだという。いつ元の世界に戻れるかわからないリィは、彼女の異能を不気味がらないウォルに意気を感じて手を貸すことに。ウォルは、デルフィニアの王城に囚われた身内を助けにいく途上だった。だが、迫りくる追っ手の騎士が、ウォルにこう呼びかける。「デルフィニア国王、ウォル・グリーク陛下ですな？」――国を追われた庶子の王こそ、ウォルだったのだ。大国の王から一転、流浪の戦士になった男と彼に協力する少女は、たった二人で難攻不落の王城を目指す。

……と、ここまでが第一巻の前半。北上次郎氏は、この一巻の文庫解説で「金庸と十二国記を足して二で割らない」と書いているが、つまり痛快な武侠小説と登場人物たちの成長物語を含む壮大な国作りファンタジーの側面があって、とにかく滅法面白い。ライトノベルらしくキャラ立ちのよい軽妙な展開もあるが、謀略や合戦の場面などはまるで講談のような鋭い語り調子で、第三巻のウォルと育ての父親との再会シーンなど落涙必至。リィはその働きで勝利の女神と称えられ、デルフィニアで重要な地位を得ていくが、やがて彼女をめぐり大陸の覇権争いが巻き起こる一方で、異世界への帰還問題も浮上。英雄たちの大活劇の勢いはとどまるところを知らず、十八巻まで駆け抜けてゆく。

そのほか外伝が二巻と、さらにリィのその後を描いた〈暁の天使たち〉〈クラッシュ・ブレイズ〉〈天使たちの課外活動〉とシリーズは続いている。（M・K）

1928

『ごろつき船』上下

大佛次郎

小学館文庫

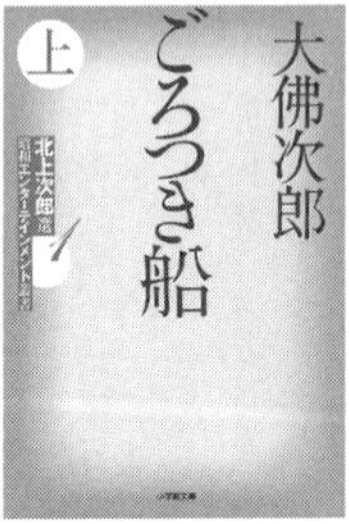

文芸評論家
関口苑生

海に囲まれた島国であるにもかかわらず、日本では明治以前には優れた海洋文学が育っていなかった。ところが、明治期に入って政治小説が流行し、国権拡張の意図が強く打ち出された北進論、南進論に基づく海外雄飛を主眼とした小説が書かれるようになる。しかしこれは純然たる海洋（冒険）小説とは呼べず、本格的な作品となるとやはり昭和を待たねばならなかった。

大佛次郎の『ごろつき船』（大阪毎日新聞・昭和三年）はその代表作であり、全篇が壮大なロマンに満ち溢れている。

物語は、蝦夷《えぞ》・松前藩の家老と悪徳船問屋が結託して、商売敵の問屋仲間を陥れ、取り潰しを図る場面から始まる。一家は皆殺し、屋敷には火を放って跡形もなくし、同時に目障りな役人も始末する計画だった。襲撃は成功するかに見えた。だが、殺されるはずだった役人はかろうじて生き延び、五歳になる問屋の息子とともに脱出する。と、ここから波瀾万丈のドラマが展開されていく。

家老一味は禍根を断つため、何としてでも逃げたふたりを始末しようと追いつめる。一方、逃げたふたりにも助っ人が現われる。江戸の泥棒、元旗本、荒寺の和尚など、悪を捨て置くことのできない男たちが次々と立ち上がるのだ。そういう中で密告、裏切り、すれ違い……と主人公たちを窮地に落とす物語は二転三転し、まさに息つく暇もないほど激しく動きまわる。蝦夷から津軽へとわたる彼らを追う海上の追跡や、海での戦闘も続出し、やがて舞台はシベリアにまで広がっていく。

大佛次郎は本作品を書くにあたって、

『ごろつき船』は、真面目でやや謹直な『赤穂浪士』のすぐ後のものなので、史実や写実の拘束から解きほぐして、空想的なものを作ろうと志した。日本の大衆小説にはまだない西洋の冒険小説、海洋小説に近いものを打ち出したかったのである。

と書いている。その志は見事に成功した。

『大穴』

Odds Against, 1965

ディック・フランシス

菊池 光訳／ハヤカワ・ミステリ文庫

翻訳者
加賀山卓朗

射たれる日まではあまり気にいった仕事ではなかった――『大穴』の冒頭の一文だ。ここからシッド・ハレーの冒険が始まる。

『本命』から『矜持』まで、漢字二字のタイトルが四十四作並ぶ〈競馬シリーズ〉には、勇気、誇り、誠意、忍耐、信頼、友情など、全き人間に必要なものがすべて描かれていると言っていい。とくに『証拠』あたりまでの作品の質の高さに異を唱える人はいないだろう。

『大穴』はその傑作群のなかでも頭ひとつ抜けた傑作だ。作者のディック・フランシスは障害競馬の元チャンピオン騎手という異色の経歴の持ち主だが、『大穴』の主人公シッド・ハレーもかつては優秀な騎手だった。しかし、落馬事故で左腕が使えなくなって騎乗をあきらめざるをえず、探偵社で半端な調査をしながら無為にすごしている。それがある日、腹に銃弾を受けることによって、かつての闘争心が甦ってくる――「じゃあ、また火がついたと考えてください」

すでに指摘されているとおり、フランシスの主人公の真の敵は〝自分〟である。肉体的、精神的にとことん痛めつけられ、蔑《さげす》まれて、もうだめだとなった自分を克服して勝利する、その急上昇のような達成感が読者の胸を熱くする。あまりに単純？　本書を読んでから言っていただきたい。

フランシスの作品は一冊ずつの読み切りで、主人公もほとんど異なるが、例外的に多いのがこのシッド・ハレーだ。作者も自分の分身のように特別な愛着があったのではないか。このあとも彼を主人公にして『利腕』、『敵手』、『再起』と、合計四作書いている。とくに『利腕』はフランシスらしさが凝縮されていて見事。

The Prisoner of Zenda, 1894

『ゼンダ城の虜』

アンソニー・ホープ

井上勇訳／創元推理文庫

ミステリ研究家
松坂　健

ナルニア国、中つ国とファンタジーの世界なら、架空の国の存在は珍しくないが、現実の世界を舞台にした物語での仮想国、となるとルリタニアとシャングリ・ラが双璧だろう。

後者は学園ドラマ『チップス先生さようなら』で有名なジェームズ・ヒルトンのチベット奥地に舞い込んだ英国青年の冒険物語『失われた地平線』の舞台。こちらは美しい自然に満ち、暮らしに心配のない理想郷の代名詞になったほどだが、アンソニー・ホープ作のこちらルリタニアは宮廷の陰謀劇を背景にした時代絵巻、『ゼンダ城の虜』の国。

今、まさに新国王が誕生し、その戴冠式を見物しようとルリタニア王国にやってきたのが、英国の青年紳士ルドルフ・ラッセンディルだった。一方、戴冠式の裏で新国王をこころよく思わない勢力がいて、国王をゼンダ城に幽閉する。困った新国王派は国王とそっくりのルドルフに目をつけ、彼の代役をつとめさせてしまう。ルドルフはなんとしても国王を救出しなければならないのだが、立ちはだかるのは陰謀と剣の達人、ヘンツオ伯ルパート。

果たして、ルドルフは無事、国王を救出できるのか？　偽物の国王に恋する姫君の登場もあり、てんやわんやの大ロマンは一八九四年発表されるや大評判になった。

要するに西洋チャンバラ。すこぶるテンポが良く、今、読んでも十分に鑑賞にたえる。お家騒動にお姫様、黒塗りの悪役ということだから、日本の時代小説に遺伝しても不思議はない。山手樹一郎の名作『桃太郎侍』はこの小説の巧みな換骨奪胎ともいわれている。

ということで、ルリタニアは圧制にあえぐ国が燦然《さんぜん》と輝くような国になろうという時の象徴として用いられる国名になった。日本も本当は東洋のルリタニアであってほしいのだけれど、それは別の話か。なお、創元推理文庫版は、大衆小説史上もっともかっこいい敵役、ルパートのルドルフへの復讐譚の続篇も収録されてお買い得。

『三十九階段』

The Thirty-Nine Steps, 1915

ジョン・バカン

小西 宏訳／創元推理文庫

文芸評論家
三橋 曉

キップリングやデュマらの作品でも描かれた登場人物のスパイ活動が、やがてエンタテインメント文学におけるひとつの潮流、すなわちスパイ・スリラーとして形をなしていったのは、ジョン・バカンの登場がきっかけだったと言われる。その代表作『三十九階段』の物語は、第一次世界大戦前夜のロンドンで幕をあける。

鉱山技師として働いたアフリカをあとにし、余生を送ろうとロンドンで暮らし始めたリチャード・ハネーは、たちまち母国イギリスでの穏やかな生活に飽いてしまう。次の船でアフリカに舞い戻ろうと思う矢先、一人のアメリカ人が救いを求めてきた。男は、ある地下活動を通じて要人の暗殺計画を知ってしまったため、追われているという。しかし匿《かくま》って数日後、男はナイフで心臓を貫かれて殺されていた。ほどなく恐慌状態から立ち直ったハネーは、アメリカ人の遺志を継ぎ、陰謀を阻止することを決意する。そして自身にも迫る危険を察知すると、慌ただしく住まいのフラットを後にした。手帳に残された〝三十九階段〟という謎のメモを手がかりに、ハネーの命を賭した冒険がこうして始まった。

最後はカナダ総督の地位で政治家としての生涯を終えたバカンだが、本作をはじめとする小説の書き手としても広く後世に知られている。ひなびた冒険小説の味わいがある『三十九階段』の古き良き英国調とでもいうべき心地よさは、現代の読者をも魅了するに十分。主人公のリチャード・ハネーには、同じくスコットランド出身の作者自身が投影されていると言われるが、バカンは彼の登場するシリーズ作を、本作の他に少なくとも二作（『緑のマント』『三人の人質』）発表している。

ヒッチコックの『三十九夜』は、さほど原作に忠実でない映画化だが、それをさらに舞台化した「THE 39 STEPS―秘密の暗号《コード》を追え！―」は、日本でも上演された。

1930

『貝殻一平』上下

吉川英治

学陽書房

文芸評論家
関口苑生

吉川英治というと、戦前戦後を通じて日本の大衆文学界を席巻し、国民作家と称された人物である。現在では代表作『宮本武蔵』を筆頭に『新書太閤記』『三国志』『新・平家物語』『私本太平記』など大長篇の歴史小説作家の印象が強いだろうが、初期の頃は著作の大半は伝奇小説であった。『貝殻一平』（大阪朝日新聞・昭和四〜五年）もそうした流れを汲む一作だが、決定的に違うのはそれまでの伝奇的な小説の成果を示すと同時に、次なる展開を暗示した画期的な長篇であることだ。

時は幕末。江戸の大奥に仕えていた公卿の娘・扇子の方が、幕府の機密文書を盗んで逃亡するというのが発端。扇子は江戸から中仙道を通り下諏訪、飯田を経て京都へと向かうが、その跡を執拗《しつよう》に追う同心や目明かしと、扇子をひそかに助ける謎の浪人・沢井《さわい》転《うたた》が追いつ追われつのドラマを繰り広げる。

沢井転は、今は亡き飛騨谷領主の息子であった。そして全体の四分の一をすぎたあたりから登場する主人公の貝殻一平は、沢井とは人相はおろか手の甲にある黒子の位置もそっくり同じという奇縁の持ち主だった。このふたりが、ときには入れ替わり、助け合い、山野を駆け抜け、多くの登場人物たちと絡み合いながら、時代の渦に巻き込まれていく展開は見事のひとこと。一方は武士として幕府の治世に懐疑的な思いを抱き、一方は臆病な庶民であり、行き当たりばったりの行動をとる能天気な男である。しかしながら武士と庶民の違いはあっても、双方ともに幕末動乱期にあっての歴史の非情さが容赦なく身に及ぶというストーリーは、単純に波瀾万丈な伝奇小説とは一線を画するものであった。

読者を思うさま興奮させ、読後は行間の意味を改めて感じさせる——吉川文学の特色が初めてここに誕生した傑作だろう。

Rogue Male, 1939

『追われる男』

ジェフリー・ハウスホールド

村上博基訳／創元推理文庫

翻訳家
村上博基

光学スコープ付きライフルで総統の別荘に狙いをつけていたところを捕まった。それからの拷問はすさまじく、片目はほぼ視力を失った。彼らは生きているのが不思議なぐらいのわたしを、森のなかへ連れて行き、崖っぷちから下へ滑落させた。翌日、皮膚の剝《む》けた両手で木に登り川水につかりして、尾行者たちをやりすごしたあとは大小の船にしのびこんで、なんとかポーランドからロンドンまでたどりついた。

ロンドンに隠れるところはない。南部ドーセットの山中にしばらく潜むことにした。格好な切り通しをみつけ、片側のヘッジの下に三×八×四フィートの穴を掘った。通気口をつけ、雨水を引く樋を入れ、森のロビンソン・クルーソーのねぐらとした。

刺客は思いのほかはやくやってきた。ロンドンを出る前に友人の弁護士に会ったとき、クワイヴ・スミス少佐という男が、わたしのことを嗅《か》ぎまわっていたという。侮れる相手ではなさそうで、いちはやく隠れがの入口をふさぐと、男が通気口を使ってクワイヴ・スミスと名乗り、口説きにかかった。土中のこちらは絶体絶命だ。口説きがいつまでもつづくはずはないから、攻勢に転じるしかない。攻勢といっても、仕損じたらこちらの命はない。だが、身動きならぬ穴のなかから少佐を殺す手はあるのか。わたしは思案に思案して、ある手を考えた……。

その「ある手」の準備と決行が、この冒険小説最大の山場である。とうてい殺人用具の材料になるとも思えぬものから、必殺の武器をつくりだすくだりは、類も例も見ない奇想天外、いつのまにか手をにぎっていて、その手が汗ばんでくる一節だ。

『NかMか』

N or M?, 1941

アガサ・クリスティー

深町眞理子訳／クリスティー文庫

ライター　若林　踏

ミステリの女王、アガサ・クリスティー。シャーロック・ホームズのような名探偵物語のほかに『ゼンダ城の虜』のような冒険小説も愛していた彼女は、キャリア初期の段階から『秘密機関』や『ビッグ4』といったスリラー小説を発表していた。

やはりクリスティーの本領は謎解き小説にあったようで、残念ながらスリラー小説の分野では手放しで絶賛できるような作品はほとんど残していない。だが、おしどり探偵トミーとタペンスが登場する長篇第二作『NかMか』、これだけは別格だ。

双子の娘と息子も立派に育ち、暇と冒険心を持て余していたトミーとタペンス夫妻。

彼らのもとに知り合いの情報部員ヘイドックが訪ねてくる。高級ゲストハウス〈無憂荘《サンス・ーシ》〉にナチスドイツのスパイ「NとM」が潜んでいるので、トミーにその正体を暴いてほしいというのだ。姿なきスパイを捕らえるべく、トミーは身分を隠し〈無憂荘〉に潜入した。

特筆すべきなのは、クリスティーが謎解きミステリで培《つちか》ってきた手法を十二分に駆使し、スパイ探しの物語を盛り上げる点である。そもそもゲストハウスに集う人間たちを観察しながら怪しい人物を炙《あぶ》り出す過程が、容疑者が限られた状況下の犯人当て小説の構造そのものだ。

そして、終盤に至って炸裂する逆転劇の数々。ここではクリスティーの謎解き小説の十八番《おはこ》というべき「構図の反転」が本書にも仕掛けられていることがわかり、愕然とする。本書は〝騙《だま》しの天才〟クリスティーにしか書き得ぬエスピオナージュなのだ。

トミーとタペンス、双方が明るく愛すべきキャラクターとして描かれているのも魅力である。特にタペンスの活き活きとした姿は素晴らしい。

クリスティーは一九三〇年に考古学者のマックス・マローワンと結婚し、夫の遺跡発掘調査に同行するようになる。齢を重ねても冒険心を失わない本書のトミーとタペンス夫婦は、マローワンとクリスティー自身の姿を投影したものなのかもしれない。

〈海の男／ホーンブロワー・シリーズ〉
Mr. Midshipman Hornblower, 1950

『海軍士官候補生』

セシル・スコット・フォレスター

高橋泰邦訳／ハヤカワ文庫ＮＶ

早川書房編集部

十八世紀末から十九世紀前半にかけて、ナポレオン率いるフランスとの戦いで活躍したイギリス海軍の軍人。平民の出ながら海軍士官候補生から海尉、海尉艦長、勅任艦長へと進み、やがては提督（最終的には海軍元帥）にまでのぼりつめ、バス勲爵士、子爵にもなったイギリス海軍の英雄、それが本書の主人公ホレイショ・ホーンブロワーである。

この男、イギリスの作家セシル・スコット・フォレスターが生んだ小説の主人公なのだが、あたかも当時のイギリス海軍に実在した人物のように語られ、愛され、読者を魅了してやまないのだ。彼の活躍を描いた世界的に有名な海洋冒険小説の傑作〈海の男／ホーンブロワー・シリーズ〉は、各界の著名人にも愛読者が多い。

『海軍士官候補生』は、そんな彼の海軍への最初のステップを描いた作品。十七歳で初めて軍艦に乗り組み、そこから彼の成長と苦難に満ちた闘いの物語が始まるのだが、けっして完璧な優等生タイプとしては描かれていない。船酔いもすれば高所が大の苦手で、しかも音痴なので周囲から軽んじられがちだったが、やがて持ち前の知略と勇気で次第に頭角をあらわしてゆくところはぞくぞくさせられる。

性格としては見栄っ張りだし寡黙というわけでもないが、実直で機略縦横、大局を読む判断力を持っている。指揮を執るようになってからは、部下に畏怖されるようにと厳《おごそ》かな人間を装うという一面も併せ持つ。後に英雄と称されるようになっても、このような人間くささがあるからこそ、人間ホーンブロワーの魅力がいや増すのだろう。

そんな〈ホーンブロワー〉だが、じつは時系列にそって書かれたわけではない。『海軍士官候補生』は長篇十巻、別巻一巻のほぼ中間、六巻目として発表。幾多の戦闘をくぐり抜け辛苦をなめ人生をかみしめたあとに候補生時代へと時を戻して書かれている。作者の意図をあれこれ考えてみると、新たな興趣が湧くから不思議だ。そんなところにも長く読み継がれる秘密があるのかもしれない。

（S・T）

『非情の海』上下

The Cruel Sea, 1951

ニコラス・モンサラット

吉田健一訳／至誠堂

早川書房編集部

第二次世界大戦。ドイツの潜水艦Uボートから物資の補給路を死守すべく、イギリス海軍は輸送船を護衛する対潜艦の新造を進めていた。退役してから久々に海軍に戻ってきたエリクソン少佐は建造中のコルヴェット艦〈コンパス・ローズ〉号の艦長に任命される。彼のもとに配属されたのは、フェラビーとロックハートという素人同然の若い士官二人と、傲慢な副長のベネット、そして寄せ集めのクルーたち。彼らは当初は艦に不満を抱くも、厳しい訓練を経て次第に練度を高めていく。そしてついに〈コンパス・ローズ〉号に指令が下され、Uボートとの長い戦いの火蓋が切って落とされた。

六年間にも及ぶ重厚な群像劇である。哨戒《しょうかい》や整備、味方の救護など戦闘以外のシーンに紙幅が多く割かれているのが特徴で、リアリティのあるエピソードばかりで読んでいて全く退屈しない。たとえばもはや手の施しようの無い傷痍《しょうい》兵の死を願う場面、撃沈された船の材木にしがみついていた味方が一人また一人と海中に消えていく描写。死があまりにも淡々と描かれるが故に戦場の非情な現実がかえって真に迫る、クールな小説だ。一方で乗組員それぞれの戦時中の生活もクローズアップされており、こちらもとても生々しく、英雄譚的な冒険小説とは一線を画している。ある者は故郷に残してきた妻の不貞に泣き、ある者は陸で感染した性病に苦しむ。ベテランのエリクソン艦長ですら部下のメンツを立てつつ注意指導するにはどうすべきかと悩むなど心配事が絶えない。こうしたリアルな人間関係も読みどころだ。

著者は戦時中実際にフリゲート艦艦長を務めたニコラス・モンサラット。他の著作に自身の海軍経験が色濃く反映された『三隻の護送艦《コルヴェット》』や、英国海洋史の数百年を壮大なスケールで描いた『海の勇者たち』などがある。また、本書は一九五三年に映画化されており（邦題は『怒りの海』）、冒険・スパイ小説の大家であるエリック・アンブラーが脚色を担当、アカデミー賞候補になっている。こちらも一見の価値有り。（K・N）

Dr No, 1958

『007／ドクター・ノオ』

イアン・フレミング

井上一夫訳／ハヤカワ・ミステリ文庫

若林《ライター》　踏

南国ジャマイカにある英国秘密情報部カリブ海域地区本部の主任、ストラングウェイズとその秘書が忽然《こつぜん》と姿を消した。ストラングウェイズは失踪直前、カリブ海に浮かぶ孤島の調査を任されていたという。島の持ち主の名はジュリアス・ノオ博士。博士の経歴は一切が不明で、ジャマイカ政府から島を買い取って以来、人前に姿を見せていない謎の人物であった。英国秘密情報部長、Mの指令を帯びてジャマイカへと飛んだ情報部員のジェイムズ・ボンドは、ノオ博士と島の恐るべき正体を知る。

殺人許可証を持つ英国秘密情報部員〝007〟ことジェイムズ・ボンド。世界で最も有名なスパイ・ヒーローであり、一九六二年公開の『ドクター・ノオ』（日本公開時は『007は殺しの番号』）から五十年以上に渡って制作されている映画シリーズは、新たなボンドファンを獲得し続けている。

だが映画で描かれる〝007〟に親しんだ読者が原作を読むと、おそらく大きな落差を感じるのではないか。映画の中で与えられる秘密兵器は登場せず、ボンド自身も映画ほど超人的なアクションを見せるわけではない。洒落たユーモアというより皮肉な言い回しが多く、小説のボンドは野暮ったく冷淡な男に見える。

実はこの野暮ったさ、冷たさこそが原作の〈007シリーズ〉の魅力ではないだろうか。イアン・フレミングと親交のあったレイモンド・チャンドラーは、フレミングの簡潔でさっぱりとした文体や暴力描写を高く評価し、彼のなかにハードボイルド作家としての資質を見出していた。確かにチャンドラーの言う通り、華やかな舞台や小道具とは裏腹に、フレミングの書く文章には乾いた描写の味わいがある。

本書『ドクター・ノオ』にしてもそうだ。古典的な怪物退治の英雄譚《たん》に、フレミングは非情さとバイオレンスを持ちこんでいる。英国的な優雅な冒険小説と米国的なハードボイルドの間に生まれたヒーロー、それが原作のジェイムズ・ボンドなのだ。

The Light of Day (Topkapi), 1962

『真昼の翳』

エリック・アンブラー
宇野利泰訳／ハヤカワ・ミステリ文庫

ミステリ研究家
松坂　健

スパイ小説の巨匠といわれるエリック・アンブラーだが、プロフェッショナルなスパイを主人公にしたことはほとんどない。

平凡な市民が突然、国家的な謀略に巻き込まれて四苦八苦する物語が大半で、結果としてスパイ組織がもつ官僚的な部分、暴力装置としての部分があぶり出される。

アンブラーは国際政治を背景にスパイ小説にリアリズムを持ち込んだ作家というのが一般的な位置づけだが、今、読み返すとやはり、個人の力よく国家権力と対峙しうるというロマンチックなものの見方が目立つ。

そんな中で異色の作品が、『真昼の翳』だ。主人公のアーサー・シンプソンはイスタンブールでしがない観光ガイドをつとめる冴《さ》えない中年男。

そんな彼がある紳士に雇われて、リンカーンを陸送することになる。ところがその車が警備隊につかまってしまう。トランクの中には手榴弾、機関銃が詰め込まれていた。シンプソンが助かる道はただひとつ、トルコ警察のスパイになって、一味のたくらみを密告することだった。

このシンプソン、意外にも芯《しん》があって、警察と悪党一味の間を巧みに泳ぎ回る。処女作から一貫して流れる、最後は大組織の力を個人のキャラクターがしのぐというメッセージが実に心地いい。

なお、続篇に同じシンプソンが活躍する『ダーティ・ストーリー』がある。ダーティな仕事をさせられている男こそ実はノーブル。結果として、逆スパイをたくさん生み出した英国エスタブリッシュメント批判になっていることになる。これが、アンブラーの陰謀だね。

なお、『真昼の翳』の映画化『トプカピ』は原作の一部を巧みに拡大したもので、ジュールス・ダッシン監督の企画力の勝利。原作とは別の味わいの傑作に仕上がっている。

アメリカ探偵作家クラブ賞最優秀長篇賞受賞作。

『深夜プラス1』

Midnight Plus One, 1965

ギャビン・ライアル

菊池 光訳／ハヤカワ・ミステリ文庫

文芸評論家
中辻理夫

新宿ゴールデン街にあるバー〈深夜プラス1〉。長年、内藤陳が代表を務め、ハードボイルド、冒険小説を愛する人たちが集い語り合う酒場として有名であった。現在もその伝統、店の雰囲気は継承されている。

イギリスで一九六五年刊の本書『深夜プラス1』（もちろん邦題）をもとに店名を決めたのは、この作品が冒険エンターテインメントとして圧倒的なクォリティーを有しており、そういうジャンルの象徴と言えるからだ。CWA賞ゴールド・ダガー賞を得たのは当然なのだ。

物語はパリから始まる。ビジネス・エイジェントのルイス・ケインが弁護士アンリ・メルランから依頼を受ける。実業家であるマガンハルトという男をリヒテンシュタインまで送り届けてほしい、というのだ。しかも時間の期限つきだ。実はマガンハルトはビジネス上の理由でそこまでたどり着きたいのだが、行かせたくないと思っている者たちに命を狙われている。ケインはメルランを介してガンマンのハーヴェイ・ロヴェルと知り合う。二人はマガンハルト、秘書のヘレン・ジャーマンを車に乗せ、猛スピードの旅を開始する。

基本的にはロード・ノヴェルと言っていい。しかしもちろん、ただ一心にリヒテンシュタインに向かって行くだけでは、エンターテインメントならではの興奮は生まれない。まことにさまざまな要素が、ここまでやるか、と思えるほど盛り込まれた小説なのだ。とにかく、ケインが元英国情報部員でありレジスタンスに加わっていたときもあったという設定が存分に活《い》かされている。ただのビジネス・エイジェントではないのだ。なので、追っ手からの攻撃に対して彼はハーヴェイの相棒になって応じ、凄まじい銃撃戦を行なうことができる。移動の過程での風景描写はやはり見事で楽しめるが、何よりもケインのパーソナリティーが最大の魅力であろう。雄々しく、優しく、知的だ。アルコール依存で苦しむハーヴェイとの心の交流は、永遠に読み継がれるべきだろう。

High Citadel, 1965

『高い砦』

デズモンド・バグリイ

矢野 徹訳/ハヤカワ文庫NV

書評家 西上心太

十七歳で労働者となり、二十代半ばからアフリカ各地を放浪後、祖国イギリスに帰国し、放送局員、雑誌編集者、映画評論家を経て一九六三年に四十歳で処女作『ゴールデン・キール』を発表し作家として歩み始めたのが、デズモンド・バグリイである。死去した八三年以降に発表された二作を含む十六作品はすべて翻訳されている。

アリステア・マクリーンから少し遅れて登場し、活躍した年代はほぼ重なるが、マクリーンがやや精彩を欠いた七〇年代以降にわが国への紹介が始まったため、当時は冒険小説の分野でジャック・ヒギンズと並ぶ高い評価と人気を誇った。本書は六五年に発表された二作目で、ベストセラーを記録するとともに、バグリィの冒険小説作家としての地歩を確立させた記念すべき作品であり代表作だ。

アンデス山中の上空で、双発機ダコタが副操縦士によりハイジャックされ、高山の中に設《しつら》えられた滑走路に強制着陸させられた。だが無理な着陸により副操縦士は死亡。生き残った操縦士を含む九人の乗客は、寒さと高山病に悩まされながら山を下っていく。だが峡谷を隔てて彼らを攻撃する共産軍が現われた。実は乗客の中の老人はこの国の元大統領だった。彼は腐敗しきった軍事政権を倒すために、亡命先からひそかに帰国してきていたのだ。だが同様に政権の座を狙う共産主義勢力は、邪魔になる存在の元大統領を抹殺するため、一連の陰謀を企んでいたのだった。

峡谷を繋ぐ橋が修復されれば命はない。戦闘経験のない者たちがほとんどの乗客たちは、あり合わせの材料で中世の武器を作り共産軍と対峙する。そして二人の男たちは救援を求めるため、貧弱な装備で絶望的な高山越えに挑むのだった。

自然の脅威、圧倒的な兵力差を凌ぐ工夫、心に負った傷の克服など冒険小説の主な要素が含まれ、最後の最後まで主人公たちに試練を与え続けるストーリーは稀《まれ》である。

1965

『黄土の奔流』

生島治郎

光文社文庫

書評ライター　小財　満

時は一九二三年、第一次世界大戦後の上海。当時のこの国際都市は、列強各国が犇《ひし》めく魔都であった。紅貿易公司《コンス》の社長として上海で若き日々を過ごした紅《くれない》　真吾《しんご》は、かねてからの大不況のあおりを食い破産の憂き目にあっていた。無一文の紅は、女絡みのトラブルに嵌《はま》っていた一流商社の支店長・沢井を助けたところ、この男から一攫《いっかく》千金の商談を持ちかけられる。男は紅に黄金と同じ価値をもつ豚毛を重慶《じゅうけい》まで買い付けに行けというのだが。しかしここは清朝が倒れ軍閥が覇権を争う中国。重慶までの道程は当然、土匪《どひ》や河賊《かわぞく》が跋扈《ばっこ》する無政府状態の危険地帯である。紅は、破産した自分についてきた最後の忠臣で大男の飯桶《ウェイドン》、美貌に火傷《やけど》の痕、そして秘めた過去をもつ皮肉屋の葉村宗明、加えて人員募集の新聞広告に集まってきたならず者の男たちを仲間に揚子江を遡《さかのぼ》る航行に出た。後ろ暗い過去を持った船員たち、襲い来る土匪、排日運動の脅威、豚毛商人との腹の探り合いの相場合戦――。波瀾万丈の旅の果てに紅が見た光景とは。

第二次世界大戦間近の列強各国が勢力争いを繰り広げる中国を舞台に、紅と葉村の血湧き肉躍る冒険を描いたシリーズの第一作。上海生まれの引揚者であった作者の描く中国は、冒険のロマンとノスタルジアと表裏一体の泥臭さと空虚感を併せもつ。東洋のパリと称された上海租界が国際金融取引の中心地であり中国最大の都市である一方、街を一歩外に出れば列強の代理戦争を繰り広げる軍閥が群雄割拠する内戦状態。一攫千金を夢見る者たちを引き寄せる華やかな上海は、登場人物たちのようにいつ命を落としてもおかしくない人々の多くの死の上に成り立つ、政治的駆け引きと軍事力の均衡によって偶然生まれた虚像の街だったのだ。ハードボイルドの書き手として見られることの多い作者だが、本作のように歴史的背景を基にした冒険ロマンを主題とする作家の先駆けであった事実は見逃せない。

『ジャッカルの日』

The Day of the Jackal, 1971

フレデリック・フォーサイス

篠原 慎訳／角川文庫

書評ライター
小財 満

フランスの偉大なる大統領ドゴールを暗殺せよ——秘密軍事組織〈OAS〉が六回に渡り繰り返し失敗した大統領暗殺。彼らがその最終手段として選んだのは、プロの暗殺者〈ジャッカル〉を雇うことだった。そしてある事件からフランス政府は暗殺者が大統領を狙っている可能性を察知する。内務大臣から全権委任を受けたルベル警視は、果たしてジャッカルを止められるのか。

冒険・スパイ小説の大きな転換点としてその歴史を語る際に必ず触れられる作品である。グレアム・グリーンの系譜を引く英国六〇年代のスパイ小説の作家たち——たとえばル・カレやレン・デイトンが陰謀や裏切りをめぐる登場人物たちの心理描写に着目していったのに対して、ジャーナリスト出身者であるフォーサイスは歴史的な事件／陰謀を、虚実織り交ぜながらドキュメンタリー・タッチで描くことに成功した。すなわち本作は国際謀略小説をたとえばトム・クランシーに代表される情報小説というジャンルとして成立させた最初期の作品と言えるのだ。前半、武器の改造から身分証の偽造までジャッカルがパリに潜入するためのさまざまな下準備を練り、実行に移すまでの綿密な描写。そして後半、ただ独りで行動し、ＯＡＳですら制御不能のいわば「天災」と化したジャッカルと、その正体と行方を追うルベル警視たちの、追いついては離れを繰り返す手に汗握る追跡劇。そしてそれらの礎《いしずえ》となるのは圧倒的な取材力である。ロイター通信社の海外特派員としてドゴール暗殺未遂時に実際にパリに駐在していたという作者自身の実績もあり、作中ではアルジェリア戦争と独立承認、右翼組織ＯＡＳの動きといった当時のフランスを巡る背景が入念に描き込まれている。娯楽小説としての謀略小説と、ドキュメンタリー・タッチの情報性という作者の手法がトム・ロブ・スミスなどの現代作家に今もなお受け継がれていることを考えれば、本作の功績の大きさを理解できるはずだ。

『シャドー81』

Shadow 81, 1975

ルシアン・ネイハム

中野圭二訳／ハヤカワ文庫NV

文芸評論家 三橋 暁

日本におけるエンタテインメント文学の歴史を塗り替えた一冊。江戸幕末の浦賀沖に忽然《こつぜん》と現われ、門戸を叩いた黒船よろしく、三十八年前の一九七七年春、衝撃とともにわが国読者のもとに届けられたのが、ルシアン・ネイハムの『シャドー81』である。

全体は三部からなる。長期にわたる戦争も末期にさしかかったベトナムで、アメリカ空軍のパイロット、グラント・フィールディング大尉の操縦する最新鋭戦闘機TX75Eが、作戦中に敵のミサイルを被弾したという通信を残して消息を絶った。一方、香港を訪れた作家を名乗る人物デントナーは、大小二隻の船舶を改造のうえ購入し、南シナ海への航海に出発する。

大尉とデントナーの謎めいた行動が交互に描かれる第一部では、ある事件へと至る水面下の動きが読者に示されていく。しかし、アメリカ西海岸に舞台を移す第二部を引き続き紹介するのは、賢明とは言い難い。というのも、目隠しされたままの読書こそが、本作のカタルシスを最高のものとするに違いないからだ。待ち受ける劇的な展開、さらには鮮やかな伏線の回収と、読者は息つく暇もない。

とはいえ、ほんの少しだけその内容について触れておくと、本作は二十世紀におけるテロリズムの手段としても横行したハイジャックを扱っている。しかし、それが斬新な手段で敢行されるところに読みどころがある。ジャンボ機が丸ごと消えるトニー・ケンリックの『スカイジャック』や映画の『フライト・ゲーム』など、航空機乗っ取りを扱った秀作は古今数多いが、本作のアイデアとディテールの面白さは、四十年近くが過ぎた今も新鮮さを失っていない。

ジャーナリストの経験を活かし、本作を執筆したルシアン・ネイハムだが、第二作を発表することなく他界。母国アメリカではさほど高い評価を得られなかったと伝わるが、日本ではその年始まった〈週刊文春ミステリーベスト10〉で一位に輝いている。

『大列車強盗』

The Great Train Robbery, 1975

マイクル・クライトン

乾信一郎訳／ハヤカワ文庫NV

書評ライター
小池啓介

犯罪者を軸に事件の顚末《てんまつ》を描くケイパーもののなかで異彩を放つのが、『大列車強盗』である。

著者のマイクル・クライトンは、確かな資料をもとに度を越した大法螺《おおぼら》を吹くことで有名な作家だ。おもしろいのは、取材の対象を真摯《しんし》な批評眼を通して分析したうえで自説や問題提起を盛り込む社会派の眼差しと、空想力を駆使して読者を楽しませることに心血を注ぐ娯楽小説の書き手の視点が完全に同居しているところで、映像化（クライトンの作品はその多くが映画化されている）の過程でしばしばこぼれ落ちる前者の部分も余すところなく享受するためには、やはり小説作品を手に取るのが一番だろう。本書については、クライトン自身の手で映画化されており、小説と対比させながら観るのも一興である。

本書は、ヴィクトリア朝時代に実際に起こった列車からの金塊強奪事件に着想を得て書かれた。疾走する蒸気機関車からの現金奪取を企てるのはエドワード・ピアース。強盗の名手である。彼が、金庫破りのプロなどを集め、周到に計画を進めていき、ついにそれを実行に移すまでが描かれるのだが、その背景となるヴィクトリア朝ロンドンの風俗が記された歴史小説のおもむきも本書の大きな特徴だ。クライトンは当時の時代の最先端を行く犯罪のかたちに迫り、それを現代の犯罪と対比してみせるのである。そうすることで、新たな文化の勃興には常に犯罪が付きまとうという真理を読者に突きつける。

とはいえ本作は、何よりもケイパーものとして優れた作品だ。犯罪の実行に至るまでの時間——計画と準備、およびそれを邪魔する事態への対処——を綿密に描写する。ページ数にするとおよそ八割が〝前段階〟に費やされており、これはジャンルに必要不可欠な要素をクライトンが知り尽くしていたことの証左である。歴史ものの体裁を意識していることから、諸作品にあるような奇抜な部分は控えめだが、その分ケイパー小説の骨組みが際立ちを見せる、完成度の高い犯罪小説になっているのだ。

Hopscotch, 1975

『ホップスコッチ』

ブライアン・ガーフィールド

佐和 誠訳/ハヤカワ文庫NV

書評家
古山裕樹

CIAの優秀なエージェントだったケンディグ。もう歳だから、という理由で閑職に追いやられた彼は、やがて退職を選んだ。誇りを傷つけられたケンディグは、CIAをはじめとする情報機関を相手に、危険なゲームを始める。各国の情報機関による陰謀を暴露した原稿を書き始めて、CIAと世界中の出版社に送りつけたのだ。早く彼を捕まえないと、各国の不穏な秘密が暴かれてしまう!

CIAが追跡に送り出したのは、かつての部下カッターと、新米諜報員のロス。二人は老獪《ろうかい》なケンディグに振り回されながら、その足跡をたどって追いかける……。

スパイ小説のゲーム的な側面を、軽妙に描いた追跡劇。狡賢《ずるがしこ》いおじさんが、アメリカとヨーロッパをまたにかけて、かつての部下に同僚、同業者たちを翻弄《ほんろう》する。ケンディグの策略家ぶりが忘れがたい。追手の動きを先の先まで読んで、巧みに手がかりと罠を仕掛けて逃げまわる。自分がこう動けば相手はこう動く、だからこう仕掛けて誘導して……と、追手たちを手玉に取って、望んだ通りのゲームを展開してみせる。彼は完全に足跡を消し去ることはしない。追手あってこそのゲームなのだ。そもそも彼の動機は、自分がまだ超一流のスパイであることを証明すること、そして諜報活動で味わったスリルを再び味わうことなのだから。

ゲーム主体の小説ではあるが、道中でのケンディグと恋人との出会い、そして自らの願望を語る場面も心に残る。また、彼を追うCIAのコンビも印象深い。かつての師匠を追うカッターの複雑な心境。ケンディグに何度もしてやられるうちに、先読みの能力を開花させるロスの成長ぶり。彼らの追跡劇がたどり着くゴールが、ちょっぴり胸を打つ。

一九七六年MWA賞最優秀長篇賞を受賞。作者ブライアン・ガーフィールドは、ウェスタンから犯罪小説まで、幅広いジャンルの小説を送り出してきた。本書に顕著だが、ゲーム性の強い物語作りに長《た》けている。

『タイタニックを引き揚げろ』

Raise the Titanic!, 1976

クライブ・カッスラー

中山善之訳／新潮文庫

翻訳家　山中朝晶

クライブ・カッスラーを世界的ベストセラー作家の地位に押し上げた記念碑的な作品。NUMA（国立海中海洋機関）のダーク・ピットを主人公とするシリーズはいまなお続いており、二〇一五年現在で二十三作が書かれている。

一九一二年四月、氷山に衝突して大西洋に沈没した伝説の豪華客船タイタニック。その船倉に、稀少鉱物ビザニウムが眠っていることが明らかになった。ビザニウムがあれば、敵国の核ミサイル攻撃を一瞬にして無力化する〝シシリアン計画〟が実現できる。冷戦下のアメリカ大統領はビザニウムを入手してソ連より優位に立つべく、タイタニッ

クの引き揚げを決断、サルベージの総指揮にNUMA特殊任務責任者のダーク・ピットが選ばれる。しかし、シシリアン計画を知ったソ連側はタイタニックのサルベージ作業員にスパイをまぎれこませ、沈没船を強奪しようと虎視眈々《こしたんたん》と機会をうかがっていた。大西洋上の現場では事故や殺人が続出したうえ、史上最大規模のハリケーンが襲来する。果たしてタイタニックとシシリアン計画は、いかなる運命をたどるのか？

一九七六年に発表されたこの小説は大きな反響を呼び、一九八〇年には『レイズ・ザ・タイタニック』として映画化された。本書には当時の最新の研究成果が盛りこまれており、大胆不敵な主人公の活躍もあいまって、感動的なクライマックスはいま読んでも目頭が熱くなる。

ただし、その後の探査活動の進展の結果、タイタニックは船体がまっぷたつに折れて沈没したことが判明しているので、浮上させて曳航するのは残念ながらかなわぬ夢だ。

中学生のころ、筆者も少し背伸びして、この本を夢中になって読んだ。ミステリ翻訳の道に足を踏み入れるきっかけとなった一冊だ。

『犬橇《いぬぞり》』

Le Musher, 1978

ジョゼ・ジョバンニ

佐宗鈴夫訳／ハヤカワ文庫NV

書評ライター
小財　満

ジョゼ・ジョバンニは暗黒小説（ロマン・ノワール）の代表的な作家である。一九二三年コルシカ島生まれ、戦時中はファシズム政党に所属したともレジスタンスに参加したとも言われ、戦後はギャングの一員として逮捕もされている。その体験をもとに小説を書き始めたというとおり暗黒小説――暗黒街を舞台に宿命を追った男たちが激しい闘争の末、窮地に立たされ破滅していく物語の書き手だ。なぜそんなジャンルを主戦場とした作家が冒険小説を扱う本稿に登場するのかといえば、この『犬橇』という作品がゆえである。

あらすじはと言えば、主人公である刑務所から出所した男、ダン・マーフィが犬橇レースの五万ドルの賞金を求めてアラスカの雪原踏破に挑む。もちろん主人公の人物造型を演出するための脇道、サイドストーリーもあるけれども、言ってしまえばそれだけの物語である。主人公は町では危険人物として忌み嫌われ、官憲からも圧力を受ける。その彼が逮捕された理由は道中で少しずつ明らかになっていくが、一方で昔の女と再会し、その夫が犬橇レースのライバルとして登場する。主人公は自らの過去に追われながら、その過去の厳しさを反映するかのごとき大嵐の雪原という極北の大自然に立ち向かっていくのだ。

七七年発表『わが友、裏切り者』は作者の過去――狂乱の戦後と暗黒小説の総括とも言える作品で、これを経た作者は半ば暗黒小説と訣別することになった。確かに暗黒小説に見られる激しい闘争は本作においても健在だ。肉体を極限まで痛めつけ、自然の脅威に怯《ひる》むことなく挑戦していく姿勢――それはだが明日を摑みとるため。街を舞台に破滅に向かう文学としての暗黒小説を、荒野を舞台に肉体的な限界を超えた境地に活路を見出す冒険小説として昇華させることに成功したのだ。極限状態での犬との交流、そして危険をともにするライバルたちとの奇妙な友情。暗黒小説の熱い血潮は、本作の中に凜と生きている。

Storm Island (Eye of the Needle), 1978

『針の眼』

ケン・フォレット

戸田裕之訳／創元推理文庫

翻訳家 戸田裕之

一九四四年、連合軍のヨーロッパ大陸上陸作戦を察知したヒトラー・ドイツは、その上陸地点がパ・ドゥ・カレーかノルマンディかを特定しかねていた。〈針〉のコードネームを持つドイツの工作員、ヘンリー・フェイバーはすでにイギリス国内に潜入してスパイ活動を行なっていたが、密命を受けて、その上陸地点特定のための作業を開始する。薄氷を踏む思いで突き止めた事実は恐るべきものだった。連合軍は大規模な偽装作戦を展開していて、このままでは、祖国ドイツはまんまと罠にはまってしまう。無線通信では暗号が解読されるのではないかと恐れた〈針〉は、その情報を直接祖国へ届けることにし、北海でUボートと合流することにした。障碍になりそうな敵を、さらには味方をも容赦なく殺しながら、〈針〉は北海へとスコットランドを北上しつづける。イギリス陸軍情報部と警察の追跡を逃れて目指す海岸へたどり着き、漁船を盗んで合流地点へ向かったが、あとわずかのところで嵐にあって難破し、ストーム・アイランドという島へ漂着した。その島に住んでいるルーシイという女性に助けられるが、最後の最後になって正体を見破られてしまう……。祖国を救うのは〈針〉なのか、はたまたルーシイなのか……

〈針〉の有能さと冷酷さ、そして、ルーシイに対して一瞬垣間見せた人間らしさ。たった一人でドイツのスパイに立ち向かうルーシイの勇敢さ。イギリス陸軍情報部と〈針〉の手に汗握る追跡と逃亡。歴史のifをテーマにこれらの要素を絡み合わせたこの作品は、アメリカ探偵作家クラブ賞最優秀長篇賞を受賞し、冒険小説界での不動の地位を獲得している。

ケン・フォレットは一九四九年生まれ。この作品以後も、旺盛にベストセラーを生み出しつづけている。この作品を別にして、強いて代表作を挙げるなら、『大聖堂』、『大聖堂―果てしなき世界』、そして、彼が言うところの〈百年三部作〉だろうか。

1978

『スターリン暗殺計画』

檜山良昭

双葉文庫

コラムニスト
香山二三郎

かつてジャーナリズムの理念は無署名性と客観性をベースにしていたが、一九六〇年代になると、アメリカで複雑化した社会問題や戦争報道に対応し切れないとして、記者の主観を交えた作品も現れ始める。そこから、記者／作者と取材対象の関係を前面に出したニュージャーナリズムやノンフィクションノベルという新たなジャンルが生まれた。

ミステリーでも、フランスのドゴール大統領暗殺事件に材を取ったフレデリック・フォーサイス『ジャッカルの日』（一九七一）が世界的ベストセラーになるなどジャーナリスティックな作品が新たに脚光を浴びるようになる。それを機会に一時暗殺ものが流《は》行《や》るが、そうした凡百の作品群と一線を画すのが本書である。

昭和一三年（一九三八年）六月、ソ連の秘密政治警察でありスパイ機関でもある内務人民委員部の極東地区長官リュシコフ・ゲンリッヒ・サモイロヴィッチが満州国に亡命する。リュシコフは朝鮮軍司令部に護送された後、訊問を受けてソ連の内情を明かすが、その後の消息については何の記録もなかった。不審を覚えた著者の「私」は亡命後の足取りを調べ始め、やがてリュシコフがソ連スパイ摘発のため、日本から再び満州に送られたことを知る。さらに「熊工作」と呼ばれる対ソ謀略に関わったらしいことも。リュシコフは他の白系ロシア人たちとともにやがて満州を出国、イタリアのナポリに向かう。どうやら彼らの目的はスターリンの暗殺にあったらしい……。

本書が一連の暗殺ものと異なるのは、ありがちなストーリー形式を避け、文書の資料や関係者への証言取材等で構成されている点にある。デビュー長篇とは思えぬ独自の着想と叙述スタイルは作家の開高健に激賞され、一九七九年、第三十二回日本推理作家協会賞を受賞した。著者はその後架空の歴史をもとにした戦記小説、いわゆるIFもので活躍。なお、その後のエピソードを加えた〈完全版〉が一九九三年に刊行されている。

『暗殺者』上下

The Bourne Identity, 1980

ロバート・ラドラム

山本光伸訳／新潮文庫

翻訳家 山本光伸

『暗殺者』は、ロバート・ラドラムの最高傑作と目され、『殺戮のオデッセイ』『最後の暗殺者』と続く、ジェーソン・ボーンを主人公とする三部作の一作目だ。世界三十数カ国で翻訳され、発行部数は全世界で二億部に達するなど、〝ラドラムの奇跡〟と呼ばれるほどの世界的なベストセラーになったことはご承知のとおり。マット・デイモン主演で映画化もされている。

冒頭場面が素晴らしい。頭部に重傷を負って嵐の海から救出された男は、過去の記憶をすべて失っている。しかし、顔には整形手術の痕があり、尻にはチューリッヒの銀行の口座番号が埋め込まれ、しかも目の前のオートマチックをあっという間に分解してしまう。

いったい自分は何者なのか。前述したような不可解ないくつもの〝手掛かり〟から、自分があの世界的に有名なテロリスト、カルロスに匹敵する暗殺者であったことを知る。しかもその過去がベトナム戦争にまで遡《さかのぼ》ることがわかる。

このように、過去の忌まわしい出来事が次々に暴露され、それらが現在の陰謀渦巻く狂気の世界へと主人公を否応なしに引きずり込んでゆく。そういうプロットこそが、ラドラムの冒険小説に特徴的であり、その最も成功した例が『暗殺者』であろう。

優れた冒険小説に必須かつ不可欠なものは、われわれ一般の人間の思いもよらないような陰謀に奥深い、迫真のリアリティを与えることと、主人公とその恋人やわき役たちが決してスーパーマン的な人間（その派手なアクションは例外としても）ではなく、笑いもすれば泣きもするわれわれと等身大の人間として描かれていることだろう。

それによって初めて、荒唐無稽とも思われる舞台に骨格と血肉と感情が付与される。

その意味で、『暗殺者』がつねに、数多ある冒険小説のなかでベストテンの一作に選ばれているのは当然と言えるのである。

1981 『飢えて狼』

志水辰夫
新潮文庫

作家 西村 健

三浦半島で小さなボート屋を営む渋谷のもとにある日、二人の男が訪ねて来た。パタゴニアの断崖の写真を見せ、あなたならどれだけの時間で登れるか、と問う。渋谷はかつて、世界の峰々を制覇した練達のクライマーだったのだ。だが山の事故で心に深く傷を負い、二度と関わるまいと誓っていた。二人をすげなく追い返した。

平穏な日常が、そこから一変する。

ボートで海に出たところ突如、大型クルーザーの襲撃を受けた。ぎりぎりのタイミングで海に飛び込んだが、ボートは真っ二つに叩き折られた。命からがら、岸まで泳ぎ着くしかなかった。

何とか陸に這《は》い上がると、遠くに火の手が上がっていた。渋谷のボートハウスだった。

しかもその焼け跡からは、若い従業員の死体が発見された。

どうやら知らないうちに国際諜報戦の渦中に巻き込まれてしまったらしい。

事態の打開を図って渋谷は、CIA関係者を名乗る男たちの依頼を受ける。それは北方領土、択捉島《えとろふ》に潜入しソ連高官の亡命を手助けしろ、というものだった。

択捉島南西部に位置しオホーツク海に面するカルデラ湾、萌消湾《もえけしわん》。火山が爆発を起こして中央部が円錐《えんすい》形に抉《えぐ》り取られ、海水が流れ込んだ跡だ。三百メートルを超える断崖が海面から垂直に立ち上る。手掛かりすらほとんどないような絶壁に今、渋谷は挑む——。


手に汗握るアクション・シーンの連続と、逃げ続ける生き方しかできなかった男の思い。両極にある二つを叙情豊かな文章が謳《うた》い上げる。冴え渡る〝シミタツ〟節はデビュー作にして、既に完成形だ。

「あれは何の鳥でしょうか」息子を殺された老父がふと漏らす、何の意味もない言葉がいつまでも胸の底に響く。

美しい旋律に身も心も浸る読書。こんな幸せな時間が、またとあろうか!?

1984

『サムライ・ノングラータ』ⅠⅡ

（『海から来たサムライ』より改題）

矢作俊彦、司城志朗

ソフトバンク文庫

書評家 酒井貞道

元・海軍士官、鹿島丈太郎《かじまじょうたろう》は、フランスから巡洋艦《畝傍《うねび》》を回航する際の事件が原因で退役した経歴の持ち主である。一八九二年、丈太郎は政府関係者から明治天皇の勅旨をハワイ王国のカイウラニ王女に届けるように要請された。彼は、政府が用意したチームと共にヴェルマ・ヴァレント号に乗ってハワイに向かう。だがカイウラニ王女は行方不明であった。丈太郎らは王女が軟禁されている場所を突き止めたが、そこはアメリカのドール財閥の私兵に厳重に守られていた。そして王国全体では、すでに、アメリカによる支配の強化が進行していたのである。丈太郎たちは、仲間に犠牲を出しながらもなんとか王女には会うことができた。しかし王女自身の頼みで彼らはいったん引き下がる。やがてアメリカから圧力を受けて、日本政府は撤退を命じてきた。ここで丈太郎たちは、政府の命令を無視し、再び王女奪還にトライするのである。しかも今回は、王女の軟禁先が要塞化された火山《ダイヤモンドヘッド》で、守備兵はアメリカの正規軍である。丈太郎たちは奇想天外な方法で要塞に侵入するのだが、そこでは意外なものが彼らを待ち受けていた。

この作家コンビの例に漏れず、スピーディーでダイナミックな筋運びが読者を魅了する。登場人物は誰も彼も一癖も二癖もあり、丈太郎を中心として、ピンチに陥っても、屈折気味のユーモアとウィットを忘れない。それらが一体となって生み出されるグルーブ感と疾走感は、たいへんに強烈である。そしてその随所に、冒険ものやハードボイルドものの先行作品のオマージュやパロディがちりばめられる。のちの日米関係を意識させるようなセリフも随所で見られ、百年以上前の出来事を描きつつ〝他人事〟と感じさせない措置を講じている。実在の武器・兵器の描写からは、ディテールに対してのこだわりも感じられる。ドライブ感豊かながら、細部にも神が宿る、このコンビならではの傑作であろう。

The Sisters, 1986

『スリーパーにシグナルを送れ』

ロバート・リテル

北村太郎訳／新潮文庫

書評家 古山裕樹

冷戦という時代を背景に、陰謀そのものへの興味でストーリーを牽引してみせた作品としては最上級の一冊である。

敵国に潜入して一市民として暮らしながら、本国からの合図で動く工作員――スリーパー。ソ連がアメリカに送り込んだスリーパーが次々と摘発されて、ＫＧＢのスリーパー養成学校の教官「陶工」は立場を失い、西側への亡命を企てる。一方、ＣＩＡで長らく権謀術策を駆使してきた「シスターズ」と呼ばれる二人組、キャロルとフランシス。彼らは何かを企んでいた。「陶工」の亡命も、実は彼らの仕掛けの一部だった……。

単純明快な作品とは対極にある。何かの謀略が進展していることだけが語られる。だが、その全貌は見えない。五里霧中のまま、物語は先に進んでいく。やがて霧はゆっくりと晴れて、謀略の全体像が浮かび上がる。

そこに仕掛けられた驚きは強烈だ――物語の正体が明かされ、これまで謎めいていた記述が意味を持ち、これまで読んできた物語が異なったものとして再構成される。驚きが遡行《そこう》する快楽――ミステリのクライマックス、真相が明かされた瞬間によく似た快楽を堪能できる。

たくらみに満ちた語りによる、複雑怪奇な陰謀劇。だが、決して読みづらい作品ではない。不思議な軽妙さに満ちた小説だ。その雰囲気を支えているのが、奇妙なユーモアを感じさせる人物たちである。嘘発見器をも欺《あざむ》くフランシスと、感情が顔に出やすいキャロルのコンビ。東側の面々も、「陶工」以外はみんな奇妙な性癖の持ち主だ。脇役も、「夕日が沈む音」のような誰も聞いたことのない音の声帯模写が得意な殺し屋をはじめ、忘れがたい面々が揃っている。

最後に、本書に関する重大な注意を述べておこう。間違っても、本文読了前に末尾の解説を読んではならない。物語の重要な秘密が明かされてしまっているからだ。

1986

『カディスの赤い星』上下

逢坂　剛

講談社文庫

書評ライター　小池啓介

近年、映像化によって広く人口に膾炙《かいしゃ》した公安警察小説〈百舌シリーズ〉を筆頭に、さまざまなシリーズを生み出している逢坂剛だが、ノン・シリーズ作品も扱うテーマごとに区分することができる。その中でも著者が大きな関心を寄せ連綿と書き継がれているのが〝スペインもの〟と呼ばれる一群である。『カディスの赤い星』はそれらの作品に連なる――いや、その嚆矢《こうし》ともいうべき作品だ。逢坂が最初に書き上げた小説（刊行はデビュー後）であることでも有名な本書だが、その完成度の高さは驚愕の一言に尽きる。

一九七五年、PR事務所を営む漆田亮は、技術指導のために来日していたスペインのギター製作家ラモスのPRプロジェクトに参画することになる。そのさなか彼はラモスから、ひとりの男の所在を調査することを要請される。およそ二十年前、スペインにあるラモスの工房にギターを求めてやってきた日本人ギタリスト〝サントス〟を探してほしいというのだ。やがて、ラモスがサントスの行方を追う本当の理由が判明し、状況の変化とともに物語の舞台はスペインへと移り、漆田の身には数々の危機が迫ることに……。

ある人物の行方、それに〝カディスの赤い星〟にまつわる謎。異国の地を舞台にした冒険行。張り巡らされた伏線が導く、読み手をあっといわせる仕掛け。洒落《しやれ》たラブロマンス。そして本書が〝スペインもの〟と呼ばれる所以《ゆえん》――一九七五年にフランコ政権が終わり民主化への道が拓かれるかの国の情勢など、ある種〝きなくさい〟時代を記録した時事的な部分。作品がいつまでもおもしろさを失わない理由は、あらゆる要素が娯楽小説であることに繋《つな》がっているからにほかならない。また回想の物語であることはなによりも重要だ。手に汗握る冒険譚《たん》の終わりに至り、主人公が過去を思い返す理由が明かされることで読み手の心には強い余韻が押し寄せ、それが本書を忘れられない小説にしている。

Peace on Earth, 1987

『テロルの嵐』上下

ゴードン・スティーヴンズ

広瀬順弘訳／角川文庫

作家
西村　健

ユダヤ人、ヤーコフ・ズブコは故買屋とヤミ商品の取引までして、必死に金を貯め続けた。妻子と共にソ連を脱出する。そのためには何より、金が要るのだ。

念願叶ってヤーコフは、家族でイスラエルに移り住むことに成功する。家が提供され、仕事も得る。あとは同じようにソ連からイスラエルへの移住を希求する、兄スタニスラフ一家も合流できるよう祈るばかりだった。

しかし運命は、ズブコ兄弟に平穏な暮らしを容認してはくれなかった。

イギリス、ヒースローの高速道路でＰＬＯ幹部が車ごと爆殺される事件が発生。続いて西ドイツでは、政治犯がハンガー・ストライキに入ることを宣言する。さらにフランス、ベルギー……。射殺事件や爆弾事件が続発する。

実はこれは伝説のテロリスト、アブ・ナビルが仕掛けた壮大な連続テロの始まりだった。そして最後を締め括《くく》るのは、ハイジャック。主犯として指名されたのはPLO幹部爆殺も担当した、ワリド・ハダドだった。

SAS特殊部隊員。IRAテロリスト。イギリス外務担当大臣。中東の石油カルテルを支配する首長。FBI捜査官。高級コールガール……。人種も立場も様々な人々が巻き込まれ、あるいは関与していく。前半で綴られる一見無関係に思われるエピソードの数々が、後半のハイジャックに至って収束していく構成は見事の一言だ。

原題〝地には平和を《ピース・オン・アース》〟とは裏腹に世界で吹き荒れるテロルの嵐。本当にこの世に真の平和が訪れる日は来るのだろうか？

現実のテロは薄汚いもの、と百も承知の上で、それでもどうしてもワリド・ハダドに惹《ひ》かれてしまう。こんな男が実際にいればあるいは、と希望を抱きたい思いに駆られる。

それが小説を読む醍醐味の一つだろう。フィクションは不滅だと確信できる。　国際謀略小説の極北と称して過言では断じてない。

1987

『海狼伝』

白石一郎

文春文庫

早川書房編集部

時は戦国時代末期。対馬で育った十八歳の笛太郎は、船への興味と海への憧れを抱きながら、母親や海女《あま》たちと暮らしていた。かつて村上水軍の将であった父のことを母親から告げられた笛太郎は、朝鮮から日本へ戻った宣略将軍、鴨打藤九郎《かもうちとうくろう》のもとを訪れ、彼の右腕である金崎加兵衛《かなざきかへえ》の配下となり、将軍の養女であり男勝りな気性の麗花《ヨファ》や、奴隷として捕らえられていた屈強な明国人の男、雷三郎《らいざぶろう》と出会う。翌年、堺の商船を襲った笛太郎と雷三郎だが、警護にあたっていた村上水軍の海賊衆に捕らえられ、瀬戸内海へと送られる。「領地よりも黄金」が信条の変わり者だが、したたかで商才に長けた能《の》島小金吾《しまこきんご》に預けられ、村上海賊衆の手下となった笛太郎たちは船を入手し仲間を集め、徐々に力をつけていく。

海を舞台にした作品を書き続けてきた著者が一九八七年に発表し、第九十七回直木賞を受賞した海洋時代小説。ジャンク船や商船などの綿密な描写や、海に生きる人々の生活と喧騒、息をつかせぬ迫真の海上戦闘シーンを交え、文字通り荒波に揉《も》まれながら苦難を乗り越えていく一人の青年を活写したビルドゥングスロマンであり、まさに潮風が吹き抜けるかのような冒険活劇である。人間たちの描写にも重きが置かれており、笛太郎の脳裏に去来する将軍の言葉「この世には悪も必要。人の世は善悪織りなして全《まった》きものとなる」、「ためらわず天の命ずるまま悪業に励め」は、悪とは、善とはいかなるものなのかという問いかけや、アウトローとしての矜持《きょうじ》といったものを力強く印象づける。海賊の無慈悲な掟に戸惑いのまなざしを向け、葛藤する笛太郎の姿は、遠くの地で覇権を握らんと猛威をふるう信長の姿と対照的に映る。

一九九〇年発表の『海王伝』は本作の続篇にあたり、瀬戸内海を離れ、より広大な世界へと旅立った笛太郎が、父と宿命の対決を果たす。大海原にロマンを求めた男たちの生き様を、ぜひその目で確かめてほしい。

（J・N）

1989

『エトロフ発緊急電』

佐々木譲
双葉文庫

書評ライター 小財　満

太平洋戦争開戦前夜。日米開戦を最も憂慮した男、山本五十六《やまもといそろく》長官は、それでも開戦やむなしならばと、ある計画を心に秘めるのだった。即ち、ハワイ・米国太平洋艦隊奇襲攻撃。この奇策は今や、現実味を帯びた計画として検討されつつあった。日本で囁かれる計画の真偽を確かめるため、米国海軍は日本に工作員を送り込む決意を固める。その白羽の矢が立ったのは、日系二世の米国市民、斉藤賢一郎《さいとうけんいちろう》（ケニー・サイトウ）。スペイン内戦義勇軍の敗残兵で、理想を失い金のために人を殺す無政府主義者だった。東京に潜入した斉藤は、南京の悲劇を知る男、宣教師スレンセンの助けを借り、帝国海軍の海図を盗み見ることに成功する。そしてその海図が示す先は択捉島《えとろふ》単冠湾《ひとかっぷ》だった。斉藤は憲兵隊からの決死の逃避行のすえ、極北の地でひとりの女と出会う。彼女の名は岡《おか》谷《や》ゆき――ロシア人と日本人の私生児であり、一度は実らぬ恋に身をまかせ択捉を飛び出した気丈な女性、今は亡き叔父のあとを継いだ択捉島の駅逓《えきてい》の主人である。斉藤とゆきの邂逅の果てには何が待つのか、緊迫する諜報戦の行方は、そして真珠湾攻撃の行方は。

『ベルリン飛行指令』『ストックホルムの密使』を繋ぐ〈第二次大戦〉三部作の第二作である。当時迫害を受けた民族クリル人の青年・宣造《せんぞう》、あるいは朝鮮人・金森《かなもり》といった登場人物に代表されるようにマイノリティの視点から物語を描くことで、ナショナリズムから隔たった視点から戦争という愚行を描くことに成功している。それぞれの理由で戦いに赴く人々の熱気あふれる人間ドラマと、肉体を極限まで酷使した追跡／逃走劇――その先にあるのはただ命を燃焼させる「冒険」という行為にほかならない。その冒険の境地の前にはイデオロギーも民族・国家も遠くに霞み、それらに殉じることの不毛と虚しさが暴きだされるのだ。一九八九年発表。山本周五郎賞、日本推理作家協会賞、日本冒険小説協会大賞受賞作品。

1990
『遥かなり神々の座』

谷 甲州
ハヤカワ文庫JA

コラムニスト 香山二三郎

日本の山岳小説といえば、新田次郎。一九五〇年代から六〇年代にかけて、ミステリーでもこのジャンルは独壇場の感があったが、七〇年代に入ると森村誠一等後継者が現れ、次第に多くの作家が手を染めるようになる。本書の著者もそのひとりだが、他の作家と異なるのは、二〇代のとき海外青年協力隊員としてネパールに駐在、登山者としても自ら七〇〇〇メートル峰に登頂するなど豊富なヒマラヤ体験を持つ本格派であること。それを全面的に活かした本書は、まさに著者の山岳ミステリーの代表作といえよう。

登山家の滝沢育夫《たきざわいくお》は冬季のガルワール・ヒマラヤ登頂に挑み失敗、ふたりの仲間を失う。帰国後には恋人の君子《きみこ》にもふられるが、失意の彼の前に林《はやし》という謎めいた男が現れ、新たに構想しているマナスル遠征の計画を買い取るという。林は滝沢の身辺を詳しく調べており、君子についても脅迫めいたことをいわれ、参加を余儀なくされる。しかしカトマンドゥに集った遠征隊は、シェルパのほとんどが素人《しろうと》だったり不自然な点が多かった。やがて登行が始まり、林は自分たちの素性を明かす。東部チベットの反中国武装ゲリラ――カムパ・ゲリラの一派であり、中国国境を越えて対立派閥を攻撃するのが目的だというのだ。だが、そこには中国の正規軍が待ち受けていた。

ネパールとインド、中国の国境が接するヒマラヤは複雑な国境紛争の場としても知られる。滝沢は期せずしてその渦中に巻き込まれることになる。冒頭から厳寒のヒマラヤ登山の過酷さが活写されるが、著者はさらにそこにチベットの独立運動等、国際諜略小説の趣向を加味して、二重三重のサバイバル活劇を演出してみせる。ヒマラヤ登山の全貌を余すところなく伝える、この著者ならではの力作だ。なお、続篇の『神々の座を越えて』が一九九六年に刊行されている。

1999
『亡国のイージス』上下

福井晴敏
講談社文庫

書評ライター 小池啓介

彼、彼女たちは何を求めて戦いの場に身を投じるのか——この問いは冒険小説が読者の共感を得るための重要な命題のひとつであり、苛烈な死闘を演じる登場人物たちを通して〝現代日本を舞台に〟その答えに迫ろうとしたところに『亡国のイージス』の真価がある。

ミニ・イージス・システムを搭載した自衛隊のミサイル護衛艦《いそかぜ》が乗っ取られる。首謀者はあろうことか艦長の宮津《みやつ》弘隆《ひろたか》。その部下と、さらに北朝鮮の工作員ホ・ヨンファらが行動を共にしていた。《いそかぜ》の全ミサイルの照準を東京に合わせ、宮津は政府にある要求を尽きつける。「その弾頭は通常に非ず」――弾頭に装備された『GUSOH《グソー》』は、わずか一リットルで二十三区の都民が全滅するほどの毒ガス兵器であった。艦内が混乱するさなか、先任伍長の仙石恒史《せんごくひさし》はミサイルの発射を阻止するために、何よりも《いそかぜ》を取り戻すために、はみ出し者だが異能の力をもつ若き一等海士・如月行《きさらぎこう》とともに行動を開始する。

現代日本で起こり得る〝状況〟を構築し、福井晴敏はリアルな質感をともなったポリティカル・フィクションを生み出した。海上に浮かぶ船内を舞台にした、わが国における最高水準の活劇小説でもある本書は、二〇〇〇年の日本推理作家協会賞、日本冒険小説協会大賞、大藪春彦賞を同時受賞し、直木賞の候補にも挙げられている。本書がデビュー二作目という事実は特筆に値するだろう。

国家の意志と個人の矜持《きょうじ》がからみあいながら謀略と闘争が展開される様は鮮烈の一言に尽きる。膨大な熱量をはらんだ物語であるが、しかし読後感は思いのほか穏やかだ。福井晴敏という作家の人間との向き合い方によるものだろう。軍事に携わるプロフェッショナルたちを活写した物語がやさしく胸を打つのは、彼らの誰しもが、美しく咲く桜をただ綺麗だと思える――そんな世の中を望んでいることを福井が描いているからである。

Shantaram, 2003

『シャンタラム』上中下

グレゴリー・デイヴィッド・ロバーツ

田口俊樹訳／新潮文庫

翻訳者
田口俊樹

昔と比べると、英米のエンターテインメント小説はずいぶんと長くなったが、そんな中でも本書の長さは半端ではない。文庫版で上中下巻、一巻一巻に通常の一作品の長さがある。しかも中身がぎゅっと詰まっている。

物語はオーストラリア人で脱獄逃亡犯の〝リン・シャンタラム〟がインドのボンベイ（ムンバイ）にたどり着いたところから始まる。そして、スラムで診療所を開いたかと思えば、ボンベイ・マフィアのドンに気に入られ、偽パスポートづくりに勤《いそ》しんだり、銃の密輸に加担したり、果てはイスラム戦士――ムジャヒディーンになったりもする、まさに波瀾万丈のリンの生きざまが描かれるのだが、あちらで本書がいち早く話題になったのは、それらすべてが実話に基づくものだったからだ。そう、著者自身が脱獄逃亡犯なのだ。それだけに描かれるシーンはどれも迫真力に満ちている。中でもボンベイの刑務所の現実。その劣悪さについてはある程度予測はできても、おそらく大方の読者の想像を超えているにちがいない。そんなボンベイという市《まち》の混沌とした熱気が行間から立ち昇ってくる。

主人公リンを取り巻く脇役も多彩だ。世俗にまみれながらも善なるものの権化のようなタクシー運転手、プラバカル。マフィアのドンでありながら、深遠な哲学を語るカーデル。謎めいたスイス人のビジネスウーマンで、リンの恋人になるカーラ。そして、外国人コールガールの元締めのマダム・チョウ。そんな彼らとリンとのダイナミックな関わりがページを繰る手を休ませない。文字どおり血沸き肉躍る第一級の冒険小説にして、ミステリ風のサスペンスも備えた面白本である。

現実の著者はドイツで逮捕され、ドイツとオーストラリアで服役をすませるのだが、本書には実は続篇があって、そこではまたボンベイを舞台に、マフィアの一員であるリンのその後が描かれている。これまた迫力満点の傑作だ。

2003

『マルドゥック・スクランブル〔完全版〕』全三巻

冲方丁

ハヤカワ文庫JA

書評家 酒井貞道

舞台は螺旋《らせん》階段上のモニュメント《天国への階段》を擁するマルドゥック市《シティ》。少女娼婦バロットは、巨大企業オクトーバー社の汚れ仕事を引き受けるシェルの計画に沿って殺されかけるが、シェルの犯罪を捜査する委任事件担当捜査官イースターと、喋る金色の万能兵器のネズミ、ウフコックにより救出された。彼女は、政令マルドゥック・スクランブル－09《オー・ナイン》に基づき、禁じられた科学技術を特別使用されて命を取り留める。その結果、バロットは高度な電子干渉能力を手に入れた。彼女はその能力を活かし、ウフコック、イースターと共にシェルの犯罪を追う。一方、シェルの側も委任事件担当捜査官ボイルドを雇い入れ、バロットを狙う。ボイルドはかつてウフコックとコンビを組んでいたが、現在は袂《たもと》を分かっていた。ボイルドの攻撃を回避しているうちに、バロットたちは、シェルの仕事の真の履歴データが、シェル経営のカジノの、百万ドルチップ四枚に格納されていることを突き止める。このチップを獲得するため、バロットは手袋に変身したウフコックを手に、カジノに乗り込み、四百万ドル以上の大勝を目指す。

ＳＦのサイバーパンクを強く意識した設定の下に展開されるのは、血湧き肉躍り、手に汗握るアクション・ストーリーである。禁断の技術により改造された人間・動物の異能が、これを一層派手なものにしている。おまけに、バロット、ウフコック、ボイルドがそれぞれに抱える屈託《くったく》と、彼ら相互に結ばれる複雑な関係性が、物語に深い陰影を与えているのだ。しかし、本書の白眉は何といってもカジノの賭博シーンにある。ここでバロットはひたすらギャンブルをしているだけなのだが、それが日本の小説史上に残る白熱を見せる。しかもこの場面において、バロットはリアルタイムに成長していき、読者にもそれがはっきり実感を伴って伝わってくる。小説における描写の凄みを感じさせる傑作である。本作品は第二十四回日本ＳＦ大賞に輝いているが、それもむべなるかな。ここまで凄いのは、小説界広しといえど、なかなかない。

City of Thieves, 2008

『卵をめぐる祖父の戦争』

デイヴィッド・ベニオフ

田口俊樹訳／ハヤカワ文庫NV

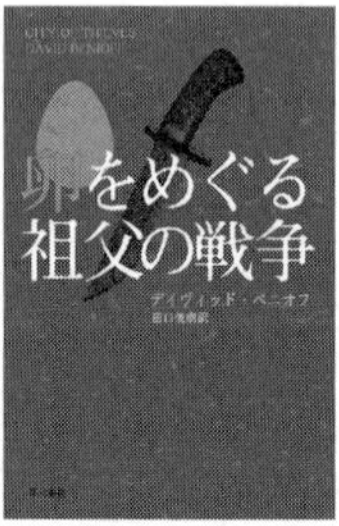

翻訳者 田口俊樹

本書はいわゆる難題譚《たん》である。難題譚の中の難題というのはかぐや姫の昔から現実離れしたものと相場が決まっているが、本書のそれも地味ながら負けていない。舞台は第二次大戦のさなか、ナチスドイツ軍に包囲され、飢餓に喘《あえ》ぐレニングラード。主人公のレフとコーリャに秘密警察の大佐から課せられた難題は、そんな市《まち》での卵探し。大佐の娘の結婚式にウェディングケーキを用意するのに、一ダースの卵が要るのである。なんとも馬鹿げた任務ながら、ふたりは卵を求めて飢餓の市《まち》をあてもなくさまよい歩く。その中で当時のレニングラードの惨状——人肉を売っている肉屋にしろ、痩《や》せ細った鶏《にわとり》を抱いて死にかけている少年にしろ、ドイツの将校の慰み者になっている少女たちにしろ、戦争というものがもたらす悲惨さ、残酷さ――が克明に描かれる。国を挙げての殺し合いという、人間の営みの愚かさに対する、通奏低音のような作者のやるせない思いが読む者の心と響き合う。

こう書くと、お堅い小説のように聞こえるかもしれないが、実のところ、そういう本ではまったくない。下ネタ満載の若い主人公ふたりの掛け合い漫才のようなやりとり。これが大いに読ませる。悲惨さの中のユーモア、ユーモアの中の残酷さ。まさに笑いとペーソス。このふたつがバランスよく混ざり合っているところが本書のキモだ。

また、本書はメタフィクションの体裁を取っているのだが、読み進むうち物語に引き込まれ、大方の読者はそのことを忘れさせられるはずである。それが最後の一行で、それまでが劇中劇であったことをはたと思い出させられ、もうひとつの現実に引き戻される。「小説の最後の一行ベストテン」なるものがあったら、本書はまちがいなく上位にランクインするのではないか。本書のなんとも言えない味わいがこの最後の一行に凝縮されている。

2015

『ビッグデータ・コネクト』

藤井太洋
文春文庫

書評家
酒井貞道

京都府警サイバー犯罪対策課の万田《まんだ》は、システム開発責任者・月岡《つきおか》の誘拐事件の捜査に駆り出される。当時月岡は、琵琶湖畔に建設中の官民複合施設《コンポジタ》のプロジェクトを指揮していた。犯人と名乗る者は、月岡を返す代わりに、《コンポジタ》のシステム開発を即時中止せよと要求してくる。そして犯人のメールの送信元は、過去に、PCの遠隔操作事件において証拠不十分で不起訴処分となった武岱《ぶだい》という男のアドレスだった。そしてその事件は、万田が担当していたのである。誘拐事件の犯人と疑われた武岱は、これは濡れ衣であると主張し、膨大な知識と経験を活かして、警察の捜査に協力することになる。

警察小説／刑事小説として始まった物語は、やがて、ＩＴ業界や個人情報利用が抱える深い闇を描く方向に変化していく。多重下請け構造に起因する、種々の業務の矛盾。厳しい契約条件下においてもベストを尽くす技術者たち。これらが理知的に描写されていく中で、徐々に、《コンポジタ》のシステムは規模が施設に比して大きすぎたり、月岡周辺の動きや意思決定の過程に怪しい部分があったりすることがわかってくる。やがて捜査は、進歩的市長の主導する本プロジェクトに隠された思惑と陰謀を明らかにするのだ。情報化社会においては、個人情報がやり取りされ集積される。そのメリットとリスクと、それに対する警察その他の機関の対応とを、この物語は優れて現実的かつスケール豊かにシミュレーションしてみせる。その上で、作者は刑事たちと武岱に、とても味わい深い人間ドラマを展開させるのである。警察小説や社会派ミステリは従来、情報化社会やＩＴにいまいち対応し切れていなかった憾《うら》みがあった。携帯電話すら持たない中年を誇り高い、人間的だと称揚する傾向すらあった。しかしそれでは現代を映しとることなどできない。本書は、古色蒼然とした警察小説分野のブレイクスルーとなる可能性を秘めている。

2015

『猟犬の國』

芝村裕吏
角川書店

早川書房編集部

主人公は、「(日本社会において)何事もないのが一番いい。そのためならどんなこともする」ことを目的にした日本の情報機関で働くようになったペルー人。本作は全五話構成だが、第一話とそれ以降とではテイストがガラリと変わる。

第一話では、彼がドヤ街で日雇いになりすまして活動する日常を非情なリアルさで描いていて、ゾクッとするような凄味すら覚える。

第二話以降は、主人公が警察庁の公安の女性キャリアである幸恵《ゆきえ》を一人前のスパイへと育てあげる任務を負いつつ敵と戦うというひとつづきの話になっているのだが、これがいわゆるバディものなのだ。ベースにあるのは裏切りに謀略とスパイもの特有の非情な話のはずだが、ふたりのやりとりというか一種無意味ともとれるおきまりの掛け合いのせいで、第一話で感じたシリアスなテイストはきれいに払拭《ふっしょく》されている。さらに言えばスラップスティックな味わいへと変化している。主人公は同じなのにまるで違う世界を描いているような印象を受ける。

主人公の属する情報機関について触れると、組織としての名称がないこともあって、第一話では漠とした存在にしか感じられないが、第二話以降でその力の大きさが次第に明らかになる。主人公の能力も人並みはずれているが、背後を固める組織の力は、情報収集力、財力ともにかなり大きい。能力ありすぎ？　と思えなくもないが、そこにこそエンタテインメントらしさが出ているとも言えるだろう。第一話の読後感に引きずられると、第二話以降の対照的な展開のほうがより著者本来の持ち味にちかいことを見誤りかねない。どちらも著者の幅広い創作意欲の発現と認識していい。

日本人でもないのに、また日本を愛しているわけでもないのに日本のために日本の情報機関で働く日本在住外国人スパイというこれまでにない設定に、日本の将来を予感させるような新たな興奮とポテンシャルを感じた。できることならそこをもう少し掘り下げたものを読みたいと思ったのは私だけではないと思うのだが。

（S・T）

■エッセイ

「私をつくった冒険・スパイ小説」

逢坂 剛

佐々木譲

芝村裕吏

谷 甲州

広江礼威

藤井太洋

三好 徹

essay

すべての小説は冒険小説である

作家
逢坂剛

私にとっては、たとえ恋愛ものであっても、すべての小説が冒険小説であり、サスペンス小説だ。冒険というのは、別に綱渡りをしたり、高いところから飛び降りたりするのばかりじゃない。心のありようが問題なんだ。サスペンスというのは、常に解決しないで宙ぶらりんの状態にあって、最後に着地する。私の小説観だけれどもね。

スパイ小説では、グレアム・グリーンのエンターテインメントのほうの作品を、よく読んだ。『ヒューマン・ファクター』や『恐怖省』、『密使』とかだね。グリーンには、独特の雰囲気がある。文芸評論家のエドマンド・ウィルソンが、ミステリなんてくだらないってどこかに書いたら、ミステリファンが怒って、あれを読めこれを読めと、古今東西の傑作をリストアップして送った。ウィルソンはそれを全部読んだけど、じつに下らなかった、唯一読めたのはチャンドラーくらいだった、と言った有名な逸話がある。そのときに、チャンドラーについて、グレアム・グリーンには程遠いけれど、その雰囲気を伝える才能がある、みたいなことを書いていた。私は、チャンドラーが好きだったから、逆にどんなものだろうと思って、グリーンを手にとったんだ。高校のころだったかね。ウィルソンの評が、当たっていたかどうかはわからないけれど、グリーンには一種の仄暗《ほのぐら》い情感みたいなものがあって、『拳銃売ります』なんて殺し屋の話で、面白かったよ。みんな早川書房で出ていたね。

ル・カレは、ダメだったな。肌に合わなかった。ちょっと軽いけど、フリーマントルは『消されかけた男』から始めのほうの何作かは楽しく読んだ。イスラエルの作家、マイケル・バー＝ゾウハーの『エニグマ奇襲指令』『パンドラ抹殺文書』も良かった。

それから、ブンガクとは縁が遠いかもしれないけど、ジェイムズ・ハドリー・チェイスの〈プレイボーイ・スパイ〉というシリーズがあって、これが面白い！　チェイスは、とにかくストーリーテリングの名手だから、どれを読んだって失望することはない。

私が影響を受けた作家は、ハメットとチャンドラーとハドリー・チェイスだと思う。ただこの三人は、私の〈イベリア・シリーズ〉みたいなものは書いていないから、ある意味では克服したかもしれない。彼らに限らず、内戦が終わった後の、第二次大戦中のスペインを書く作家は、ほとんどいない。たぶん初めての試みだったと思う。

あの時代、スペインは、ドイツ・イタリアに参戦しろと言われながらも、いろいろ言い訳したり、潜水艦の補給を黙認するくらいで、結局、国際法上の中立を保った。面白いテーマだと思うのだけど、誰も書いてないんだ。翻訳物でも、お目にかかったことがない。資料が少ないこともあるかもしれない。私も〈イベリア・シリーズ〉を書いたときは、英語かスペイン語だけで、日本人の書いた資料はほとんどなかった。〈イベリア・シリーズ〉も、スパイものの一種といっていい。あの時代、日本人がヨーロッパ戦争をどのように見たか、という観察記録のようなものだ。

ほかに、自分で書いたスパイものでは、「クリヴィツキー症候群」といった短篇がある。クリヴィツキー将軍は、ロシアのスパイとして、スペイン内戦で暗躍した人物だ。でも、自分で積極的にスパイものを書いている、という意識はあまりない。

いわゆる冒険小説を、積極的に読んだつもりはない。むしろ、心理的な冒険ものに惹《ひ》かれる。ディーン・R・クーンツの『マンハッタン魔の北壁』『悪魔は夜はばたく』なんかは、ミステリとして読まれているかもしれないけれど、私に言わせれば冒険小説なんだ。心理的なね。

ヤン・デ・ハートックの『遙かなる星』も面白かった。終戦直後に、収容所から助け出されたユダヤの少女を、オランダの警部が使命感から助けて、イスラエルまで送る話。アクションなんかほとんどないし、恋愛感情もない。でも警部の心理に、不思議と説得力がある。そういう、心理的な冒険小説が好きなんだ。ぜひどこかで、復刊してほしいね。

すべての小説が、冒険小説かサスペンス小説だ、と最初に言ったけれど、サスペンス小説のなかに冒険小説が、あるいは冒険小説のなかにサスペンス小説があるのかもしれない。（談）

ヒギンズ、フォレット、そして。

作家 佐々木譲

テーマの「私を作った」という部分は、「作家としての私を作った」という意味なのだろう。職業選択を決定づけた、とか、職業に方向性を与えてくれた、という意味であるわけで、ううむ、難題である。

でも、ありがたいことに、その小説は「一冊」とは限定されていない。「複数」とある。つまり何十冊挙げてもいいわけだ。それなら答えようもあるかもしれない。シリーズ作品まるごと、という場合は、一冊に数えてよいのだろうか？

そもそも大部分の作家は、作家になろうと決意する以前から、何より読書好きであったはずだ。最初はノンジャンルで幅広く読み、やがて好みのジャンルが決まっていって、そのジャンルのきわめて熱心な読者となる。その読書体験が蓄積されると、やがて先人たちをおそるおそる模倣し、設定をより自分の身近に置いたカバーバージョンの物語を作るようになる。作品を書くという無謀を始めてしまう。ひとにそうさせるものが、たった一冊であるはずがない。

たぶんわたしの冒険小説、スパイ小説体験の最初は、児童向けにリライトされた小説から始まっていた。

ジュール・ヴェルヌ『海底二万マイル』とかH・R・ハガード『ソロモン王の洞窟』とかが、子供時代に夢中になった冒険小説としてまず思い出せる。スパイ小説として読みうる最初の小説は、筒井敬介『少年記者プエル君』だろうか。子供向けに書かれた「敗戦国の孤児」がヒーローの作品だ。

大人になって冒険小説、スパイ小説が好きになるには、このあたりからすでにその下地ができていたはずだ。冒険小説、スパイ小説の主題や読みどころがわかるだけの読書体験ができて、そのうえで、児童書や抄訳ではないクラシック作品へと読むものが広がっていった。そうしてさらにコンテンポラリーな冒険小説、スパイ小説を読むようになっていったのではないだろうか。

子供時代を卒業して、しかし社会人になる前あたりに読み、この世界への興味を決定づけてくれたものとして、以下のような小説がある。マーク・トウェイン『ハックルベリー・フィンの冒険』、コナン・ドイル『恐怖の谷』、ジャック・ロンドン『野性の呼び声』『白い牙』、ヘミングウェイ『誰がために鐘は鳴る』、ジェームズ・ヒルトン『失われた地平線』『鎧なき騎士』……。

なので「私を作った一冊」という問いには、回答不能。「私を作った小説、複数」という問いだとして、書棚の前で答を考えてみる。その本はおそらく取り出しやすい好位置にあり、何度も読み返しているはずだから、かなり傷み、汚れてもいるはずだ。

書棚を眺めているうちにわかった。わたしの「一冊もしくは複数」に近いもののひとつは、ジャック・ヒギンズ作品だ。名作と呼ぶことに誰もが異議なしであろう『鷲は舞い降りた』と、感傷性あふれる『死にゆく者への祈り』がとびきり好きだ。また、わたしが前者に対して、なんという作品でオマージュを捧げたかは誰にも内緒だ。『鷲は舞い降りた』を、わたしはたぶん映画を観たあとに読んでいる。こんな面白い映画の原作はどんなものだと手を出したのだ。あの一冊で完全にヒギンズの世界にはまり、あとは新作が出たら片っ端から読むという状態だった。

ついでケン・フォレットだろうか。ジャンルを限定せずに幅広い題材を書く作家だが、まずは『針の眼』である。この作品は、映画を観るよりも原作を読んだほうが先だったろう。やはりオマージュ作品を書いてしまっている。

フォレット作品では『ペテルブルグから来た男』も好きだな。さらに言えば、冒険小説でもスパイ小説でもない『大聖堂』にも激しく影響されたことを告白する。戦国時代の石積み職人の物語や、織田信長の指示で築城技術の修業にヨーロッパに渡った日本人の物語は、間違いなく『大聖堂』に触発された作品だ。戦後、焼け跡に自動車メーカーを興した男の物語も、フォレットのいくつかの一代記ものに刺激されているような気がする。

ん？　とすると、ヒギンズよりもフォレットのほうが、「わたしを作っている要素」が濃いのか？

書棚の前でもうひとつ気づいた。わたしは『人間の條件』（五味川純平）を、冒険小説として読んでいるわ。高校生のころ、父親の本棚から借りて読み出したのだ（父の蔵書はいま、そっくりわたしの仕事場にある）。あの社会的メッセージ性の強い作品を、娯楽性もたっぷりの冒険小説として読むのは不謹慎だろうか。

でも前半は帝国陸軍内務班の不条理に耐える主人公に共感し、後半は満州縦断の必死の逃避行の面白さにわくわくした。あのラストも、本来冒険小説であれば持たねばならないカタルシスに欠けると言えば言えるが、なあにシュタイナ中佐だって一度は死んでいる。『人間の條件』の冒険小説性を損なうものではない。

それはともかく、結論として言えることはこういうことか。わたしの骨格と基本的な筋肉は、数多くの幅広いジャンルの小説群を、子供時代から貪欲に摂取してきた結果作られた。自分のアウトプットを見ていけば、ヒギンズ数値、フォレット要素がやや多めである、たぶん。

essay

私の好きな作家というよりも、私が無視できない先人としての山中峯太郎

作家
芝村裕吏

日本の冒険・スパイ小説で山中峯太郎という人は始祖であると考えている。

そもそもジャンル表記として冒険・スパイ小説と並べて表記するのも山中峯太郎のせいだろう。彼の作品はスパイ＝冒険小説であり、同時に推理小説からの分派であった。

始祖より始まり、そこから継承、否定、改良してジャンルを作っていった歴史。

拙作スパイ小説の『猟犬の國』もまた、その歴史の上にあり、主として否定する方向で山中峯太郎の強い影響下にある。

何故否定する方向に影響を受けたか。それはもちろん、彼の作品が今も面白いからである。差別化して対応しないと彼やその精神を受け継ぐ作品に飲み込まれてしまう。商業小説の進歩とは模倣と差別化の組み合わせであり、これを無視して作品を語ることは出来ない。

そう、山中作品は、戦争という断層、八十年以上の時を超えて今も輝きを持っている。

美しい練りに練った情景描写からの息詰まる緊張感。そして一気呵成に書き上げたであろう魂からの告白、雄叫び、そしてアクション、アクション。異国の風俗、憎々しくも強大な敵、団結と勝利。

流れるようにという言葉では足りない奔流のような筆致は同じ作家として、書いていてさぞ楽しかったろうなと想像するばかりである。己の想像で悶《もだ》え、喜び、悲しんで、地図を見て想像を膨らませ、書斎を七転八倒しながら書き上げたに違いない文章である。今で言うならノリノリという奴で、素直に羨ましい。

『我が日東の剣侠児』『亜細亜の曙』『大東の鉄人』。どれも心躍る作品であり、ロマンあふれる熱血の物語だった。

私が持っている戦前の『少年倶楽部』版が一九〇刷とあり、今からみるとびっくりするくらい増刷を重ねていたことになる。それくらい、人の心、中でも少年たちの心を摑んだというべきであろう。

しかし、山中峯太郎の作品は戦前の作品として、致し方のない、そして致命的な問題をはらんでもいた。反アメリカのアジア主義、言い換えれば八紘一宇《はっこういちう》に大東亜新秩序である。彼自身は軍人としてのキャリアを捨てて中国の革命に参加したりするような人で心からアジア主義を思っていたようではあるが、それは所詮《しょせん》日本中心の亜細亜主義であり、対する欧米の登場人物の憎々しい造形など、日本の侵略主義と作品が同一視されて一気に顧みられなくなってしまった経緯がある。

なまじ熱い文章のせいで強烈な扇動になってしまっているのだ。

子供向けのわかりやすさという面もあろうが、現代では非難囂々《ごうごう》間違いなしである。

とはいえ、始祖には違いない。今みると合わないところがあるからと言って、過去を捨ててはいけないと思う。それは今をも否定する行為である。

さて。山中峯太郎から続くスパイ小説の系譜と、現代におけるスパイ小説、私への影響である。

山中峯太郎は偉大であった。だがそれと同じ土俵で戦うのが作家である。文は腐ったりしないし、神田の古書店もしぶといので始祖であろうとライバルになるのが現代である。私もそうだ。良いと悪いとに関係なく、過去の全部と戦って、自分の居場所を作らねばならぬ。

『猟犬の國』というスパイ小説を書いて欲しいと依頼されて、頭を悩ませたのは過去の全部、中でも始祖山中峯太郎との戦いである。戦いというのもおこがましいが、ともあれ比べられて生き残れる程度には抵抗しないと文字通り立つ瀬が無くなる。

相手は無心に書いた小説である。スパイ小説もミステリも、技巧派の小説家が集うジャンルなのだが、始祖の時代ではそうではなかった。最初なんてものは皆同じ、性体験とよく似ている。必死であり、後先を考える暇もなく、ただ熱量で押し切って、後になって自分がやってしまったことを知るのだ。だが二回目以降は、そうではない。

後続はお手本を元にひねりながらやるので、力の初代、技巧の二代目以降という図式になりがちだ。で、たまに先祖返りが出てくる。

技巧派小説家としていうと、無心のノリノリとは恐ろしい。勝てる気がしない。そもそも技巧に走るのは勝てる気がしないから、というところもある。

同じジャンルなのに相手は相性の悪いパワータイプ。しかし、負けるわけにもいかない。大変だ。大変であった。

大変だと途方に暮れつつ、最初に突いたのは時代性である。

文は腐らないが現代の世相を書けるのは現代の作家だけである。

戦前では思いも寄らない状況が出現している訳で、まずはそこを徹底して描くことにした。差別化の第一歩であり、現代を生きる作家として古本でいいやと思われるような物を書けない事情もある。

次に、大人向けにする。

もとが『少年倶楽部』の本なのだから当然だが、『亜細亜の曙』などはやはり子供向けである。そこを突く。子供には分かりにくいあれやこれやを入れられるのでそこも差別化になる。

ここまではこれまでの歴代作家もやっている事である。まずはこれを徹底すべく、取材を厚くして専門家《インテリジェンス》の意見も聞きながら、プロットを組み始めた。

具体的には大阪のあいりん地区に二カ月住んで、作中に出てくる全ての車を買ったり借りたりで乗ってみて、国内外の元スパイ（残念ながら九割以上はガセだった）と接触したり情報セキュリティの専門家の会合に行ったり、そのつてでセキュリティ会社のデモを見せてもらったりでなんだかんだでずいぶんかかった。

その甲斐あってか、韓国の携帯電話盗聴の件は事件が起きる前の初校で描いていたので編集から褒《ほ》められた。以後日本盗聴をアメリカが認めることを言い当てたりと取材は一定以上の効果を上げている。

書誌なども当たってはいるが同時代性にこだわるとどうしても取材が中心になる。ネットはデマが多く、誰もが調べられ新味が薄いので使用していない。

その上で小説なのだから小説として成立するようにお話を構築しないといけない。所謂《いわゆる》「大和民族」（このかぎかっこは、書き手が異論を持っていることを示す符丁である。最近わからない人が多いので解説）以外の日本人を主人公にするのは最初から決めていたが、テーマとして現代のスパイを描くだけでは形態を変えたルポでしかなくなる。そこでもうひとつひねってテーマを普遍的な組織のありようにした。すなわち、どんなに足手まといでうざくても新人のいない組織は効率化の行き過ぎとして腐る。

女性の目が光ってないと男所帯は堕落する。ヒロインを新人の女性にして対比させる一方、そのヒロインが不在の間、つまり男所帯の駄目なところもしっかり見せる。悪い事を悪いと糾弾する青臭い若いのがいないとどうなるかを描く。

心で悪いと思いグチはいう。でも命令は守る悪い意味の惰性。そこから新人を得て軽妙さを取り戻し、プロがプロに戻る話として『猟犬の國』を描いた。

始祖山中峯太郎の技法、ノリノリにいたるまでの丁寧な情景描写からの展開を現代でやる。合わないところは変えてもいいが、始祖の技法を継承して現代でやってみせるのもひとつの芸である。

昔から今へ歩いて来ている。あるいは本は、時代を、ポンと飛び越えられる。そういうところを感じていただければ幸いである。

山中峯太郎は続く。彼の精神的子孫とともに。

essay

凍てつくような寒気が物語を熱くする

作家
谷 甲州

自分に冒険小説が書けるとは、思ってもいなかった。

このことについては、根本的な誤解があったようだ。小説を書くことは、SFからはじめた。SFにかぎったことではないが、ジャンル小説には多くの約束事がある。先行作品の読破はもとより、舞台となる世界や小道具についても広範な知識が必要とされる。SFの場合は、準備期間として十年あまりをついやした。自分なりにSFを理解した上で、実際に書きはじめるのにそれだけの時間が必要だったといえる。この点が不充分だと古手のSFファンに酷評され、知識不足を指摘された上で散々に叩きのめされると考えていた。

無論これは私の思いすごしで、新しい書き手に対する許容度は想像以上に大きかった。ただしそのことに気づいたのは、かなり後になってからのことだ。ところが当時の私は、勘違いに気づく機会もなかった。はじめて自作が商業誌に掲載された直後だから、いまから三十年以上も前のことになる。冒険小説のファン層については詳しくなかったが、SFと大きな違いはないのだろうと単純に考えていた。不用意にファンの前で「冒険小説を書くつもりです」などと口にした途端に、読書経験を根ほり葉ほり問いただされ、ガジェットとしての銃器類について洗いざらい知識を吐きださせられる——大げさにいえば、そんなことを考えていた。

だから自分には、冒険小説は書けないと思いこんでいた。そのころはSFの仕事を始めたばかりだったから、やるべきことは山ほどあった。準備期間だけで十年余の年月を、冒険小説につぎ込む余裕はなかったともいえる。SFと冒険小説の両分野で傑作を発表しておられる先輩諸氏のことは知っていたが、非才な我が身には荷が重すぎる。二兎を追う結果になっても困るので、大人しくSFのフィールドで足場をかためることに専念した方がいい。そう考えていた。

ところがそこで、たまたまマクリーンの『最後の国境線』を手にとった。一読して驚いた。寒かった。それはもう、ひたすら寒かった。冒頭の逃亡シーンからして、凍てつくような寒気が行間から漂いだしてくる。驚く以上に衝撃を受けた。先入観のせいだ。それまで何となく「冒険小説は暑いところが舞台」という思いこみがあったからだ。漠然とした印象ではカリブ海で海賊が活躍したり、陽炎のたつ砂漠を駱駝で横断するような話だと思っていた。その思い違いを『最後の国境線』は、ものの見事に打ち砕いてくれた。

息もつかずに読みすすめて、ふるえる思いで最後のページを閉じた。読みどころは多々あるものの、それらを圧倒するほど寒さの描写は際だっていた。しかも効果的に使われていた。その事実が駆けだしの小説家だった私に、認識の変化をもたらした。「こんな小説、自分でも書けたらいいな」が、いつの間にか「書けるかもしれない」に変化していた。

不遜なことは承知している。マクリーンを侮るつもりもない。寒さの点を別にしても、この作品が名作なのは強調しておきたい。緻密なプロットとストーリーテリング、そして登場人物の個性的な造形など、どれをとっても一級品といえる。それにもかかわらず、当時の私は寒さの描写にひかれた。冬山の単独行をくり返していたときの経験と、作中の描写を重ねあわせていたからだ。

厳冬期の山を一人で歩いていると、寒さの質が違って感じられる。山里とも街中とも違う寒さが、全身を締めつけてくる。しかも山中の寒さには、逃げ場がない。暖房のきいた建物はもとより、風よけになる木々も見当たらない。身近な熱源は自分の体温だけだから、油断すると何でも凍りつく。結んだ靴紐が凍りついてほどけず、体温でとかしたことは珍しくない。飯は一気に食わないと石の塊と化し、結露をぬぐったバンダナは丸めた形のまま凍りついている。風に乗ってさらさらと流れる粉雪は、あらゆる隙間に入りこんでコンクリートのように硬化してしまう。ときにはテントごと埋められて、身動きがとれなくなることもあった。

そのような経験を描写すれば、冒険小説の舞台として使えるのではないか。冷静に考えればわかることだが、すべての点で先行作品を上まわっている必要はないのだ。そんな大傑作が、簡単に書けるわけがない。ただ一点でいいから読者の記憶に残る描写があれば、支持はえられるはずだ。寒気の描写には、それが可能なパワーがあるように思えた。

とはいうものの、いきなり冒険小説を書くのはハードルが高い。最初は短篇ＳＦとして、極寒の惑星を舞台に書いてみようと考えた。それが『惑星CB-8越冬隊』なのだが、当初の思惑では五十枚からせいぜい七、八十枚ほどの長さにおさめるつもりだった。ところが駆けだしの悲しさで、物語の長さを読み間違えていた。五十枚どころか、百枚をこえても終わる気配がない。結局四百枚の長篇になって、私にとって最初の著書となった。

それから三十年あまりがすぎたが、小説の舞台は寒い方が盛りあがるという思いに変化はない。すべては『最後の国境線』が発端だった。

essay

『読まずに死ねるか！』ageからの手紙

漫画家
広江礼威

自分の中に何かの方向性を決定づけてくれた作品、というとこれになるのかもしれません。粗削りで面映ゆい、けれど「冒険小説大好きなんだ。君も好

きだろう?」と語りかけて来るような、溢れんばかりの愛と熱気を帯びている、そんな小説です。執筆当時の景山より年上となってしまった僕ですが、数十年ぶりに読み直してもオライリーが口ずさむ『波濤を越えて』の口笛は胸に迫ります。いい女を守る騎士たちは、やっぱりカッコイイままなのです。

essay

日焼けしたフォーサイス

作家
藤井太洋

小学校の四年生のとき、奄美群島の中学校をあちらこちらと転勤していた父が故郷の港町に家を建てた。プレキャストの鉄筋コンクリートパネルを繋いで作る、当時にしては珍しい四角い家だった二階には灰色のスチール本棚が六本置かれ、父が若い頃に月賦で購入したのであろう臙脂《えんじ》色の世界文学全集と、わたしが生まれた年から定期購読をはじめた『美術手帖』がずらりと並んだ。

転勤についてきた小さな本棚は母のものとなり、日焼けした翻訳小説が並んだ。アガサ・クリスティーやエラリイ・クイーンの悲劇シリーズ、そして子供向けではないシャーロック・ホームズに出会ったのはその棚だ。

名作と名高いミステリーを読み終えたわたしが、中学生になったころに手に取ったのはスコープの十字線に写真をあしらった、赤い表紙も鮮やかな新刊の文庫本だった。フレデリック・フォーサイスの『ジャッカルの日』だ。本を開いたときの興奮は今でも覚えている。

フォーサイスの手による「日本語版へ寄せて」はいま読んでいるわたしへ語りかけてきた。英国の記者だったという作家は、行ったことのない日本が育んだ伝統を意識しつつも彼の書いたジャッカルという殺し屋が実在の人物ド・ゴール（という大統領）を狙う物語が日本の読者、つまりわたしに届くと確信していたのだ。――だが、盛り上がった熱はページをめくっていきなり消えた。

「結局、ド・ゴールは死なないの？」

ルベルという警視が、ジャッカルの暗殺を食い止める話だとはっきりと書いてあった。今風に言えばネタバレをしていたのだ。

それでも、と読んだはずだが、残念なことにその時の読後感は覚えていない。最後まで読んだのかどうかも定かではない。だが『ジャッカルの日』を手にとった日を境に、わたしは探偵の登場するミステリーから、冒険小説、それも冒険スパイ小説を好むようになっていった。

母の本棚に増えていったフォーサイスの『第四の核』『オデッサ・ファイル』『戦争の犬たち』を追い、『ジャッカルの日』も再読した。古本屋の存在を知ったわたしは、自分でもＳＦと一緒にスパイものを買うようになっていた。

特に気に入って何度か読み返したのが『第四の核』だ。名誉欲に駆られたソ連の書記長がイギリスの片田舎で原子爆弾を組み立てるＳＦじみた作戦に飛びついた。実行するのは国を裏切ったスパイと何年もかけてイギリスの社会に溶け込んでいる工作員たち。対するイギリス側ではサッチャーの三選をかけた選挙が行われようとしていた――世界を破滅させかねない陰謀を巡らすソ連とのほほんとした西側という図式を頭に叩き込まれたわたしは鹿児島の高校へ進学して地方出身者のための寮に入った。

六十名もの同級生、そして百二十名の上級生と同じ釜の飯を食う生活では遠慮のない言葉も交わされる。ある日、寮の新聞台によりかかった同級生が「東西ドイツはどうせ統一される。鉄のカーテンもなくなるよ」と言ったとき顔を真っ赤にして反論したのは、スパイ冒険小説の図式が頭に叩き込まれていたからなのだろう。

ときは一九八五年。ご存知のように、時代はその同級生の言う通りに動いた。

ゴルバチョフとレーガンは手を繋ぎ、ベルリンの壁は崩壊した。

スパイは──少なくともわたしに見える世界政治からは──消え、諜報員を主人公とした作品には手が伸びなくなってしまった。逆に好んで読むようになったのはトム・クランシーだ。彼の描く軍事シミュレーション小説は、マイクル・クライトンさながらの圧倒的な情報量で諜報員の不在を埋めてくれた。『レッド・ストーム作戦発動《ライジング》』で描かれたF‐15戦闘機による人工衛星の撃墜シーンは、自著『オービタル・クラウド』で再現させていただいた。

気がつくと、軍事衝突があたかもテレビゲームの画面のようにお茶の間に届き始める時代になり、9・11で、米国の対決する相手が国家ではなくなっていた。

諜報活動も安っぽくなっていった。

アラブの春ではツイッターとフェイスブックによる情報操作が行われた。伝聞などではない。わたしが個人的に開発し、公開していたペルシャ語を英語に自動翻訳できるツイッター関連サービスで群衆を誘導する一団が現れたのだ。テヘラン在住の米国人学生を謳うアカウントが、アメリカ本国の複数の地点──その一つは政府機関だった──から閲覧、投稿していた。諜報活動だったのか、それとも善意の活動だったのかは調べていないが、彼らの投稿がテヘランの若者を踊らせていたのは事実だ。

続けて行われたエドワード・スノーデンによるリークは、米国政府が全通信網を盗聴していることを明らかにしてしまった。みんなうすうすは感じていたことだろうが、実際に行われたリークは、夢も希望もセーフハウスも木っ端微塵に吹き飛ばした。

秘密裏な諜報活動が存在する余地などないのではないだろうか。

そんな状況で執筆に取りかかった『オービタル・クラウド』を、現代のエスピオナージとしても読めるようにしたいと思いついたとき頭に浮かんだのは、フレデリック・フォーサイスの『ジャッカルの日』だった。

物語の寿命がいまよりも長かった時代に、フォーサイスは実名で登場させた大統領の暗殺計画を描いていた。いまならオバマ大統領の暗殺に相当するだろう。誰もが知る人物の暗殺計画を過去の事件として描くのは難しい。まして舞台となったパリは、過去にそんな事件がなかったことを肌で感じられるほどの小さな街だ。

帰省したとき、三十年前と同じ本棚から『ジャッカルの日』を手にとった。カバーの背は日に焼けてピンク色になっていた。

どんな風にフォーサイスは困難な設定を処理したのだろう。

ヒントを求めてページを開いたわたしに、子供の頃に失望を味あわせてくれた序文が答えてくれた。

豊富な経験と技術を持つ冷徹な暗殺者ジャッカルの計画を、いち警察官のルベルが見抜き、持てる力全てを出し切って打ち破る。読者の知る時代と歴史を挟んで戦うふたりの姿は、長い伝統の育んだ文化の垣根を越えて、極東の発展途上国であった日本の読者にも届くはずだ。すくなくともフォーサイスはそう信じていた。

『ジャッカルの日』のような、優れた冒険スパイ小説は現代を生きる人間の物語なのだ。

essay

創作のきっかけ

作家
三好 徹

「風塵」には乱世、俗世間の意味があるのだが、インドネシアのスカルノ大統領が、陸軍のクーデターで退陣したのは、一九六五年の九月で、わたしが書き出したのは、十月からだった。インドネシアはもともとオランダの植民地だった。日本や中国から、海路で西洋に行くためには、マレー半島とスマトラ島との間にあるマラッカ海峡を通過せざるを得ない。だから、大英帝国が東洋進出の拠点として、マレー半島の先端にあるシンガポールに拠点を置いたのは、地政学的にも戦略的にも当然だった。

スカルノは一九二七年にインドネシア国民党を創立して独立運動を開始したが、すぐにオランダ側に逮捕されて投獄された。このとき二十七歳の若者だった。しかし、一九四一年に日米戦争がはじまり、日本軍が翌年二月にはシンガポールを攻略し、さらにジャワ島のジャカルタにも進駐してきたから、スカルノは釈放された。一九〇一年生れのスカルノはちょうど四十歳だった。

日本軍の総司令官は今村均中将で、陸軍のほかに海軍の陸戦隊も協力した。この陸戦隊の主力はひそかに訓練してきたパラシュート部隊だった。パラシュートを用いて敵陣の背後に降下し、前後から敵を攻める戦法で、ドイツ軍によって実戦に使われた。ただし兵員と共に降下させる武器弾薬食料に限界があるため、長い戦闘には耐えられないのが欠点だとされている。

オランダ軍の方は、日本軍のパラシュート部隊による攻撃を全く予測していなかった。スマトラ島のパレンバン、カリマンタンのバリクパパンに降下した日本軍に反撃できず、協力するはずのイギリス軍の司令官は飛行機でインドに逃亡した。オランダの本国政府はドイツ軍に降伏していたし、オランダ軍そのものが全く戦意に欠けていた。

釈放されたスカルノは、こうした状況を目にして、自分たちが独立国家を作るのは決して不可能ではないと悟った。といっても、どうすればいいのか不明である。ただ、釈放されてからは、独立をめざす仲間の数も増えてきたし、その中にはオランダ本国に留学した経験のある人物もいる。その一人がハッタで、経済を勉強してきたというのだ。スカルノはハッタと相談して、インドネシア独立の方策を考えた。

一九四五年八月に日本が降伏し、九月にはオランダ本国から新しい総督がやってきた。しかし、軍隊は同伴していなかった。スカルノは独立インドネシア政府を立ち上げて、彼が大統領に、ハッタが副大統領に就任した。オランダという国家そのものが、大戦前と違ってきていた。イギリス本国がビルマ（ミャンマー）やインドの独立を認めたこともその背景にあった。さらにハッタのアイデアで、インドネシアという国家を国際的に認めさせる一つの手段として、アジアとアフリカの新しい独立国を集めて国際会議を開くことにした。名称はアジア・アフリカ会議で、略称ＡＡ会議である。この呼びかけに二十九国が賛成し、ジャワ島のバンドンに代表が参加した。

スカルノは世界的な政治家という評価を獲得した。何といっても、インドネシアは石油の産出国である。大戦中に日本がパラシュート部隊を投入したのも、石油資源を獲得するためだった。アフリカにある新興国と違い、ちゃんとした経済上の取引が可能であるなら、どこの国でもインドネシアと友好的な取引をするはずである。ＡＡ会議の成功によって、スカルノは自信を深めた。さらに彼はナサコムを提唱した。民族、宗教、コミュニズムを一つの言葉にしたナサコム綱領である。

もっとも過敏に反応したのは、陸軍司令官のスハルト将軍だった。一九六五年九月三十日、スハルトは大統領官舎に部下を送ってスカルノを監禁し、自分を陸軍大臣に任命させるクーデターを実行した。なぜそういう非常手段を用いて政権を奪い取ったのか、いわゆる公式声明ではどうもよくわからない。スカルノがAA会議に参加した中国の周恩来総理と、いわゆる〝肝胆相照らす〟仲になったといわれているが、それはうわべのことで、どうも違うのではないか、と筆者は思っている。ナサコムの三本柱の中にコミュニズムが入っているが、スカルノのそれまでの生き方を見ると、共産主義を信奉する人物には思えないのである。

世界一の強国アメリカは、朝鮮戦争で中国と戦った。負けたわけではないが、勝てなかった。あるいは、ベトナムでも事実上は中国軍に負けて撤退した。

スカルノがナサコムにコミュニズムを入れた背景には、以上の事実があって、その事実を過大に評価したのではないか。スハルトのクーデターのあったとき、わたしは小さな外電に注目した。アメリカ政府が非公式に、スハルトによるクーデターについていろいろ情報が流れているが、クーデターにＣＩＡが関与したかのような報道は完全な誤りである、と表明した――というベタ記事に、わたしは注目した。なぜなら、イランの動乱、キューバにおける反カストロ派の侵攻など、その背後にはＣＩＡがいたという噂があった。だが、ＣＩＡは一言も弁解していない。いわゆる黙殺である。また、ＣＩＡは、どういう場合もつねに沈黙してきた。それなのに、インドネシアのクーデターには、一言も非難もされていないのに、おれたちは無関係だ、とどうしていうのか。

わたしの『風塵地帯』はこのときに発想を得た、といってよい。書き出す前に、訪れたことのないインドネシアの事情や作品に使う場所を調べたが、刊行後にジャカルタ駐在経験のある同級生の商社マンから「後任でやってきた男に、インドネシアの勉強はしなくてもいい、この本を読めばそれでわかる、といってきみの本を渡したよ」とほめられた。作者としては最上のほめ言葉であった。

■作家論

「冒険・スパイ小説を拓いてきた作家たち」

大沢在昌
マーク・グリーニー
グレアム・グリーン
佐々木譲
志水辰夫
月村了衛
レン・デイトン
クレイグ・トーマス
トレヴェニアン
マイケル・バー＝ゾウハー
デズモンド・バグリイ
ジャック・ヒギンズ
セシル・スコット・フォレスター
船戸与一
ディック・フランシス
イアン・フレミング
アリステア・マクリーン
ギャビン・ライアル
ロバート・ラドラム
ロバート・リテル
ジョン・ル・カレ

■大沢在昌　Arimasa Osawa

一九五六年、愛知県生まれ。一九七九年、第一回小説推理新人賞を「感傷の街角」で受賞し、デビュー。一九八六年、「深夜曲馬団」で日本冒険小説協会大賞最優秀短編賞を受賞。その後、長篇で同賞を四回受賞している。一九九四年、『無間人形　新宿鮫Ⅳ』で第一一〇回直木賞を受賞。

常に進化し、新しい物語を生む

文芸評論家
関口苑生

大沢在昌は、早熟な文学少年だったことで知られている。中学生のときにはすでに柴田錬三郎の〈眠狂四郎シリーズ〉を読破し、太宰治、芥川龍之介は言うにおよばず、クイーンやクリスティー、ランボー、萩原朔太郎、果てはフロイトの名まであげて、それらを全部読んでいると豪語していたというのだ。

そんな彼が、ある日出会ったのがウィリアム・P・マッギヴァーンだった。『最悪のとき』という小説を読んで、かつてない衝撃を受けたのだ。法は機能せず、警官も腐敗し権力者と繫《つな》がっている。主人公を守ってくれる者は誰もいない。そういう状況で孤軍奮闘し、たったひとりで悪と闘う姿に驚き、感動したのだ。そこには、これまで読んできた小説とはまったく違う世界が広がっていたのである。彼はたちまちその魅力に取りつかれ、ハードボイルドを片っ端から読み耽《ふけ》っていく。が、やがて運命的な瞬間を迎えることになる。

レイモンド・チャンドラーとの出会いである。チャンドラーはマッギヴァーンとはまた異なる魅力があった。リリカルな文体と、どこかセンチメンタルな物語は、自分の内にすっと溶け込んでいったのだった。魂が震えたのだという。ここから大沢在昌は、完全にハードボイルドの魅力の虜《とりこ》となり、将来はハードボイルド作家になりたいと思うほどにもなる。実際に、中学三年生でハードボイルドの短篇を同人誌に発表、さらには高校時代には早くも「佐久間公」という名を使い、高校生のトラブルシューターを主人公にした八十枚ほどの短篇を四作ほど書いている。これが後の『感傷の街角』を筆頭とする〈失踪人調査シリーズ〉の原型であった。まさに早熟な文学少年の面目躍如といったところだろう。

ハードボイルドは、不可解な密室殺人や堅固なアリバイ崩しなどのパズラーの定型を否定し、政治の上層部まで手を伸ばす暴力組織や、場合によっては無実の人間を罪に陥れかねない恐るべき警察内部の腐敗、あるいはまた上流家庭にひそむ底知れぬ頽廃ぶりなど、現実に起こりつつある犯罪とその背景を鋭い筆致で暴いていく物語であった。探偵が扱うのはいつだって個人の事件であったが、物語の展開とともに事件の背後には社会の強者や特権階級が絡んでいることが明らかになっていく。社会、とりわけ富裕な上流社会は骨の髄まで腐敗していたのだ。

ハードボイルドの作家たちが物語の中で明らかにするのは、個人のミステリというよりも社会のミステリであった。と同時に犯罪の蠢《うごめ》く卑しい街で、自己の倫理観を貫こうとする男の物語であった。こうした海外（主にアメリカ）作家の取り組みに、日本の作家も影響を受け、呼応する。文明が極度に発達していった結果腐敗が始まり、その腐敗部分を描くことによってハードボイルドが成立したことを思うと、日本の社会状況も次第に似たような形をとり始めているのだから、日本製のハードボイルドが成立する可能性はあると考えたのだ。そういう中で、河野典生、結城昌治、三好徹、生島治郎など気鋭の作家たちが続々と優秀な作品を発表していく。

大沢在昌がハードボイルドに目覚めたという昭和三十年代から四十年代にかけては、かくして海外、国内ともに最高級の作品が目白押しに並ぶ、奇跡のような時代となったのだった。時代も味方したということだろう。彼は幸運な出会いと、至福の時間を過ごし、自分の夢を実現すべく邁進《まいしん》していくのだった。

しかしながら、昭和四十年代に間違いなく黄金期を迎えていた国産ハードボイルドは、その後、五十年代に入って急速に落ち込んでいく。ハードボイルドと銘打っただけで、なぜか売れない状況に陥ったのである。大沢在昌はそんな時代の真っ只中でデビューする。そこから彼の苦闘の十年が始まるのだ。

ここでちょっと大沢在昌の仕事を振り返ってみようか。単行本デビューは昭和五五年の

『標的走路』で、それから『ダブル・トラップ』『ジャングルの儀式』『感傷の街角』『死角形の遺産』『標的はひとり』『野獣駆けろ』と続く。基本的にはいずれもハードボイルド作品であるのは間違いない。だが、実際にはその内容はというと〈佐久間公シリーズ〉の『感傷の街角』を除くと、国際謀略やスパイ小説的な側面を持ったアクション性の強い作品ばかりなのであった。〈佐久間公シリーズ〉にしても、次第に物語の背景が広がって『追跡者の血統』では国際謀略色が強いものとなって展開していく。そのことは高校生と探偵の父が主人公の〈アルバイト探偵《アイ》シリーズ〉も同様で、最初は街の片隅に生きている若者たちの生態を観察し、積極的に関与し続ける姿が描かれていたが、これもまた結局は国際的な陰謀が主となる物語へと変貌していき、舞台も日本だけではなくなり、やがて『アルバイト探偵／拷問遊園地』でいったん終了してしまう。

これらはいったい何を意味していたのか。

極めて単純かつ乱暴な言い方をすると、正統派ハードボイルドが書きにくい時代となっていたのである。時代は孤高の探偵がこつこつと集めた手掛かりをたぐって、やがて犯罪発生の悲劇を暴いて去っていく、一見、辛気《しんき》臭い物語を好まなくなっていたのだ。それよりももっと俗受けする演出、言ってみればケレンのある物語を欲していた。それに加えてもうひとつ、日本国民全体の政治や経済の機構に対する意識が、他の国家に比べてきわめて茫洋《ぼうよう》とした、特殊なものであるようにも思われた。政治や経済、社会の腐敗を腐敗とは認めていても、それ以上の葛藤と相剋《そうこく》がないのである。あるアメリカ人作家の小説には、大企業の不祥事、政治家の不正利得、官僚制による全体主義的支配などが詳細に描かれ、それでもなぜ大部分の日本人は無関心でいられるのか、なぜ声をあげないのか、選挙になったらなぜいつも同じ政党に投票するのか理解に苦しむ、外国だったらまず間違いなく革命が起きて不思議はないとまで書かれていたものだ。これが日本人の資質なのかと。

さらには現代の日本社会を舞台に物語を作ろうとするときには、対立する相手側の具体的な顔が見えてこないという憾《うら》みもあった。敵を想定すると人物の形をとるのではなく、制度であるとか機構の中に埋め込まれてしまうのである。ひとりの人物が何かを象徴するということはなく、そこにはただ情報が徹底した制度ばかりが優先する、高度に管理化された社会が存在するだけであったのだ。

これでは正統派ハードボイルドは書きにくい。というよりも、日本の土壌にはハードボイルドは向かないのではないか、日本人には体質的にハードボイルドは合わないのではないか。社会環境にしても民族的に見ても、このジャンルでの輝かしい成功は難しいのかもしれないとまで思ってしまう。しかしその一方で、昭和五十年代半ばあたりから冒険小説がハードボイルドを呑み込むような形で台頭し、読者の人気を獲得していったのである。

そうなると必然、版元側もハードボイルドに対して質的内容の変化を要求していくようになる。個人レベルの悪を描くことよりも、もっと国際的な陰謀や、たっぷりのアクションと活劇、あるいはまたユーモアや適度なお色気のある、エンターテインメント色を強めた物語にするといったようなことをだ。

大沢在昌のデビューから十年は、まさにこうした事態のさなかでの、悪戦苦闘の歴史であった。だがこの時期の、もがき苦しんだ歴史が彼に強靭《きょうじん》な精神力をもたらしたと言っていいかもしれない。

この間に彼は、さまざまなスタイルに挑戦し、主人公の設定もあれこれと工夫し、試行錯誤を繰り返して研鑽《けんさん》を積んでいったのだ。つまるところ初期の作品群は、時代の要請も含めて、彼なりにハードボイルドの可能性と未来を模索してきた結果であったのだろう。そうした努力が報われないわけがない。デビュー十年目の渾身の勝負作『氷の森』を発表したあと、今度は自分が思うさま楽しめる作品をと書き上げた『新宿鮫』が、爆発的人気を呼び大ヒットを記録したのだ。それ以後の活躍は大方の読者もご存知だろう。

現代の暗黒街・新宿で起こる犯罪と、これに対峙《たいじ》するはみ出し刑事の苦悶を描いた『新宿鮫』は、一九五〇年代のアメリカハードボイルドのテイストを持ちながら、見事に現代風にアレンジされた傑作であった。それは主人公の設定だけではなく、舞台となる「街」に対しての接し方にも窺《うかが》えた。ハードボイルドは、時代の典型的な街を描くことによってその時代に生きた人間たちと、彼らの息吹をも描こうとする物語だ。言ってみれば、ハードボイルドとは街と都会が醸《かも》しだす現代の矛盾や不条理さを描く文学でもある。

チェスタトンは「都会は、実を言えば、田舎よりもはるかに詩的なのである。自然は無意識の力の混沌とした集まりであるが、都会は意識的な力が作った混沌」だと書いたが、大沢在昌はこの混沌の状態をハードボイルドの枠、文脈を超え大胆に描写し始める。自分たちが混沌たる世界を相手に戦争をしている野営地の中に住んでいるのだということ、犯罪者という混沌の申し子は陣地の内部で騒ぎを起こす謀《む》反人《ほんにん》にほかならないことを、さまざまな形で描いていったのだ。そこに加えて大沢作品にはなくてはならない、自身の論をとうとうと展開する独特の〈語り〉もある。

世界規模の犯罪組織「魔都委員会」の東京・六本木侵略を阻止すべく、世界中に散っている対抗組織メンバーが集結する『六本木聖者伝説　魔都委員会篇』などはその典型例だろうし、近未来の東京を舞台にスラム化した犯罪都市を描く『B・D・T　掟の街』も混沌の極致と、そこで展開される暴力の現場を容赦なく見せてくれた。あるいはまたアメリカが極秘で開発した生物兵器をめぐって、渋谷で血みどろの死闘が始まるバイオ・スリラー『悪夢狩り』、プロの「逃がし屋」が密入国した某国要人を追跡する『闇先案内人』、一九九七年の香港返還を見据えて、ロシア、中国、日本、そしてアメリカへと繋ぐ麻薬ビジネスの激変ぶりを想定した『欧亜純白』なども現代の混沌を鮮烈に提示している。

これらの作品で大沢在昌は、人間は極限状況では簡単に理性を失うことを描いている。過酷な状況に置かれた人間がどんな行動をとるのか、一切の是非も感情も抜きに書いていくのだ。これはもはや従来のハードボイルドとは完全に一線を画した——少々大袈裟《おおげさ》に言わせてもらえば、冒険小説的風味も感じさせる新しい物語形態であると思う。苦難を乗り越え、新しい可能性を追求し、ついに到達した大沢在昌だけの世界である。

新宿警察署の刑事が主役となる〈狩人シリーズ〉は、その見事な結晶化だろう。これまでに『北の狩人』『砂の狩人』『黒の狩人』『雨の狩人』の四作が出ているが、最大の特徴はシリーズ・キャラクターである刑事が、必ずしも物語の主役となっているわけではないことにある。ことに最初の二作は脇役に徹しており、刑事の相棒となる人物たちが強烈なインパクトを読者に与える。そこで大沢在昌は、彼らに最高の死に場所と美学を用意するのであった。

こうした流れを見ていると、大沢在昌には停滞という言葉は無縁のものに思える。彼には常に進化しようとする、作家としての内的エネルギーが噴出し続けているのかもしれない。

■大沢在昌　著作リスト

『標的走路』1980　ジュリアン出版／佐久間公シリーズ
『ダブル・トラップ』1981　徳間文庫
『感傷の街角』1982　角川文庫／佐久間公シリーズ
『ジャングルの儀式』1982　角川文庫
『死角形の遺産』1982　徳間文庫
『標的はひとり』1983　角川文庫
『野獣駆けろ』1983　集英社文庫
『悪人海岸探偵局』1983　双葉文庫

『漂泊の街角』1985　角川文庫／佐久間公シリーズ
『夏からの長い旅』1985　ケイブンシャ文庫
『深夜曲馬団』1985　ケイブンシャ文庫
『東京騎士団』1985　光文社文庫
『追跡者の血統』1986　角川文庫／佐久間公シリーズ
『アルバイト探偵（『アルバイト・アイ　命で払え』に改題）』1986　講談社文庫／アルバイト探偵シリーズ
『アルバイト探偵2（『アルバイト・アイ　毒を解け』に改題）』1987　講談社文庫／アルバイト探偵シリーズ
『危険を嫌う男（『無病息災エージェント』に改題）』1987　集英社文庫／いやいやクリスシリーズ
『シャドウゲーム』1987　角川文庫
『女王陛下のアルバイト探偵（『アルバイト・アイ　王女を守れ』に改題）』1988　講談社文庫／アルバイト探偵シリーズ
『不思議の国のアルバイト探偵（『アルバイト・アイ　諜報街に挑め』に改題）』1989　講談社文庫／アルバイト探偵シリーズ
『眠りの家』1989　角川文庫
『暗黒旅人』1989　講談社文庫
『氷の森』1989　講談社文庫
『六本木を一ダース』1989　角川文庫
『新宿鮫』1990　光文社文庫／新宿鮫シリーズ
『絶対安全エージェント』1990　集英社文庫／いやいやクリスシリーズ
『六本木聖者伝説　魔都委員会篇』1990　双葉文庫／六本木聖者伝説シリーズ
『銀座探偵局』1990　光文社文庫

『相続人TOMOKO』1990　講談社文庫
『死ぬより簡単』1990　講談社文庫
『アルバイト探偵　拷問遊園地』1991　講談社文庫／アルバイト探偵シリーズ
『毒猿　新宿鮫2』1991　光文社文庫／新宿鮫シリーズ
『一年分、冷えている』1991　角川文庫
『六本木聖者伝説　不死王篇』1992　双葉文庫／六本木聖者伝説シリーズ
『烙印の森』1992　角川文庫
『ウォームハート・コールドボディ』1992　角川文庫
『屍蘭　新宿鮫3』1993　光文社文庫／新宿鮫シリーズ
『無間人形　新宿鮫4』1993　光文社文庫／新宿鮫シリーズ
『B・D・T　掟の街』1993　角川文庫
『黄龍の耳』1993　集英社文庫
『走らなあかん、夜明けまで』1993　講談社文庫／不運の坂田シリーズ
『悪夢狩り』1994　徳間文庫
『流れ星の冬』1994　双葉文庫
『炎蛹　新宿鮫5』1995　光文社文庫／新宿鮫シリーズ
『天使の牙』1995　角川文庫／天使の牙シリーズ
『雪蛍』1996　講談社文庫／新・佐久間公シリーズ
『北の狩人』1996　幻冬舎文庫／狩人シリーズ
『眠たい奴ら』1996　角川文庫
『氷舞　新宿鮫6』1997　光文社文庫／新宿鮫シリーズ

『涙はふくな、凍るまで』1997　講談社文庫／不運の坂田シリーズ
『冬の保安官』1997　角川文庫
『らんぼう』1998　角川文庫
『撃つ薔薇　ＡＤ２０２３涼子』1999　光文社文庫
『夢の島』1999　講談社文庫
『バスカビル家の犬』1999　講談社文庫／原作：アーサー・コナン・ドイル、翻案：大沢在昌
『心では重すぎる』2000　文春文庫／新・佐久間公シリーズ
『風化水脈　新宿鮫８』2000　光文社文庫／新宿鮫シリーズ
『灰夜　新宿鮫７』2001　光文社文庫／新宿鮫シリーズ
『闇先案内人』2001　文春文庫
『未来形Ｊ』2001　角川文庫
『砂の狩人』2002　幻冬舎文庫／狩人シリーズ
『ザ・ジョーカー』2002　講談社文庫／ザ・ジョーカーシリーズ
『天使の爪』2003　角川文庫／天使の牙シリーズ
『秋に墓標を』2003　角川文庫
『帰ってきたアルバイト探偵』2004　講談社文庫／アルバイト探偵シリーズ
『パンドラ・アイランド』2004　集英社文庫
『亡命者　ザ・ジョーカー』2005　講談社文庫／ザ・ジョーカーシリーズ
『ニッポン泥棒』2005　文春文庫
『狼花　新宿鮫９』2006　光文社文庫／新宿鮫シリーズ
『魔女の笑窪』2006　文春文庫／魔女シリーズ

『Kの日々』2006　双葉文庫
『影絵の騎士』2007　集英社文庫
『魔物』2007　角川文庫
『黒の狩人』2008　幻冬舎文庫／狩人シリーズ
『魔女の盟約』2008　文春文庫／魔女シリーズ
『鏡の顔』2009　朝日文庫
『罪深き海辺』2009　講談社文庫
『欧亜純白　ユーラシアホワイト』2009　集英社文庫
『生贄のマチ　特殊捜査班カルテット』（『カルテット1、2』合本改題）2010　角川文庫
『解放者　特殊捜査班カルテット2』（『カルテット3、4』合本改題）2010　角川文庫
『ブラックチェンバー』2010　角川文庫
『やぶへび』2010　講談社文庫
『絆回廊　新宿鮫10』2011　光文社文庫／新宿鮫シリーズ
『鮫島の貌』2012　光文社文庫／新宿鮫シリーズ
『語りつづけろ、届くまで』2012　講談社ノベルス／不運の坂田シリーズ
『獣眼』2012　徳間文庫
『冬芽の人』2013　新潮文庫
『海と月の迷路』2013　講談社ノベルス
『雨の狩人』2014　幻冬舎／狩人シリーズ
『ライアー』2014　新潮社
『極悪専用』2015　文藝春秋
『十字架の王女　特殊捜査班カルテット3』2015　角川文庫

■マーク・グリーニー　Mark Greaney
二〇〇九年、『暗殺者グレイマン』でデビュー。その後、『暗殺者の正義』『暗殺者の鎮魂』『暗殺者の復讐』とシリーズを書き継いでいる。いずれも好評を博しており、冒険小説の新たな担い手として期待されている。他の著作に『ライアンの代価』（共著）などがある。

なぜグリーニーは素晴らしいのか

評論家　北上次郎

マーク・グリーニー『暗殺者グレイマン』を読んだときは驚いた。凄腕の暗殺者を主人公にした冒険アクション、と裏表紙に書いてあったので、ふーん、新味のない話だろうと最初は思った。そういう二流アクション小説をこれまで私たちはイヤになるほど読んできた。血《ち》湧《わ》き肉躍る冒険小説がたくさんあった一九八〇年代ならともかく、そういう作品がまったくなくなった二〇一〇年代に（この『暗殺者グレイマン』は二〇〇九年の発表だが、翻訳は二〇一二年九月刊）斬新《ざんしん》なアクション小説など読めるわけがないと思っていたので、「凄腕の暗殺者を主人公にした冒険アクション」と聞かされても食指は動かない。どうせまた、二流アクションだろという諦めのムードがあったことは否定できない。

ところがいまさら書くまでもないが、『暗殺者グレイマン』から始まったグリーニー旋風は凄まじかった。このあと、『暗殺者の正義』『暗殺者の鎮魂』『暗殺者の復讐』と、グリーニー作品は翻訳されていくが、一九八〇年代に冒険小説に熱中していた読者はみな、グリーニー作品を熱く語りだすことになるのだ。信じられないことに、あの熱狂の時代が蘇ったのである。興奮のあまり私は、冒険小説の神が降臨したと書いてしまったほどだ。

問題は、それではなぜグリーニー作品は私たちをそれほどまでに引きつけるのか、ということである。そこで、その第一作『暗殺者グレイマン』をテキストにして考えてみたい。具体的にいく。ストーリーをすべて分解するので、未読の方は注意されたい。

この長篇のアクション・シーンは九箇所だ。それを列記する。最初にお断りしておくと、アクション・シーンは流れるように物語に溶け込んでいるので、そこだけを抜き出すことは難しいのだが、中心となっているシーンを列記すると受け取っていただきたい。

①ヘリコプターが落ちるのを目撃したジェントリー（グレイマン）がイラク西部のその現場に駆けつけ、生存者を救出するために離れた場所から射撃するシーン
②脱出するための飛行機に乗ったら、裏切りにあって始まる飛行機内の死闘
③プラハの街中でアルバニア・チームに襲われ、銃とナイフで六人の敵を倒すシーン
④身分証の偽造を依頼したら裏切られ、穴に落ちたジェントリーのブダペストの死闘

⑤武器隠匿所である山小屋に行ったらそこを敵が襲ってきて始まる雪上の戦い
⑥列車に乗っているところを現地の警察に連行され、そこをベネズエラ・チームに襲われる駅のシーン
⑦CIA時代の教官を訪ねたところを襲われ、ガス爆発で脱出するシーン
⑧パリの街中で韓国NIS（国家情報院）のキムと一対一で戦うシーン
⑨敵チーム同士の戦いも始まって複雑な様相を呈するラストの死闘

本書のアクション・シーンを大きくわければ、この九つのシーンにわけられるだろう。注意深い読者なら、この九つのシーンがすべて違っていることにお気づきだろう。同じパターンは一つとしてない。

たとえば、①は遠く離れたところからの射撃に始まって負傷者を連れての逃走に繋がっていく。追ってくる敵から一人で逃げるならジェントリーも凄腕のプロだから心配ないが、負傷者を連れていくというハンデがある。つまり不自由な戦いだ。

②は、味方のはずが敵に変わるというパターンから始まって、飛行機が急降下するので無重力状態になり、そこで戦うというシーン。ジェントリーが倒した男の死体が宙を舞うので戦いにくいというのは面白い。ジャッキー・チェンの映画で、ジャッキーと敵の間にいつも何かが倒れてきてアクションが複雑になるパターンを想起する。それを挿入物のドラマという。しかもこのシーンはこれだけでは終わらない。飛行機からの脱出劇がすごい。倒した敵

が斜めになった飛行機内をすべり落ちてきたときに摑まって機外に脱出し、死体がつけていたパラシュートを開いて降下。まるでインディ・ジョーンズの映画みたいだ。

プラハの地下鉄に向かう通路で襲われる③はナイフの戦いであり、ブダペストでは穴から脱出するアイディアがミソ。異色は⑤で、スノーモービルで雪上を走るジェントリーは逃げ出すことを優先してリビア・チームを倒さないから死者はゼロ。⑦も異色で、南アフリカ・チーム六人をすべて殲滅《せんめつ》するガス爆発を起こすのはジェントリーではなく、死期の迫った元教官であること。彼はジェントリーを逃がすために自分の死と引き換えにガス爆発を起こすのである。つまりここの主役はジェントリーではない。活劇の主役がジェントリーではないのはこのシーンのみ。

順序を戻して⑥。ここはベネズエラ・チームに襲われる駅のシーンだが、ここではジェントリーが手錠をかけられたまま戦うことに留意。自由に身動きできないまま彼は戦わなければならないのだ。

⑧は、夜の街を歩いていたら隠れていた韓国NISのキムのナイフが突然腹に突き刺さる——という唐突さが際立つシーン。それまでの戦いはすべて身近に迫る敵の接近をジェントリーが寸前に気づくことできわどく回避するのだが、このときは刺されるまで気がつかないのがミソ。

というように、ここまでのアクション・シーンのパターンを、場所、武器、状況などすべて変えていることに注意したい。一つとして同じ戦いはないのだ。

そのために作者が周到な舞台を作り上げていることにも留意。たとえば、どうしてこれほど多くの戦いがありうるのかというと、各国（発展途上国十数カ国）の公安機関の親玉と良好な関係にある国際的な大企業が成功報酬二千万ドルという条件で、特殊部隊員の派遣を依頼したからだ、という設定にするのである。

　要請を承諾して特殊部隊を派遣したのは十二カ国。韓国ＮＩＳを除けばすべて六人チーム。韓国の国家情報院がキム一人しか派遣しなかったのは、この男が凄腕のプロだからで、現実にこのキムにナイフで刺されてジェントリーはセーヌ川に落ちていくから、戦いは人数ではないのかも。

　それはともかく、だから次々にジェントリーに襲ってくる。しかも戦う相手は五十人強でも、それ以外に「街頭似顔絵描き」を百人近く呼び集めている。この「街頭似顔絵描き」とは、ようするにジェントリーの顔写真を持って街頭で見張る人間だ。彼らがジェントリーを発見すると、連絡がヨーロッパ中を駆け回るという仕組みである。

　さらにジェントリーはＣＩＡから「目撃しだい射殺《シュート・オン・サイト》」という指令が出ている人間だから、ＣＩＡの監視網にも引っ掛からないようにしなければならない。時にはマフィアのドンにまで狙われていたりするから大変だ。

　このように、ジェントリーを襲う相手を山ほど用意するのは、敵との戦い、そのアクション・シーンを幾つも積み重ねるためであることは言うまでもない。敵が少なければ、アクション・シーンも少なくなる。ジェントリーが敵の多い人間として描かれているのは、プロット上のその都合のために他ならない。

もう一つ重要なことは、ジェントリーが身近な人間を助けるためには死地に赴くことも辞さない——という弱点をこの第一作から明らかにしていること。彼の敵であるロイドはジェントリーを分析して次のように言う。

「殺し屋だが、自分のことを悪を正す人間だと思っている。これこそが彼の欠点だ。これで身を滅ぼすことになる」

このロイドから電話がくると、フィッツロイの孫には手を出すなと感情的になってしまうから、ジェントリーは自分の弱点を隠そうともしないのが珍しい。この『暗殺者グレイマン』で、ジェントリーの調教師《ハンドラー》フィッツロイの家族が誘拐され、それが罠と知りつつも彼らを救出しに行くとの展開が成立するのもそのためだ。ちなみに調教師とは「彼の契約をふるいにかけ、兵站《へいたん》上の必要物資を供給し、情報支援をあたえ、依頼人から代金を徴収し、彼の銀行口座に報酬を送金する」者のことである。

主人公の弱点は普通、シリーズが進んでから明らかになるもので、座頭市も眠狂四郎も、第一作では欠点のないヒーローだった。シリーズが進むにつれて、ヒーローの弱点をつく敵を登場させて物語に興趣をもりこむのが通例といっていい。ところがこのシリーズでは最初から弱点を明らかにしてそこを狙う敵を登場させるから大胆だ。

アクション・シーンの素晴らしさを強調しすぎた。それらのアクション・シーンの間を埋める背景説明や、ジェントリーの過去や、人間関係などの描写もいいことを書いておく必要がある。たとえば、満身創痍《まんしんそうい》で動物病院に駆け込み、看護婦に治療を頼むと「犬しか診《み》ていないのよ！」と断られるくだりがある。そのときジェントリーは「おれに毛皮をかぶせたところを想像してくれ」と言ったりする。こういうユーモラスな場面があることも触れておきたい。

そしてラストの壮絶なアクションだ。この最後のシーンの特色をまだ書いていなかった。ここまでの八つのシーンとここが異なるのは、ジェントリーがほとんど死んでいることだ。フィッツロイの家族が監禁されている館《やかた》に向かう途中、気を失って車が道路を飛び出してしまうほど、もう尋常でない状態であるのに、この男はプロたちが待ち受ける死地に向かっていくのである。その直前に孫から電話がくるという小業もうまいが、信じられないラストにかくて私たちは呆然《ぼうぜん》とするのである。

■マーク・グリーニー　著作リスト

『暗殺者グレイマン』The Gray Man, 2009　伏見威蕃訳／ハヤカワ文庫NV
『暗殺者の正義』On Target, 2010　伏見威蕃訳／ハヤカワ文庫NV
『暗殺者の鎮魂』Ballistic, 2011　伏見威蕃訳／ハヤカワ文庫NV
『ライアンの代価』Locked on, 2011　田村源二訳／新潮文庫／トム・クランシーと共著

『米中開戦』Threat Vector, 2012　田村源二訳／新潮文庫／トム・クランシーと共著
『米露開戦』Command Authority, 2013　田村源二訳／新潮文庫／トム・クランシーと共著
『暗殺者の復讐』Dead Eye, 2013　伏見威蕃訳／ハヤカワ文庫ＮＶ

■グレアム・グリーン　Graham Greene
一九〇四年、イギリス生まれ。オックスフォード大学卒業後、《ザ・タイムズ》に勤務。第二次大戦中は情報活動に従事。『ブライトン・ロック』『権力と栄光』などで、二〇世紀文学の巨匠として世界的な名声を得た。『恐怖省』『ヒューマン・ファクター』などスパイ小説の傑作も多い。一九九一年に死去。

物語を読む愉悦

文芸評論家
池上冬樹

■「ぼくがグリーンを見直したのは『喜劇役者』からで、『名誉領事』でますます感心し、『ヒューマン・ファクター』で完全に頭をさげた。（私が間違っておりました、弟子にしてください）という感じだった。」[註1]（小林信彦）

何年ぶりだろう。『ヒューマン・ファクター』の翻訳が出たのは一九七九年だから、およそ二十七年ぶりとなるだろうか。実に久々の再読となったけれど、いやはや素晴らしい。あらためて昂奮し、感激し、溜め息をついている。これほどの傑作はそうそうあるものではない。二十七年の間に多くの小説を読んできたが、ここまで深く読者をひきこみ、酔わせ、考えさせ、なおかつ読むのが心地よくて、物語の愉悦を教えてくれる作品はきわめて珍しいだろう。あの小林信彦が、多少の冗談まじりとはいえ、〝完全に頭をさげた〟〝弟子にしてください〟というのは尋常ではない。それほどの傑作ということである。

具体的にいうなら、小林自身が右のエッセイで述べていることだが、グレアム・グリーンの作品を分析すると、「骨組みは映画のシナリオといってもよいのだが、肉づけした部分に、〈映画化不可能なイメージ〉が多くあり、その部分は〈純文学〉なのである。——つまり、グリーンは、文学作品に映画的手法を効果的にとり入れた最初の作家で、したがって、わりに容易に映画化される。しかし、そのことによって、原作は少しも傷つかない」というのだ。グリーンは、「ストーリー・テリングを重視した数すくない二十世紀文学者のひとりである。なぜなら、〈読者はヌーボー・ロマンより物語のほうが好きだ〉と彼が考えていたからだ」と。小林信彦の名著『小説世界のロビンソン』（新潮文庫）から引用するなら、「この小説は〈ミステリにして純文学〉という奇蹟をやってのけた希有な例」ということになるだろう。たしかに高い文学性だけでなく優れた技巧をもつ大家が、円熟の技術の粋を尽くして書いた、あらゆる面において、つまり文章、人物描写、会話、プロット、ストーリーテリング、テーマ把握、小道具の使い方等々、見事な小説術を誇る作品といえるのではないかと思う。

■「スパイを主人公にしているからスパイ小説にちがいないだろうが、そのようなレッテルは無用の傑作である」[註2]（結城昌治）

では、どのような物語なのか。具体的に作品を紹介していこう。（※ここで注意をひとつ。以下で、主人公の裏の顔を明らかにします。単行本の解説ほかで明らかにしているし、別にそれを知って読んでも興趣をそがないと思いますし、事実僕などはそれを知って読んだほうが、『ヒューマン・ファクター』のスリリングさが増すような気がしますが、ストーリーの驚きを少しでも感じとりたいと思うならば、以下は『ヒューマン・ファクター』を読まれたあとに）。

物語の主人公は、イギリス情報部に勤務する、六十二歳のモーリス・カッスルである。諜報機関に勤務しているといっても、ファイルを作り整理する程度である。毎日同じ時刻に、同じことをきちんとやることをモットーとし、事実カッスルは目立たないし、差し出がましいことも一切しなかった。

だが、そんなカッスルには裏の顔があった。本当は二重スパイで、何年も前から国家機密を東側に流していた。おりしも情報漏洩が取り沙汰され、同じ課にいる者たちが疑われ、秘密の調査が開始されていた。カッスルの周辺にも調査の手がおよび、やがて同僚が謎の死を迎える――。

一九七〇年代に入ってもスパイ小説のブームは終わらず、むしろジョン・ル・カレの傑作

『ティンカー、テイラー、ソルジャー、スパイ』『スクールボーイ閣下』などが書かれ、文学性とエンターテインメント性の高い融合がはかられた。グリーンもまた戦前に『密使』、戦後に『第三の男』『ハバナの男』などスパイ小説に分類できる作品を書いていたが、やはりひとつの頂点といえるのは、七八年に発表された『ヒューマン・ファクター』だろう。実際、日本でもスパイ小説の傑作としてミステリファンの間で騒がれたが、結城昌治がいみじくもいうように、そんなスパイ小説のレッテルは無用だろう。なぜならタイトルにあるように恐怖、不安、愛、憎悪、信仰、忠誠といった人間的な要素を追求する物語だからである。

そもそも〝スパイ小説〟というジャンルが読者に喚起させる欲望、つまり冷酷な罠、非情な裏切りと殺人、派手なアクション、手に汗握るサスペンス、東西の陣営のスリリングな攻防といったものがほとんどない。まったくないとはいわないが、それがメインではない。『ヒューマン・ファクター』の至るところで、暴力に富むジェイムズ・ボンドものが批判されているように、もともと暴力などは、「英国諜報機関の呼び物ではないのである」[註3]。グリーンは第二次世界大戦中に数年間、諜報機関の中で過ごしたが（最初は西アフリカ、あとはロンドン）、「興奮するようなことにも、メロドラマにも、ほとんど出会わなかった」[同註3]という。戦時中ですらなかったのに冷戦時代はますますおとなしいだろう。

だから、グリーンは、お定まりの暴力を極力排除したスパイ小説を書くことを決意し、日常性のなかで諜報機関に勤める人々を描いていく。スパイとはいえ、毎日普通に勤めに出て、定年になれば年金を貰うただの人々なのである。そこで重視されるのは個々の私的生活であり、とりわけカッスルの私生活が詳細に語られることになる。

カッスルには、前任地の南アフリカで知り合った黒人の女性の妻と息子がいる。妻セイラは南アフリカのアパルトヘイト政策の犠牲者になるところを弁護士のカースンに助けられた。カースンは共産主義者だった。カッスルが祖国を裏切るのは、妻への愛とカースンへの恩義のためである。そこが思想や経済的理由などの裏切りが多い、従来のスパイ小説での二重スパイと根本的に異なる点である。

ところで、この二重スパイのテーマを考えるとき、スパイ小説ファンは（とりわけグリーンのファンは）、実在した二重スパイを思い出すだろう。英国のみならず世界中を騒がせたスパイ、キム・フィルビーである。

■「〈彼（フィルビー）は祖国を裏切った〉――そう、それはその通りだろう。しかし、われわれのうちで、祖国よりも大切な何かや誰かに対して裏切りの罪を犯さなかったものがいるだろうか」（グレアム・グリーン）[註4]

一九六三年、イギリス情報部の大物ハロルド・エイドリアン・ラッセル・フィルビー（キムは愛称）がソビエト連邦に亡命した。一九三六年以来、ソ連側の二重スパイとなり、在職中二十年にわたって極秘情報を流していたことがわかり、それが発覚するやベイルートからソ連へ亡命したのである。このフィルビー事件は数々の小説や映画や芝居の題材になった

（いちばん有名なのは前述したル・カレの『ティンカー、テイラー、ソルジャー、スパイ』）。それほど国を揺るがす大きな事件だったが、このフィルビーとグリーンには付き合いがあった。前述したように、グリーンは第二次世界大戦中に情報部で働いていたが、そのときの上司がキム・フィルビーで、仕事だけでなく友達づきあいもしていた。『ヒューマン・ファクター』はすでに六〇年代に途中まで書かれていたが、キム・フィルビーをモデルにしているといわれたくないために、途中で投げ出していた。それを七〇年代に入ってから完成させたのである。

右に引用した文章は、キム・フィルビーの自伝をグリーンが書評したときの一節で、裏切りというものを単純に捉えていないことがわかる。事実、『ヒューマン・ファクター』でも、裏切りが重要なテーマのひとつで、人物たちは裏切りについて云々する。たとえば、この小説の終盤で、カッスルの母親とセイラが議論する場面がある。母親は息子の行動を〝祖国を裏切った〟行為として捉えるのに、セイラは「モーリスは一度、わたしが彼の祖国だと言ったことがあります——サムも含めて」と反論する（四七八頁）。この終盤の対話の〝祖国〟は、中盤でカッスルと息子のサムが語る、スティーヴンソンの詩における国境を越える〝赦されぬ罪〟と密接に関係するだろう（三一四頁）。国境とは何か、罪とは何か、そもそも国を裏切るとは何なのかと読者に問いかけていく。

そして、そこでさりげなく引用されるのは、いつものごとく聖書であり、セイラは「あなたが〝わが民《マイ・ピープル》〟なの」と呟《つぶや》く（三三九頁）。グリーンはそれ以上は語らせず、ほのめかす程度にして、〝怖れ〟を口にするのだが、この〝怖れ〟を前にすると読者は、カッスルが前半で「怖れと愛は不可分である」といったことを思い出すのである（一七〇頁）。怖れと憎しみにも言及し、国と国の対立と戦い、および憎悪まで想起させる。

　このように小説では至る所で、物語の細部が連繫し、補強し、響きあい、テーマを変奏しつづけていくのである。あからさまに聖書の一節を引用したりせずに（宗教に淫することなく）、むしろ過去の文学の古典をさまざまな形で引用して、主人公が置かれた情況と心理状態を代弁させて、人間的特性の諸相を切り出して見せるのである。そのテーマの連繫と敷衍《ふえん》が実に巧い。

　しかし巧いというなら、さりげない小道具の使い方にも目を向けるべきだろう。冒頭のモルティーザーというチョコレートが、場面とキャラクターが変わるごとに、その人物の匂い、つまり趣味と生い立ちを覗かせる。さまざまな形で登場して語られる。文学作品と同じくらいに登場するウィスキーの種類と量も、作者は場面と人物ごとに変えて性格と気分をあらわす。

　そもそもキャラクター描写が素晴らしい。人物たちは役割ではなく、頁を追うごとに奥深い表情をかいま見せるようになり、それぞれの心のうちをさらすようになる。しかもユーモラスに、シニカルに、ときに苦いユーモアにくるんで。とにかく唸るほど巧い。

■「小説を書く途中、私はあるトーンを耳につけるため、屡々、モウリヤックかＧ・グリーンの小説を読む。／今度もまたグリーンのそれを広げ、そのうまさ、その情感にみちた文体に圧倒される。私のそれは何と乾燥しているだろう」[註5]（遠藤周作）

その巧さに何度も言及するのが、遠藤周作である。日本の作家でもっともグリーンを愛し、読みこんだ作家は遠藤周作だろう。『沈黙』と並ぶ最高傑作の『深い河』、この愛と人生の意味をもとめてインドへと向かう人々の魂の触れ合いを感動的に描いた作品は、戦後の日本文学の名作の一つであり、海外に翻訳されて大いなる反響をよんだけれど、その創作過程で、遠藤周作は何度もグリーンを読み返している。『権力と栄光』『情事の終り』『燃えつきた人間』を再読し、ときにグリーンの小説作法を引用して、小説の方法を模索しているのだが、そこには当然のことながら『ヒューマン・ファクター』も出てくる。単なる再読ではなくて、いかに『ヒューマン・ファクター』に刺激を受けて、『深い河』の主人公の神学生大津の宗教観の一部が形作られたかを述べているのである。

本書の中盤で、カッスル（旧訳では〝カースル〟）がアフリカで知り合った共産主義者のカースン（旧訳では〝カーソン〟）を回想する場面がある。「おれはしばらくの間、彼の神を信じる気持になった。ただし半分ほどだ。カーソンの神を半ば信じたようにだ。どうやら俺という人間は何事につけ、半分しか信じられないように生まれついたらしい」（宇野利泰訳。新訳の『ヒューマン・ファクター』では一九二頁）という台詞が出てくるが、この台詞から触発されて、遠藤は、「カースルの言葉は私の小説のなかで積極的な主題になる」と書いて、次のように『深い河』で肉付けする――「おれは基督教の神もヒンズーの神も半分信じる気持になった。大事なのは宗教の形ではなく、イエスの愛を他の人間のなかで発見した時だ。イエスはヒンズーのなかにも仏教信者のなかにも無神論のなかにもいる」。

この汎神論的な見方は、キリスト教的には異端であり、『深い河』のなかでヨーロッパを放浪する大津が迫害される根拠なのだが、しかしこの汎神論的な見方こそ、遠藤の独特のそれであり、だからこそ神道と仏教が混在する日本人には受け入れやすい。

では、グリーンの宗教観はどのようなものなのか。

■「一九五〇年代のこと、グリーンの友人の一人が、君はなぜカトリックになったのかと訊いたが、それに対して小説家は「僕の悪を計る基準として……宗教をみつけなければならなかったんだ」と答えた」[註6]（マイクル・シェルデン）

〝悪を計る基準〟としての宗教というのは意外に映るかもしれない。しかし宗教をもつがゆえに、神の愛と存在に触れたいがために、悪に手をそめる信者は数多い。シェルデンは右の伝記で、「悪に対する高揚した意識を宗教が作り出すことができることに感じる魅力を、グリーンはけっして秘密にしなかった」といい、「神や愛ではなく、堕地獄や憎悪こそが、彼の関心を掻き立て、宗教的な熱意に対して彼が抱く感覚を明確にするものであった」ともいっている。『事件の核心』のエピグラフ（「罪人はキリスト教の核心にいる」シャルル・ペギー）にあるように、さらには遠藤周作の『深い河』の一節（「神は人間の善き行為だけではなく、我々の罪さえ救いのために活かされます[註7]」）にあるように、宗教は徳を必要としているが、同時に罪をも必要としているといえるかもしれない。カトリックの作家たちはよりキリスト教の核心にふれるべく悪をテーマにした罪深い物語を作る。それは遠藤周作もグリーンも例外ではない。

いやいや、宗教などというと、無宗教の多い日本人には面倒くさく敬遠されるかもしれない。もっと別の端的な表現を使おう。『深い河』の創作過程で遠藤周作が目指した小説の形容を使うなら、〝人間の哀しさが滲むような小説〟のことである。遠藤周作は「人間の哀しさが滲む小説を書きたい。それでなければ祈りは出てこない[註8]」と書いているのだが、これなどはグリーンの『ヒューマン・ファクター』にもあてはまるだろう。別に〝祈り〟といっても、何かの神に祈ることではない。本当にうちひしがれ、絶望しているとき、人は苦しみを背負って何かに祈りたくなる。その祈りのことである。

遠藤周作は『深い河』で切々と哀しみを訴えて祈りを生み出しているが、グレアム・グリーンは『ヒューマン・ファクター』で、十二分に抑制をきかせながらも悲劇的な情況をゆくりなく表して、深い余韻のなかに祈りを浮かび上がらせている。やるせなく辛い、哀しい憂愁をたたえた、いつまでも心に残る小説である。

註1　早川書房編集部編『冒険・スパイ小説ハンドブック』（一九九二年、ハヤカワ文庫）所収「〈孤立したグリーン〉のために」
註2　週刊文春編『傑作ミステリーベスト10　20世紀総集完全保存版』（二〇〇一年、文春文庫PLUS）所収の『ヒューマン・ファクター』へのコメント
註3　グレアム・グリーン『逃走の方法』（一九八五年、早川書房）
註4　グレアム・グリーン『ヒューマン・ファクター』（一九七九年、早川書房）所収、宮脇孝雄氏の解説より
註5　遠藤周作『「深い河」創作日記』（一九九七年、講談社。二〇〇〇年、講談社文庫）所収、一九九二年二月四日の記述より
註6　マイクル・シェルデン『グレアム・グリーン伝――内なる人間』（一九九八年、早川書房）
註7　遠藤周作『深い河』（一九九三年、講談社。九六年、講談社文庫）文庫版一九一頁
註8　『「深い河」創作日記』の講談社文庫版・一九九二年一月六日の記述より

■グレアム・グリーン　著作リスト
（短篇集、評論、エッセイ、詩集、自伝、伝記、紀行文、戯曲、シナリオはのぞく）
『英国が私をつくった』England Made Me (The Shipwrecked), 1935　野崎孝訳／早川書房

『拳銃売ります』A Gun for Sale (This Gun for Hire), 1936　加島祥造訳／早川書房

『内なる私』The Man Within, 1929　瀬尾裕、橋口稔訳／早川書房

『スタンブール特急』Stamboul Train (Orient Express), 1932　北村太郎訳／早川書房

『ここは戦場だ』It's a Battlefield, 1934　丸谷才一訳／早川書房

『ブライトン・ロック』Brighton Rock, 1938　丸谷才一訳／ハヤカワ epi 文庫

『密使』The Confidential Agent, 1939　青木雄造訳／早川書房

『権力と栄光』The Power and the Glory (The Labyrinthine Ways), 1940　斎藤数衛訳／ハヤカワ epi 文庫

『恐怖省』The Ministry of Fear, 1943　野崎孝訳／早川書房

『事件の核心』The Heart of the Matter, 1948　小田島雄志訳／ハヤカワ epi 文庫

『情事の終り』The End of the Affair, 1951　永川玲二訳／早川書房

『おとなしいアメリカ人』The Quiet American, 1955　田中西二郎訳／ハヤカワ epi 文庫

『ハバナの男』Our Man in Havana, 1958　田中西二郎訳／早川書房

『燃えつきた人間』A Burnt-Out Case, 1960　田中西二郎訳／早川書房

『喜劇役者』The Comedians, 1966　田中西二郎訳／早川書房

『第三の男』The Third Man, 1950　小津次郎訳／ハヤカワ epi 文庫

『負けた者がみな貰う』Loser Takes All, 1955　丸谷才一訳／ハヤカワ epi 文庫

『叔母との旅』Travels with My Aunt, 1969　小倉多加志訳／早川書房

『名誉領事』The Honorary Consul, 1973　小田島雄志訳／早川書房

『ヒューマン・ファクター〔新訳版〕』The Human Factor, 1978　加賀山卓朗訳／ハヤカワ epi 文庫

『ジュネーヴのドクター・フィッシャー　あるいは爆弾パーティ』Doctor Fisher of Geneva, or the Bomb Party, 1980　宇野利泰訳／ハヤカワ文庫NV

『キホーテ神父』Monsignor Quixote, 1982　宇野利泰訳／早川書房
『第十の男』The Tenth Man, 1985　宇野利泰訳／早川書房
『キャプテンと敵』The Captain and the Enemy, 1988　宇野利泰訳／早川書房

■佐々木譲 Joh Sasaki

一九五〇年、北海道生まれ。一九七九年、「鉄騎兵、跳んだ」で第五十五回オール讀物新人賞を受賞し、デビュー。一九八九年、『エトロフ発緊急電』で第四十三回日本推理作家協会賞長編部門、第三回山本周五郎賞、第八回日本冒険小説協会大賞を受賞。二〇一〇年、『廃墟に乞う』で第一四二回直木賞を受賞。

高潔なる騎士たちの冒険

書評家
吉野 仁

佐々木譲は、現在、日本を代表する警察小説の書き手である。三代にわたる警察官一家の歴史をたどる『警官の血』、直木賞受賞作『廃墟に乞う』、そして『笑う警官』（単行本刊行時の題名は『うたう警官』）からつづき、第七作『憂いなき街』まで発表されている〈道警シリーズ〉、さらに二〇一五年発表の『犬の掟』など、多くの傑作を発表してきた。

だが、古くからのファンならばご存知のように、これまでさまざまなジャンルを手がけてきたのである。佐々木譲は、一九七九年、モトクロスに賭ける青春バイク小説「鉄騎兵、跳んだ」で第五十五回オール讀物新人賞を受賞した。これがデビュー作だ。翌年、この短篇を含む小説集『鉄騎兵、跳んだ』が単行本として刊行。その後、処女長篇となるバイク小説『振り返れば地平線』をはじめ、青春小説、サスペンス、ホラーなどを手がけたばかりか、コバルト文庫でジュブナイルものを発表している。

こうした初期作のなかでも、とりわけ話題となった長篇は、『真夜中の遠い彼方』（後に『新宿のありふれた夜』と改題）だろう。六月のある土曜日、新宿の歌舞伎町。郷田克彦は、十数年つづけたスナック「カシュカシュ」をその夜限りで閉めようとしていた。ところが、開店前に腕から血を流した若い女性が店に逃げ込んできた。名前はメイリン。次第に彼女が複雑な事情をかかえていることを知る。ベトナムからやってきた難民で、ヤクザに追われていたのだ。克彦はメイリンを歌舞伎町から脱出させるために奮闘する。

この物語は、克彦、メイリンに加え、新宿署刑事課に所属する軍司という刑事の視点でも語られていく。事件は、土曜の夜の新宿の片隅で起こったにすぎない。ところが複数の人生がそこでぶつかり、まるでぎりぎりまで凝縮されたものが大きく破裂するかのように劇的な展開を見せていく。サスペンスのお手本のような傑作だ。この小説は、『われに撃つ用意あり READY TO SHOOT』のタイトルで、一九九〇年、若松孝二監督により映画化された。

そして佐々木譲にとって、その人気と実力を不動のものにした作品が、一九八八年に書き下ろしで発表された『ベルリン飛行指令』である。まずは、第二次世界大戦中に日本海軍のゼロ戦がドイツに飛んだという話を耳にし、その事実を調査する作家が語り手となっており、いわば歴史の謎をめぐるドキュメンタリーの形で幕をあける。「第一部」で語られた情報を肉付けるかのように、「第二部」から、第二次大戦中の物語が小説形式で展開していく。

昭和十五年、日本海軍のパイロット安藤大尉とその部下である乾一空曹は、ゼロ戦をベルリンへ機体移送するという極秘指令を受け、山脇海軍省書記官や大貫海軍少佐らの協力を得て任務を遂行していく。すでに欧州戦線は始まっているため、空路、給油場所の確保など、事前の準備をはじめ、さまざまな困難を乗り越えなくてはならなかった。

ようやくゼロ戦が日本を飛び立つのは「第三部」になってから。したがって飛行場面は全体の三分の一にも満たない。だが、そもそも本作は、実際にはおよそありえなかったであろう出来事をいかにも歴史の闇に埋もれた実話であるかのように見せていく構成をとっている。単に航空冒険活劇のみに特化した作品ではない。それでも、インド、バグダッドなどを経由する長距離飛行の過程は、それだけでまるまる一作の長篇ものを読んだかのごとき密度で埋まっている。当然、危機の連続が待ち受けており、それをいかに克服していくかという過程が冒険小説としての大きな読みどころだ。

もうひとつ、本作の主人公、安藤啓一は、中尉だった頃、南京航空戦に従事したとき、命令に従わなかった疑いにより基地司令の喚問を受けたことのある人物だ。南京城内への爆撃援護作戦の最中、指揮官機とその後続機は、敗残兵とみられる一群に掃射したが、安藤だけは行なわなかった。また敵操縦士が落下傘により脱出した場合、たびたびこれを見逃しているという。また米国人義勇飛行士と私闘を演じた疑惑もあった。安藤は、いわば騎士道精神を重んじる男なのだ。

もしくは、第二部で、安藤が妹の真理子と元町のブルーマックスというダンスホールで過ごす場面がとてもいい。その日限りで、日本国内のダンスホールがすべて閉鎖されることになっていた。その最後の夜を楽しもうと店は大盛況だった。ところが、そこへ国民服を着た男たち、国民精神総動員委員会のメンバーが乗り込んできて、不謹慎で非国民だと文句をつけてきた。これに対して、安藤や真理子は毅然とした態度で彼らの難癖をはねのける。読み手の誰しもが溜飲を下げた気持ちになっただろう。それまでドキュメンタリータッチで暗い時代の日本が重々しく描かれていただけに、余計、この場面の華やかさが強調され、主人公らの高潔でまっとうな精神がうかがえることになる。じつに印象的な場面だ。手に汗握るサスペンスやその積み重ねから生まれるクライマックスの迫力もさることながら、こうした共感を呼ぶエピソードがごく自然に物語のなかで展開するあたりも、佐々木譲作品の大きな魅力である。

そして『ベルリン飛行指令』につづき、書き下ろしで発表されたのが、『エトロフ発緊急電』である。

この小説は、太平洋戦争が始まる前夜、真珠湾攻撃にまつわる日米諜報戦をめぐって展開していく。日系人の斉藤賢一郎、英名ケニー・サイトウは、アメリカ海軍情報部のスパイとしてリクルートされた。日本で諜報活動を続けていた宣教師スレンセンより、日本軍によるハワイ攻撃の可能性が報告され、その真偽や情報を得るため、ケニーは、ハワイを経由し、横浜、東京、そして北海道から択捉島《エトロフ》へと向かう。一方、物語は、もうひとりの主役、岡谷ゆきの視点で語られていく。日本人とロシア人の間に生まれた私生児という生い立ちをはじめ、さまざまな苦難のすえ、一度は逃げた故郷択捉島に戻り、いまは駅逓《えきてい》の女主人をつとめていた。やがてケニーとゆきは運命の出会いを果たす。そして、択捉島単冠湾《ひとかっぷわん》には海軍機動部隊の艦艇が極秘裏に集結していた。ケニーはその任務を果たすことができるのか。

海外冒険スパイ小説を好む方々なら、ケン・フォレット『針の眼』という名作をご存知だろう。英国で活動していたドイツのスパイ、コードネーム〈針〉ことヘンリーは、連合軍のヨーロッパ進攻に関する重大な機密を入手した。殺人を重ねつつ、英国陸軍情報部の追手をのがれ、待機していたUボートへ乗り込もうとするが……。すなわち、佐々木譲『エトロフ発緊急電』は、この『針の眼』という先例を日米戦に置き換えたのだ。

とはいえ、当然ながらそのままそっくりになぞったわけではない。『ベルリン飛行指令』の登場人物ばかりか、実在した人物もまじえ、熱いドラマが繰り広げられていく趣向も含め、やはり佐々木譲ならではの冒険サスペンスに仕上がっている。話の序盤から、ケニーとゆき、それぞれの物語が交互に展開していくばかりか、ケニーの行方を追う軍の者たちの視点からも語られていく。サスペンスの盛りあげ方が、絶妙だ。われわれは、すでに真珠湾攻撃という揺るぎない史実を知っているが、それでもなお、手に汗握るスリラーに仕上げた作者の力に驚嘆するばかりである。この『エトロフ発緊急電』は、日本推理作家協会賞長編部門と山本周五郎賞を受賞した。佐々木譲による冒険小説のなかでも、記念碑的な傑作であることに間違いない。

さらに佐々木譲は、終戦工作をめぐる『ストックホルムの密使』を上梓した。『ベルリン飛行指令』、『エトロフ発緊急電』とあわせて〈第二次世界大戦三部作〉と呼ばれた。

『ストックホルムの密使』は、パリに暮らす不良日本人の森四郎が主人公をつとめる。森は、その後、スウェーデンに行く。ゲシュタポと揉め事をおこし国外追放となったからだ。彼は、そこで駐在武官から極秘情報をベルンの日本大使館に伝えて欲しいと依頼された。だが、その任務に失敗したことから、なんとシベリアを横断し、日本を目指すことになる。三部作を通じて登場する海軍省書記官の山脇をはじめ、これまでの二作の脇役陣が本作でも登場し、戦争末期、歴史の分岐点となる出来事や事件が劇的に描かれていく。

第二次世界大戦もしくは太平洋戦争にまつわる歴史サスペンス小説では、シンガポールを舞台にした二作『昭南島に蘭ありや』や『総督と呼ばれた男』のほか、日米開戦前におけるワシントンDCの日本大使館を舞台に、その外交模様とふたつの恋愛を描いた『ワシントン封印工作』、そして日中戦争における本格的な航空冒険小説『鷲と虎』などを発表している。

そのほか作者は、『五稜郭残党伝』『雪よ荒野よ』『北辰群盗録』という蝦夷地《えぞち》三部作をはじめ、幕末をめぐる『武揚伝』『くろふね』などのほか、北海道開拓期を舞台にした連作短篇集で、和製ウエスタンといえる『帰らざる荒野』、さらに戦国時代の石積みの名工を主人公にした『天下城』など、時代歴史ものも多く手がけている。

冒頭に記したとおり、近年はもっぱら現代を舞台とした警察小説を中心に執筆活動を続けている。全体から見れば、さほど冒険活劇ものを書いているわけではない。それでも、佐々木譲作品に登場する主人公は、世間や周囲に流されず、己の規範にしたがって生きる者たち、いわば時代遅れの騎士といえる男であり、まっすぐ清らかに生きようとする女である。物語のスタイルがどうあれ、その小説世界に惹《ひ》きつけられるのは、こうした精神が息づいているからに違いない。

■佐々木譲　著作リスト

『鉄騎兵、跳んだ』1980　文春文庫
『振り返れば地平線』1982　集英社文庫
『そばにはいつもエンジェル』1984　集英社
『あこがれは上海クルーズ』1984　集英社
『真夜中の遠い彼方』（『新宿のありふれた夜』に改題）1984　角川文庫
『いつか風が見ていた』1985　CBSソニー出版
『北辰群盗録』1986　徳間文庫
『湾岸道路は眠らない（『ベイシティ恋急行』改題）』1986　集英社
『夜を急ぐ者よ』1986　集英社文庫
『ラストラン』1986　ポプラ文庫

『きみの素敵なサクセス』1987　集英社文庫
『マンハッタンの美徳』1987　集英社文庫
『犬どもの栄光』1987　集英社文庫
『南の風にモーニン』1987　集英社文庫
『ベルリン飛行指令』1988　新潮文庫
『仮借なき明日』1989　集英社
『エトロフ発緊急電』1989　双葉文庫
『タイム・アタック』1990　集英社文庫
『五稜郭残党伝』1991　集英社文庫
『ハロウィンに消えた』1991　角川文庫
『愚か者の盟約』1991　ハヤカワ文庫ＪＡ
『夜にその名を呼べば』1992　ハヤカワ文庫ＪＡ
『サンクスギビング・ママ』1992　扶桑社文庫
『ネプチューンの迷宮』1993　ポプラ文庫
『勇士は還らず』1994　文春文庫
『雪よ荒野よ』1994　集英社文庫
『ストックホルムの密使（上下）』1994　新潮文庫
『きょうも舗道にすれちがう』1994　中公文庫
『昭南島に蘭ありや（上下）』1995　中公文庫
『飛ぶ想い』1995　ポプラ文庫
『総督と呼ばれた男（上下）』1997　集英社文庫

『ワシントン封印工作』1997　文春文庫
『牙のある時間』1998　ハルキ文庫
『鷲と虎』1998　角川文庫
『ステージドアに踏み出せば』1998　集英社文庫
『屈折率』1999　講談社文庫
『武揚伝（上中下）』2001　中央公論新社
『冒険者カストロ』2002　集英社文庫
『疾駆する夢（上下）』2002　小学館文庫
『黒頭巾旋風録』2002　徳間文庫
『帰らざる荒野』2003　集英社文庫
『ユニット』2003　文春文庫
『くろふね』2003　角川文庫
『笑う警官（『うたう警官』改題）』2004　ハルキ文庫
『天下城（上下）』2004　新潮文庫
『駿女』2005　中公文庫
『制服捜査』2006　新潮文庫
『幕臣たちと技術立国　江川英龍・中島三郎助・榎本武揚が追った夢』2006　集英社新書
『警察庁から来た男』2006　ハルキ文庫
『警官の血（上下）』2007　新潮文庫
『わが夕張わがエトロフ』2008　北海道新聞社
『警官の紋章』2008　ハルキ文庫

『幻影シネマ館』2008　マガジンハウス
『暴雪圏』2009　新潮文庫
『廃墟に乞う』2009　文春文庫
『巡査の休日』2009　ハルキ文庫
『北帰行』2010　角川文庫
『婢伝五稜郭』2011　朝日文庫
『警官の条件』2011　新潮文庫
『密売人』2011　ハルキ文庫
『地層捜査』2012　文春文庫
『回廊封鎖』2012　集英社文庫
『人質』2012　ハルキ文庫
『代官山コールドケース』2013　文春文庫
『獅子の城塞』2013　新潮社
『憂いなき街』2014　ハルキ文庫
『砂の街路図』2015　小学館
『犬の掟』2015　新潮社

■志水辰夫　Tatsuo Shimizu

一九三六年、高知県生まれ。一九八一年、『飢えて狼』でデビュー。一九八六年、『背いて故郷』で第四回日本冒険小説協会大賞、第三十九回日本推理作家協会賞長編部門を受賞。一九九一年『行きずりの街』で、第九回日本冒険小説協会大賞を受賞。二〇〇一年、『きのうの空』で第十四回柴田錬三郎賞を受賞。

こころを揺さぶられる物語をいざ読まん

書評家　吉野　仁

志水辰夫は、きわめて鮮烈な登場を果たした。デビュー作『飢えて狼』が講談社からソフトカバーの単行本で刊行されたのは、昭和五十六年、一九八一年八月のこと。ただ冒険活劇の面白さを堪能できるという以上に、文章、キャラクター、ディテールなど、これまでにない独自のスタイルと質の高さを備えていたことが衝撃的だったのだ。のちに〈志水節〉と呼ばれた、情感にあふれ、たたみかけるように迫る文体のみならず、人物造形、風景描写などもあわせて、およそ新人とは思えない筆力をあらわしていた。

ボート屋を経営する渋谷は、かつて日本有数のクライマーだった。ところが国際的な陰謀に巻き込まれ、店と従業員を失ったのち、ある任務を引き受けることとなった。ソ連の亡命者を連れ出してほしいというのだ。その場所はなんと択捉島《エトロフ》。いわゆる北方領土である。

志水辰夫のホームページ〈自作を語る〉によれば、かつて集めた千島列島に関する資料を読んでいるうちに『飢えて狼』の構想を思いついたという。もともとフリーライターだった著者は、ある時期、札幌への取材のおりに北海道をまわった際、目についた雑誌や単行本を買い集めており、そのなかに千島や択捉に関する貴重な資料があったという。「ほとばしり出てくる創作意欲があって、そこから必然的に生み出されたストーリーではない。人に知られていない題材があったから、それに合いそうなストーリーをこしらえてむりやり当てはめただけなのだ」と述べている。

だが、執筆動機や元の発想がどうあれ、これだけの上質な作品を創りあげたのは、作者のこだわりから生まれたとしか思えない。とりわけ、択捉への潜入から国後《クナシリ》でのサバイバル行、そして脱出にいたるまでの第二部は、海外の冒険小説でもなかなか得られない迫力を持ったものである。千島列島における地形やその自然といった背景を濃密に書き込みつつ、船による接近、断崖絶壁のクライミング、生死を懸けたサバイバルが語られていく。この第二部があるからこそ、第三部からクライマックスにかけての復讐行がより鮮烈となるのだ。なんでも当初千枚近くあった原稿を大幅に削って短くしたという噂もある。

もちろん、国際謀略や復讐譚《たん》を背景に、潜入、工作、脱出という構造を取り入れれば、形として現代冒険小説は出来あがるかもしれないが、それだけで傑作となる保証はない。英雄神話における物語はおよそ単純だ。「都落ちして放浪する男が辺境にたどりつき、奪われた玉を取り戻し、囚われの姫を助けるため、竜と闘い退治する」とは、貴種流離譚の原型だが、その系譜を継ぐ現代のヒーロー冒険ものもまた、骨格だけを見れば同じ繰り返しにすぎない。問題は、どういう人物を描くか、死に直面した者がそこからどう生き延びるか、テーマやディテールこそが肝となる。国際的な謀略を描く『飢えて狼』だが、その基底に大きく横たわっているのは、国や組織に欺《あざむ》かれ、取り残されたまま忘れ去られようとしている人々への思いである。後悔と無念。過去と裏切り。贖罪《しょくざい》と復讐。これは、ほとんどの志水辰夫作品に通ずるテーマではないだろうか。

また、現時点における最後の現代もの長篇『約束の地』では、人々を争いに駆りたて、個人をないがしろにする「民族」や「国家」などからの自由を第一とし、どこにも属さず、どこの土地にも縛られない生き方こそが理想であるとした考えを主人公が語っている。そのあたり、すでに長篇第二作『裂けて海峡』、第六作『背いて故郷』などで歴然とあらわれていたところだろう。

『裂けて海峡』もまた一種の海洋冒険小説ながら、そのジャンルに収まらない魅力を備えている。弟が船長をつとめていた貨物船が大隅海峡沖で姿を消して一年、長尾は乗組員の遺族のもとへ弔問にまわっていた。そこへ危険な男たちの影が迫る。この作品では、幼なじみの加納理恵とともに主人公と行動をともにする、老人・花岡康四郎とのユーモラスなかけあいが印象的であるとともに、ここでも情感たっぷりにつづられた詩的な文体、内面の思いを激しくぶつけるような文章にあふれており、とりわけラスト三行は、ファンがみな暗唱するほど話題となった。そして花岡は、元海軍一等兵曹であり、そこにも戦争と国家に対する批判がこめられていたのである。

『背いて故郷』の主人公、柏木は、もともとは操業監視のための船の船長だったが、次第に仮想敵国の動きを監視するスパイ船の役目を担わされ、船長の座を降りた男。商船学校からの友人だった成瀬に船長の座を譲ったところ、彼は何者かに殺されてしまった。柏木は事件の真相を探ろうと関係者を訪ね歩く。冒険活劇というよりは、いわゆるハードボイルド型探偵小説に近い内容ながら、初期の志水辰夫の完成形ともいえる作品だ。この『背いて故郷』は、第三十九回日本推理作家協会賞長編部門を受賞した。

また、志水辰夫作品では、クライマックスに向かうにしたがい、凄みと切れのある文章が続き、それが大きな読みどころとなっている。独特の形容、漢語表現、体言止めなどを駆使し、物語の緊迫度をより深めていく。作者ならではの表現力で読み手の胸を鷲掴《づか》みにし、心を揺さぶっていくのだ。一見、何気ない場面でも、引きこまれてしまうことが多い。

たとえば、『飢えて狼』の第三部に次のような文章がある。

〈地面がのたうっている。左手に連なる塀がゆがみ、街灯が狐火のように踊りながら明滅した。道は細く、淋しく、無限に遠い。がくがくとふるえる足を踏み出すたび、同一の光景が後退する。すべてのものが敵意をみなぎらせてわたしの行く手を阻もうとしている。彼方に見える赤い火は何だ。ひとつの終焉、ひとつの結実、無。すでに光景に色はなく、わたしは無音の世界に吸い込まれていきつつあった。〉

単に、両眼に映る周囲の情景だけではなく、主人公の感覚、心情、独白などが重なりあうことで、より身に迫る描写となっている。こうした文章が幾重にも重なることで効果をあげているのだ。先に触れた『裂けて海峡』の有名なラスト三行は言うまでもないだろう。もしくは、作品ごと、主人公が味わう無念や愚かな自分を見つめなおすというような場面における独白が印象的だ。やはり『飢えて狼』の一節を挙げておく。

〈しょせんわたしは後ろ向きになって前へ進み、常に人より遅れて歩いている人間だった。過去という踏み固めた道を継ぎ足さねば、生きていけないタイプの人間だった。こんな人間がひとりくらいいたところで、邪魔にはならないという許容の範囲内でようやく存在しているに過ぎない。今さらどうしようもないことなのだ。それが自分の核となっている以上、許してやろうという人間の中で自分を生かしておくほかなかった。これが最早わたしの呼吸すべき空気なのだ。そしてわたしを許せる人の中に、何よりも順子がいて欲しかった。〉

『背いて故郷』では、クライマックス以降、どこまでも深い闇をさまよう主人公の凄絶な姿が浮かびあがってくる。〈わたしを許すな。〉で始まるラストの数行は、何か、読んでいるこちらまで鞭で打擲《ちょうちゃく》され、責め立てられるかのような気になってしまう。この手の〈志水節〉を拾っていくと切りがない。

これらの三作が初期における代表作であり、日本の冒険小説、もしくはハードボイルドと呼ばれるジャンルのなかでも、屈指の傑作だろう。

　もちろん、志水辰夫の小説を味わうのに、この三作だけ読めばいいということでは決してない。長篇第五作『尋ねて雪か』、第七作『狼でもなく』をはじめ、英国冒険小説界を代表する作家ギャビン・ライアルの名作『深夜プラス1』のストーリーをもとに、日本を舞台に描く『深夜ふたたび』、もしくは一九九二年版「このミステリーがすごい！」で一位に選ばれ、その後、二十一世紀に入って文庫版がベストセラーとなった『行きずりの街』など、ファンならば読むべき傑作はまだまだ多い。

　もうひとつ、一部で〝稀代のへそ曲がり〟と呼ばれる作者は、同じパターンの繰り返しを嫌い、同一主人公のシリーズをほとんど書かないことで知られている。作風にしても、第三作『あっちが上海』、第九作『こっちは渤海』というユーモア冒険ものに挑んだかと思えば、第八作『オンリィ・イエスタデイ』は、一見ヒーローらしからぬ主人公が登場するなど一筋縄ではいかないのだ。そのほか、一種の伝奇サスペンス『滅びし者へ』や情痴小説と紹介される『情事』など、一時期の志水辰夫は、発表するごとに新たな作風へ挑戦していた。

　さらに、一九九〇年代あたりから、数多くの短篇小説を小説誌に発表し続けている。その最初の集大成といえる短篇集『いまひとたびの』は、古典として読み継がれるであろう、佳作ぞろいの一冊である。第一一二回直木賞の候補にあがり、受賞は逃したものの、選考委員の井上ひさしは、冒頭掲載の「赤いバス」について「掛け値なしの名作、新作にしてすでに古典であると云っていい」と激賞した。その後も、各誌に書いた短篇を集めたものが、『負け犬』『生きいそぎ』『男坂』などと刊行された。第二の黄金期と言ってもいい。二〇〇一年には、短篇集『きのうの空』で第十四回柴田錬三郎賞を受賞した。

近年は活躍の場を時代小説にシフトして、『青に候』にはじまり、『みのたけの春』『夜去り川』といった長篇、『つばくろ越え』という短篇集、さらに副題を「蓬莱屋帳外控」としたシリーズ『引かれ者でござい』『待ち伏せ街道』の二作を発表している。幕末を舞台にした青春もの『みのたけの春』では、これまでの現代を舞台にした作品には見られない若々しさを感じさせた。新たな魅力を発揮しており、注目すべきところ。未読の方は、ぜひ手にとっていただきたい。

すでに初期の傑作を含め、これまで志水辰夫作品を読んできたという方も、あらためて読みなおすことで、ふたたび感動を味わうことができるだろう。新たな発見があるかもしれない。

■志水辰夫　著作リスト

『飢えて狼』1981　新潮文庫
『裂けて海峡』1983　新潮文庫
『尋ねて雪か』1984　徳間文庫

『散る花もあり』1984　講談社文庫
『あっちが上海』1984　集英社文庫
『背いて故郷』1985　新潮文庫
『狼でもなく』1986　徳間文庫
『オンリィ・イエスタディ』1987　新潮文庫
『こっちは渤海』1988　集英社文庫
『カサブランカ物語』1989　集英社文庫
『深夜ふたたび』1989　徳間文庫
『行きずりの街』1990　新潮文庫
『帰りなん、いざ』1990　新潮文庫
『夜の分水嶺』1991　徳間文庫
『花ならアザミ』1991　講談社文庫
『滅びし者へ』1992　集英社文庫
『冬の巡礼』1994　角川文庫
『いまひとたびの』1994　新潮文庫
『きみ去りしのち』1995　光文社文庫
『虹物語』（『いつか浦島』に改題）1995　集英社文庫
『あした蜉蝣の旅（上下）』1996　集英社文庫
『十五少年漂流記』1997　講談社／原作：ジュール・ヴェルヌ、翻案：志水辰夫
『情事』1997　新潮文庫
『暗夜』2000　新潮文庫

『道草ばかりしてきた』2001　毎日新聞社
『きのうの空』2001　新潮文庫
『負け犬』2002　講談社文庫
『男坂』2003　文春文庫
『生きいそぎ』2003　集英社文庫
『約束の地』2004　双葉文庫
『ラストドリーム』2004　新潮文庫
『うしろ姿』2005　文春文庫
『青に候』2007　新潮文庫
『みのたけの春』2008　集英社文庫
『つばくろ越え』2009　新潮文庫／蓬萊屋帳外控シリーズ
『ラストラン』2009　徳間文庫
『引かれ者でござい』2010　新潮文庫／蓬萊屋帳外控シリーズ
『待ち伏せ街道』2011　新潮文庫／蓬萊屋帳外控シリーズ
『夜去り川』2011　文春文庫

■月村了衛　Ryoue Tsukimura

一九六三年、大阪府生まれ。二〇一〇年、『機龍警察』でデビュー。二〇一三年『機龍警察　暗黒市場』で第三十四回吉川英治文学新人賞を受賞。同シリーズで幅広い読者を獲得。二〇一五年『コルトM1851残月』で第十七回大藪春彦賞、『土漠の花』で第六十八回日本推理作家協会賞（長編および連作短編集部門）を受賞。

冒険小説としての『機龍警察』
彼らはただ戦うだけではない

ミステリ研究家
霜月　蒼

自分は戻れるだろうか。初めて刑事を拝命したあの頃に。
分かっている。その答えは、今を生き抜いてつかむしかない。
――ユーリ・オズノフ

いま高らかに「冒険小説」の復権を謳《うた》おうとしている作家が、ほかならぬ月村了衛である。現時点までの著作のすべてが、その意図のもとに書かれたと言っていいだろう。つまり、このデビュー長篇『機龍警察』が、月村の「冒険小説宣言」の第一声ということになる。『機龍警察〔完全版〕』で二人の論者が分析しているように、この作品にはSFの側面も警察小説の側面もある。しかし、〈機龍警察シリーズ〉は何よりもまず冒険小説なのだ、と私は言おう。

ここで私と月村了衛が共有している「冒険小説」とは、一九八〇年代に日本の読書界を熱狂させたエンタテインメント小説群のことである。アリステア・マクリーン、ジャック・ヒギンズ、ディック・フランシス、クレイグ・トーマスら、イギリス作家の作品が起爆剤となって「冒険小説」はムーヴメントとなり、この流れのなかで、逢坂剛、大沢在昌、佐々木譲、志水辰夫、髙村薫、船戸与一、といった日本の作家たちも飛躍していった。

しかし、この熱は九〇年代に入って失速する。理由についてはさまざまな説があるが、とりあえず日本においては、読書界が日常の論理の及ぶ「小さな物語」と、おだやかな秩序回復の安心感を指向するようになったことが大きいのではないか。これを受けて、九〇年代から「失われた二十年」がはじまることになる。月村了衛自身が産経新聞によるインタビュー(http://www.sankei.com/life/news/141002/lif1410020024-n1.html)で語っているように、この二十年で、「冒険小説」についての共通認識は失われ、数十年ぶん後退する。月村了衛が『機龍警察』を発表したのは、そんな時代ののちの二〇一〇年のことだった。

この第一作に、冒険小説のスピリットは確実に脈打っていた。だが刊行当時、私は『機龍警察』が冒険小説の系譜にあると認識できていなかった。それに気づいたのは『機龍警察自爆条項』を読んだときだった。あらためて読み直せば、『機龍警察』も立派な冒険小説だと判る。だが当時の私は、警察スリラーの意匠と、ケレンを効かせた見事なアクションの連続に眼をとられ、あちこちに刻まれている「冒険小説宣言」に気づけなかったのだ。

第二作『自爆条項』では、尺が伸びた分、高らかに力強く、「冒険小説宣言」が謳われていた。具体的には、作品の半分を占めるライザ・ラードナーの物語がそれだ。「IRAのテロリスト」と聞くだけで、八〇年代の冒険小説を知る者は『鷲は舞い降りた』や『死にゆく者への祈り』といったジャック・ヒギンズの名作を想起するだろう。悔恨を抱えて私的な戦争を戦うヒギンズのヒーローたちは、冒険小説のアイコンと言っていい。

だが、無論ライザの物語は私のような古手の冒険小説ファンへの慰撫《いぶ》として書かれたのではない。彼女の過去の物語を経て、現在の悪との戦いが書かれるからこそ、「冒険小説」と呼ばれる小説特有の昂奮《こうふん》が生まれるからである。つまり、ライザの過去をきちんと描くことは――そして第三作『機龍警察　暗黒市場』でユーリ・オズノフの屈辱の物語を描くことは――〈機龍警察シリーズ〉を「冒険小説」として完成させるための必然だった。『自爆条項』での緑の過去の物語もそうであり、『機龍警察　未亡旅団』での由起谷・城木（そして〈敵〉）の過去もまたそうである。「過去」。それの落とす影と言ってもいい。それがカギになる。

冒険小説とは、苦難を乗り越えて目的を達成しようとするヒーローの闘争の物語と言える。しかしこれだけでは、その昂奮の核心を十分に説明してはいない。かつて船戸与一は、冒険小説のヒーローたちは最終的に敵を殺す存在であり、ゆえに冒険小説はヒーローの「殺しの動機」を描く文学だと喝破した。〈機龍警察〉でユーリやライザの「過去」を通じてもたらされる冒険小説特有の昂奮は、この「殺しの動機」と底流でつながってくる。つまり――冒険小説とは、闘争を通じて「個」の尊厳を取り戻そうとする物語なのである。

屈辱や汚名を雪《そそ》ぐため、己の罪を贖《あがな》うため、あるいは自身の有用性を証明するため、彼らは闘争に身を投じる。そこに生じる感情の力学が冒険小説という物語を駆動させる。読む者を昂奮させる。冒険小説を愛する月村了衛は、そのことを知悉《ちしつ》しているのである。だからライザもユーリも、取り戻すべき「個」の尊厳をあらかじめ失った者として登場する。尊厳を失うドラマが『自爆条項』と『暗黒市場』で濃密に描かれているのはそのためだ。そうであるからこそ、〈機龍警察〉の冒険小説としての昂揚が実現される。

「戦う」のは、〈龍機兵〉を駆る姿やライザやユーリだけではない。血の流れない謀略戦を戦う沖津や由起谷、背後を守る緑らも、己の尊厳のための闘争を戦っている。いまだ沖津の過去は語られていないが、『機龍警察』で姿が言うように、沖津もまた外務官僚時代に「戦場」のような修羅場をくぐっているとおぼしい。ついでにいえば、彼ら警察官僚の演じる政治的な闘争が、警察小説というよりもむしろ（これまた月村了衛が愛する）ジョン・ル・カレ的なスパイ・スリラーの色彩を帯びていることも見逃すべきではないだろう。

いま第一作『機龍警察』を読み直すと、この時点でのちに開花する冒険小説の昂揚のための種子がいくつも蒔《ま》かれていたことに気づく。そしてシリーズの以降の作品を通過したあとに本作を読むと、ライザやユーリや緑の戦いの背後に彼らの過去が重なり、冒険小説としての興趣が増幅される。平たく言えば、泣くのだ。本稿を書くために『機龍警察』を再読し、何度も何度も私は泣かされた。これは執筆の段階で、月村了衛が、『機龍警察』という作品単体でなく、〈機龍警察〉という大河冒険小説を構想していたことの証左である。

月村了衛は二〇一四年、SF要素を取り除いた苛烈きわまりない冒険小説『土漠の花』を上梓した。この作品の主人公が自衛隊員であるがゆえに、ここに一定の政治性を読み取ろうとする向きもあるかもしれない。だが月村了衛の書く物語は、そして冒険小説という物語は、「愛国エンタメ」とは対極にある。どこかの偉い誰かが掲げる「大義」ではなく、あくまで「個」が重要なのだ。だから冒険小説のヒーローたちは組織からはみ出た連中ばかりなのである。ユーリも、ライザも。姿も、緑も、沖津も。彼らの戦いは、非道や不条理、国家や組織の論理によって圧殺されんとする私たちの、「個」の尊厳を守り、取り返すためのものなのだ。

■月村了衛　著作リスト

『機龍警察』2010　ハヤカワ文庫JA／機龍警察シリーズ
『機忍兵零牙』2010　ハヤカワ文庫JA

『機龍警察　自爆条項（上下）』2011　ハヤカワ文庫JA／機龍警察シリーズ
『機龍警察　暗黒市場』2012　早川書房／機龍警察シリーズ
『一刀流無想剣　斬』（『神子上典膳』に改題）2012　講談社文庫
『黒警』2013　朝日新聞出版
『コルトM1851残月』2013　講談社
『機龍警察　未亡旅団』2014　早川書房／機龍警察シリーズ
『土漠の花』2014　幻冬舎
『機龍警察〔完全版〕』2014　早川書房／機龍警察シリーズ
『機龍警察　火宅』2014　早川書房／機龍警察シリーズ
『槐』2015　光文社
『影の中の影』2015　新潮社

■レン・デイトン　Len Deighton
一九二九年、イギリス生まれ。『イプクレス・ファイル』でデビュー。『ベルリンの葬送』など英国の情報機関に属する「わたし」を主人公にしたシリーズで、ル・カレとともにスパイ小説に新世紀を拓いた。他の著作に戦争小説や〈バーナード・サムソン・シリーズ〉など。ノンフィクションの著作もある。

スパイ小説のマイルストーン

評論家
柳生すみまろ

『イプクレス・ファイル』は〈スパイ小説の巨匠《マスター》〉レン・デイトンが、一九六二年に初めて世に送り出した彼の記念すべき処女作、そして、このジャンルでトップを競う傑作である。『ニューヨーク・タイムズ』は当時、「この小説は（ジョン・ル・カレの）『寒い国から帰ってきたスパイ』につづく傑作」との極めて高い評価を与えたのだった。

レン・デイトンという作家は、類いまれなセンスの持ち主だが、本書のタイトルにおいて、それが如何《いかん》なく発揮されている。このミステリアスなタイトルは、多くの読者に挑戦し、かつ読者を魅了する最たるものだ。原題のＩＰＣＲＥＳＳという言葉は、どんな辞書にも載っていないもので、まずは浅学の私を悩ませてくれた（本書もベストセラーの常で映画化されたが、その邦題は『国際諜報局』と、いたって平凡なものにとどまった）。

この〝ワケが判らない〟タイトルについては、作者自身が本文中でタネあかしをやっている。つまり本書のテーマともなった〝ストレスの特定情況下における反射作用による精神神経症の誘起〟Induction of Psycho-neuroses by Conditioned Reflex with Stress という精神医学的な造語に基づくもので、その「頭文字をとってでっちあげた」新語こそがイプクレスだということである。処女作の表題に、全く意表をつく作戦をとるとは、このレン・デイトンという作家は、ただ者ではない、との強い印象を与えずにはおかないのだ。

秀逸だったのはタイトルだけではない、本書の登場はスパイ小説の歴史にあって画期的なことであった。その位置関係を明らかにしておくと、すくなくとも第二次大戦までは、スパイという人物ならびに行為・稼業というのは、いささか後ろめたさがつきまとっていた。このジャンルの古典とされるサマセット・モームの唯一の連作短篇スパイ小説『アシェンデン』（一九二八年）や、スリラーの名匠エリック・アンブラーの『ディミトリオスの棺』（一九三九年）によって代表されているものは、絶体絶命の窮地に立った者の不安であり虚無感であった。

これが第二次大戦後、一九五〇年代以降の冷戦ムードの台頭と共に、反共スパイの活躍が賞讃されるまでに至る。その最たるものがイアン・フレミングが創り出したスーパー・スパイ００７号である。彼のジェイムズ・ボンドのシリーズは一九五三年に出版された『カジノ・ロワイヤル』から始まった。ただこれはエンタテインメントとしての面白さに力点がおかれ、いにしえの立川文庫の英雄伝のように、相当に荒唐無稽《こうとうむけい》なものとなる。そしてますます現実から遊離し、ファンタジーの色彩を加えてきたのは否めない事実であった。

一方、一九六〇年代になり、正確には一九六三年イギリスで起きたキム・フィルビー事件（同国のエリートが実は二重スパイで、ソ連に亡命する）は、発生地イギリスはもとより自由主義陣営を震撼《しんかん》させる大事件であった。それは図らずもスパイの存在を晴天白日のもとに晒《さら》すところとなったが、一方では敵のスパイが味方の組織の中枢にまで達していた、ということで二重のショックであった。特に愛国心が人一倍強いイギリスの若者に及ぼした影響は計り知れないものがあろう。

この事件は実はその十年も前から燻《くすぶ》っていたもので、楽天的この上ないボンドのスパイ小説とは根本的に異なる、冷徹なスパイ戦を正面から捉えた小説がこの頃に相前後して生まれる。それがデイトンの『イプクレス・ファイル』であり、ル・カレの『寒い国から帰ってきたスパイ』である。彼らは、信じられないほどの情報収集、調査をつみ重ね、豊かな想像力を駆使して書くことで、全く新しいジャンルを開拓した。モーム以降の、スパイ小説の原点を新たに築いたのが、このふたりだとも言えるのである。

ここで、この好敵手を比較してみよう。次の表は私が両者にイメージするものを、対位させてみたものである。

デイトン　　　　　　　　　　ル・カレ
明るくて軽い　　　　　　　　暗くて重厚
ラテン的　　　　　　　　　　ゲルマン的
悦楽的で官能的　　　　　　　勤勉で観念的
モーツァルトのような天才肌　ワーグナーのような秀才肌

デイトンの場合、プロットは勿論《もちろん》だが、魅力的な各エピソードの凝った筆使いは天才的であるし、ディレッタントの良さが大いに発揮されている。それはまた、口にする食事と飲み物（はたまたタバコ）に一家言あり、耳にする音楽にも鋭く、目に映る女性の観察もまた確かなものがある、ということにも繫《つな》がっているのだ。

次にデイトン自身について述べておこう。この種の紹介記事としては最も定評のあるドナルド・マコーミックの『スパイ小説人名辞典』（一九七九年版）によればこうである。

本名レナード・シリル・デイトン。一九二九年ロンドンに、大英博物館の版画・絵画の管理責任者、キャンベル・ドジスン家お抱え運転手の息子として生まれる。第二次大戦中は同家に寄食するところとなり、同胞でありながら、「二階と下の階とに分かれて華々しい階級闘争が演じられたのは、まことに興味つきない光景であった」と回顧している。身内にこそ敵がいるのを、多感なデイトン少年は早くも目撃したのである。さらに本物のロシア・スパイ（女性）にも出っくわしているから、経験は豊富だ。やがて鉄道用務員として働いた後、義務兵役で空軍《RAF》に入り、写真や美術を学び出す。後者はメイン・コースとなり、セント・マーティン及び王立美術学校で一段と腕を磨くところとなり、この面での才能を生かすべく実社会に入った。

美術学校に通っている頃はウェイターをやって学費を稼いだそうだが、この間の経験がものをいって、料理に一家言ある彼が出来あがってしまった。どう転んでもタダでは起きない才人である。イラストレイター、アートディレクターとしてロンドン、ニューヨークで活躍したが、意を決しフランスのドルドーニュに腰をすえて書き始めたのが本書『イプクレス・ファイル』である。もっとも前半を書きあげたところで軍資金が切れてしまい、ロンドンに舞い戻って美術関係の仕事をやるはめとなった。そして後半部分はやはりフランスのツーロン附近ポルクロール島に移って集中的に書きあげたのだった――

初版四千部はホダー&スタウトンから刊行され、数日間でたちまち売り切れるという好スタートぶりであった。早いもので、それから四半世紀以上が経過したわけである。今や押しも押されぬ〝古典〟の仲間入りを果たした本書に関し、作者自身が二十五周年記念のシルヴァー・アニヴァーサリー・エディション（一九八七年版）に序文を記しており、これが実に興味深いものなので若干引用してみよう。執筆にあたり「私はジェイムズ・ボンドの本は一冊たりとも読まなかったし、ジョン・ル・カレの傑作『寒い国から帰ってきたスパイ』も将来の楽しみに備えて手をつけなかった。（この頃に）もっぱら私が熱中していたのはレイモンド・チャンドラー、イヴリン・ウォー、それにサマセット・モームである。小説・実録とを問わず多読にふけり、洗脳についての技術を会得するところとなった」とある。また「自分の夢は、イラストレイターとして絵が高く売れ、画家として安定した生活が送れることだった。本を書いたのは、その作業にひかれたからで、（『イプクレス・ファイル』を）出版しようなどとは思わなかった」とも語っている。

作家としてはアマチュアとして出発したデイトン。『イプクレス・ファイル』は彼の初々《ういうい》しい魅力にあふれている。そして同時に本書にはデイトンという作家の特色が全て表われているのだ。微に入り細をうがった描写はエピキュリアン、デイトンの面目躍如たるものがある。至るところで蘊蓄《うんちく》を傾けているのだ。

主人公が「わたし」で通すのもユニークである。これはアメリカのハードボイルド小説が得意とする単眼手法であるが、複雑多岐にわたる現代のスパイ戦を、ひとつの視点からたんねんに見ていこうとすることでは利点も多く、かつてないアクチュアリティを生み出しているのだ。『イプクレス・ファイル』に対し、「まったく新しいスパイ小説が誕生した！」――『ライフ』誌、「文体はグレアム・グリーンの『密使』を思い出させるし、すばらしいストーリーはエリック・アンブラーと比較される」――『ショウ・マガジン』、との絶讃が相次いだのも当然である。作家デイトンのその後の活躍については著作リストをごらんいただきたいが、今日まで多くの作品を生み出している。小説以外に料理と戦記ものを手がけているのが特に目立つ。

最後に本書は初め一九六五年に早川書房から刊行された。当時、小林信彦氏が『平凡パンチ』にこう紹介している。「原作の文章がおそろしくヒネったもので、一度読んだだけではわからない。二度読んでオボロゲながらわかってくるというヤッカイな作品です。（中略）原文そのものがカフカの文章みたいなのだ、と双葉十三郎さんにうかがいました」（『地獄の読書録』）。ミステリー読みの大家（なんといっても小林さんは『ヒッチコック・マガジン』の編集長でした）も、あの頃はやや面喰らっていたようだ。

ところで今回、改めて読み直して発見したことがある。文中に二度ほど一九三〇年代のロレンツ・ハート&リチャード・ロジャースの歌〈小さなホテル〉There's a Small Hotel が出てくる。これは舞台となる〝幽霊屋敷〟を暗示する伏線のようにも思えるが、これはばっかりは著者に直接尋ねてみないとわからない。まあこのような〈隠し味〉が、随所に施されているのは、まことに心憎いばかりである。これらを根ほり葉ほり楽しめるというのも、またデイトンのスパイ小説ならではの奥行きの深さ、醍醐味と言えよう。

『イプクレス・ファイル』は後に展開される広大なデイトン・ワールドのプロトタイプであり、現代のスパイ小説にあって必読のマイルストーンであることは、もはや論を俟《ま》つまでもない。ぜひ熟読玩味していただきたいものである。

■レン・デイトン　著作リスト

『イプクレス・ファイル』The Ipcress File, 1962　井上一夫訳／ハヤカワ文庫NV
『海底の麻薬』Horse under Water, 1963　井上一夫訳／早川書房
『ベルリンの葬送』Funeral in Berlin, 1964　稲葉明雄訳／ハヤカワ文庫NV
『10億ドルの頭脳』Billion-Doller Brain, 1966　稲葉明雄訳／ハヤカワ文庫NV
『優雅な死に場所』An Expensive Place to Die, 1967　稲葉明雄訳／ハヤカワ文庫NV
『笑うカモには』Only When I Larf(Only When I Laugh), 1968　沢川進訳／早川書房
『爆撃機』Bomber, 1970　後藤安彦訳／早川書房
『宣戦布告』Declarations of War, 1971　後藤安彦訳／ハヤカワ文庫NV
『スパイ・ストーリー』Spy Story, 1974　後藤安彦訳／ハヤカワ文庫NV
『昨日のスパイ』Yesterday's Spy, 1975　沢川進訳／ハヤカワ文庫NV
『トゥインクル・トゥインクル・リトル・スパイ』Twinkle, Twinkle, Little Spy(Catch a Falling Spy), 1976　後藤安彦訳／ハヤカワ文庫NV
『戦闘機　英独航空決戦（上下）』Fighter: The True Story of the Battle of Britain, 1977　内藤一郎訳／ハヤカワ文庫NF／ノンフィクション
『SS－GB（上下）』SS-GB, 1978　後藤安彦訳／ハヤカワ文庫NV
『電撃戦』Blitzkrieg: From the Rise of Hitler to the Fall of Dunkirk, 1979　喜多迅鷹訳／ハヤカワ文庫NF／ノンフィクション
『暗殺協定XPD（『裏切りのXPD（上下）』に改題）』XPD, 1981　稲葉明雄訳／集英社文庫
『グッバイ、ミッキーマウス（上下）』Goodbye Mickey Mouse, 1982　後藤安彦訳／ハヤカワ文庫NV

『ベルリン・ゲーム』Berlin Game, 1983　田中融二訳／光文社文庫／バーナード・サムソン・シリーズ
『メキシコ・セット（上下）』Mexico Set, 1984　田中融二訳／光文社文庫／バーナード・サムソン
『ロンドン・マッチ（上下）』London Match, 1985　田中融二訳／光文社文庫／バーナード・サムソン・シリーズ
『ヴィンター家の兄弟（上下）』Winter: A Berlin Family 1899-1945, 1987　田中融二訳／新潮文庫
『スパイ・フック』Spy Hook, 1988　田中融二訳／光文社文庫／バーナード・サムソン・シリーズ
『スパイ・ライン』Spy Line, 1989　田中融二訳／光文社文庫／バーナード・サムソン・シリーズ
『スパイ・シンカー』Spy Sinker, 1990　田中融二訳／光文社文庫／バーナード・サムソン
『マミスタ（『南米ゲリラ　マミスタ』に改題）』Mamista, 1991　田中融二訳／光文社文庫
『黄金の都』City of Gold, 1992　田中融二訳／光文社文庫
『最後のスパイ　信義』Faith, 1994　田中融二訳／光文社文庫／バーナード・サムソン・シリーズ
『最後のスパイ　希望』Hope, 1995　田中融二訳／光文社文庫／バーナード・サムソン・シリーズ
『最後のスパイ　慈愛』Charity , 1996　田中融二、町田康子訳／光文社文庫／バーナード・サムソン・シリーズ

■クレイグ・トーマス Craig Thomas

一九四二年、イギリス生まれ。教師を経て、『ラット・トラップ』でデビュー。ソ連の最新戦闘機を奪う米空軍パイロットの死闘を描いた『ファイアフォックス』はのちに映画化もされた。他の著作に『狼殺し』『ファイアフォックス・ダウン』『闇の奥へ』『ウィンターホーク』など。二〇一一年没。

CROSS OVER THE LINE!

ミステリ研究家 霜月 蒼

あの恐怖! あの恐怖だ!

――ジョゼフ・コンラッド『闇の奥』

クレイグ・トーマスの小説を読むと血圧が上がる。息も切れる。でも先を読むのを止められず、最後には途轍《とてつ》もない疲労感と達成感が残る。こんな冒険小説は他にはない。

一九四二年生まれのイギリス作家クレイグ・トーマス（二〇一一年没）は、まずもって、国際謀略を背景とした冒険小説を確立した作家である。英語教師のかたわら、一九七六年に発表したデビュー作『ラット・トラップ』はテロリストによるハイジャック事件を描いたスリラーで、冒険小説とは言いがたいが、翌七七年の『ファイアフォックス』で、いきなり冒険小説史上に残る傑作を書きあげてしまう。同作の詳細については本書の解題ページを参照いただきたいが、同作は主人公ミッチェル・ガントの潜入・脱出行を描いた骨太の冒険小説だった。ガントは同作以降も『ファイアフォックス・ダウン』『ウィンターホーク』など全四作で活躍することになり、また以降のトーマス作品のほとんどに登場する英国情報部SISのスパイマスター、ケネス・オーブリーも『ファイアフォックス』で初登場するから、その意味でも重要な作品といえる。

とはいえ『ファイアフォックス』は、冒険の背景としてSISとCIAの合同作戦がありはしても、骨格自体は既存の冒険小説——例えばアリステア・マクリーンの『ナヴァロンの要塞』やダンカン・カイルの『海底の剣』——と大きく変わらない。主人公にミッションを命じる役割を情報機関が担っているにすぎないからだ。トーマス流の謀略冒険小説が完成するのは、第三作『狼殺し』に端を発し、第六作『ジェイド・タイガーの影』によってだった。『狼殺し』では第二次世界大戦中のトラウマを抱えた男を利用する〈狼殺し作戦〉。『ジェイド・タイガーの影』では目前に迫った東西ドイツ統一条約を白紙に戻そうとする〈翡翠の虎作戦〉。この二作では、ジョン・ル・カレばりに複雑怪奇な謀略作戦が登場する。フランスのSDECEにソ連のKGB、中国公安局にCIA、SIS――誰が誰をどういうふうに陥《おとしい》れようとしているのか判然としない謀略が背景にあり、その謎を解こうとする冒険者たちのケネス・オーブリーらデスクワークのスパイたちの苦闘と、現場で決死の戦いを演じる冒険者たちの姿と、二段構えで構成されるのがトーマス流の謀略冒険小説なのである。

しかし、これだけではジョン・ル・カレの『寒い国から帰ってきたスパイ』や『鏡の国の戦争』といった作品と変わるところがない。現場工作員たちを動かすのが、ジョージ・スマイリーでなくケネス・オーブリーであるだけに見えるかもしれない。

もちろんそうではないのだ。ル・カレの小説とトーマスの小説は明らかに違う。冷たく悲劇的なスパイ・スリラーと、熱い冒険小説。その差はどこから生じるのか。

現場工作員が犬死することを容認するかどうか――そこである。ジョージ・スマイリーが沈鬱な溜息をついて切り捨てる現場工作員を、ケネス・オーブリーは見捨てない。オーブリーは髪を振り乱し、罵声を吐きつつ、敵地で孤立した工作員を生還させるために奔走する。現場工作員たちもまた、アレック・リーマスのようにロマンティックな自己犠牲に甘んじることなく、ギリギリの状態でも生にしがみつき、味方のいる国境線の向こうへたどりつこうとする。いわばトーマスの小説のキモは、ル・カレの小説が結末にさしかかったところからはじまるのである。静かな諦念ではなく、苛烈な生存本能の物語として。

生存本能に駆動される壮絶な冒険行――これがクレイグ・トーマスのもうひとつの特質だ。そして、ここでも重要な位置を占めるのが『狼殺し』なのである。

複雑巧緻な謀略を背景においた『狼殺し』は、しかし、冒険小説としては一種異様な風合いを持つ作品だ。あらすじについては解題をご覧いただきたいが、主人公リチャード・ガードナーは、冒険小説の伝統的なヒーロー像からまったくかけ離れた男なのである。彼は復讐のために動き出すのだが、物語が進むにつれ、もっと根源的な暴力の衝動に捕らわれてゆくのだ。終盤における彼は、ほとんど『ジキル博士とハイド氏』のハイド氏のようですらある。この男は野獣なのだ。それが『狼殺し』という小説の度外れた熱源になっている。

このガードナーという男がトーマスの発明だった。そして第五作『レパードを取り戻せ』でトーマスは、リチャード・ガードナーをスパイ＝公務員の枠に収めたようなキャラクター、パトリック・ハイドを生み出すに至る。『レパードを取り戻せ』以降ほぼすべての作品で、オーブリーの命で死地に赴き、野獣のような闘争本能と生存本能で任務を達成する現場工作員ハイドは、生粋の英国紳士であるオーブリー（と英国伝統のスパイたち）と異なり、「野性の地」たるオーストラリア生まれの男である。

野獣のようなスパイが、謀略の謎を解くために敵地に潜入する――パトリック・ハイドという人物を手に入れたトーマスは、『レパードを取り戻せ』『ジェイド・タイガーの影』と尻上がりにヴォルテージを上げてゆき、最高傑作『闇の奥へ』にたどりつく。〈スマイリー三部作〉を裏返したような謀略もトーマス史上最高の巧緻さをみせ、ハイドの冒険行も凄絶をきわめる。だが同作がもたらす強烈な昂奮は、単に敵地潜入＆脱出の物語が壮絶だから、というだけでは説明がつかない。

ここで話は冒頭に戻る。トーマス特有の心理作用の謎だ。これは要するに、私がパトリック・ハイドやミッチェル・ガントが作中で感じているものを感じている、ということである。極限状況の中、孤立無援で追いつめられ、活劇と恐怖で息を切らし、しかし止まることは許されず先へ先へと、ゴールへ、国境線へ走りつづけ、最後には満身創痍《そうい》の状態に……そんな登場人物の内面を読者とシンクロさせてしまうのがトーマスのマジックなのだ。『闇の奥へ』から、KGBに追われるハイドがプラハの街を逃げる場面を引用してみたい。

さらに十段、そして水平路、また十段。水平路、十段、水平路。街灯。剝げた化粧漆喰《スタッコ》の壁の上で、膨れ上がる巨大な影、縮みゆく小人の影。暗闇、階段、水平路、影、巨人、小人、階段、水平路――

剝げ落ちた化粧漆喰《スタッコ》、凍った危険な階段。息が切れ、脚もがくがくしだした。スピードが落ちている。それはハイドにもわかった。

視点人物の脳に飛び込んでくる情報が、生のまま読者に叩きつけられるのがわかる。階段の段数、視界をよぎる影、震える身体――トーマスは視点人物の脳内で跳弾する感覚情報を咀嚼《そしやく》しない。整然たる文章に収めてしまわない。マシンガンのように名詞だけを連ねる流儀は、まるでジェイムズ・エルロイのようですらある。この文体こそが、私たちを激烈な死闘と汗まみれの恐怖の中に引きずり込むのである。冒険小説において文体がうんぬんされることはあまりない。しかしトーマスにおいては、重要なのは文体なのだ。『狼殺し』でのリチャード・ガードナー、『ジェイド・タイガーの影』で中国公安に捕えられるデヴィッド・リュウ、『闇の奥へ』のパトリック・ハイド、『ウィンターホーク』のミッチェル・ガント――トーマスの描く現場工作員たちは危機の中で人間性を削り取られてゆく。イデオロギーや愛国心といった大義も削り落とされ、彼らの目的はシンプルな生存本能に絞り込まれて、彼らはただ生き延びるために駆けるけものと化すのである。

　西欧的理性の産物である政治が、その足元の地べたにいる者たちの人間性を剝《は》ぎ取り、獣性をあらわにする。それがトーマスの追いつづけたテーマではなかったか。あの文体を生み出した必然も、自作の題名にけものの名を冠しつづけた理由も、そこにあるのではないか。特異な文体で地べたの者たちの闘争を描き、背景幕に権力者の政治闘争をおく遠近法。それがクレイグ・トーマスの冒険小説を比類なく重層的なものにしたのだ。

　冒険小説はつまるところ心理劇なのであり、それを文体の彫琢《ちょうたく》によって追究したトーマスの功績は、もっと称揚されていい。七〇年代以降の冒険小説作家で私がクレイグ・トーマスを最重要とみなすのは、そのせいなのである。

■クレイグ・トーマス　著作リスト

『ラット・トラップ』Rat Trap, 1976　広瀬順弘訳／ハヤカワ文庫NV
『ファイアフォックス』Firefox, 1977　広瀬順弘訳／ハヤカワ文庫NV／ミッチェル・ガント・シリーズ
『狼殺し』Wolfsbane, 1978　竹内泰之訳／河出文庫
『モスクワを占領せよ』Snow Falcon, 1979　井上一夫訳／毎日新聞社
『モスクワ5000』Moscow 5000, 1979　小菅正夫訳／ハヤカワ文庫NV／デイヴィッド・グラント名義
『レパードを取り戻せ（上下）』Sea Leopard, 1981　菊池光訳／ハヤカワ文庫NV
『ジェイド・タイガーの影』Jade Tiger, 1982　田中昌太郎訳／早川書房
『ファイアフォックス・ダウン（上下）』Firefox Down, 1983　山本光伸訳／ハヤカワ文庫NV／ミッチェル・ガント・シリーズ
『闇の奥へ（上下）』The Bear's Tears, 1985　田村源二訳／扶桑社ミステリー／ケネス・オーブリー、パトリック・ハイド
『ウィンターホーク（上下）』Winter Hawk, 1987　矢島京子訳／扶桑社ミステリー／ミッチェル・ガント・シリーズ
『すべて灰色の猫（上下）』All the Grey Cats, 1988　山本光伸訳／扶桑社ミステリー
『高空の標的（上下）』The Last Raven, 1990　田村源二訳／新潮文庫／ケネス・オーブリー・シリーズ
『DC-3の積荷（上下）』A Hooded Crow, 1992　田村源二訳／新潮文庫／ケネス・オーブリー・シリーズ
『救出』Playing with Cobras, 1993　田村源二訳／新潮文庫／パトリック・ハイド・シリーズ
『無法の正義』A Wild Justice, 1995　田村源二訳／新潮文庫
『ディファレント・ウォー（上下）』A Different War, 1997　小林宏明訳／小学館文庫／ミッチェル・ガント・シリーズ
『闇にとけこめ（上下）』Slipping into Shadow, 1999　田村源二訳／新潮文庫／ケネス・オーブリー、パトリック・ハイド・シリーズ

■トレヴェニアン　Trevanian
生前は覆面作家として活躍。死後にその正体が明らかになった。一九三一年、アメリカ生まれ。もとテキサス大学教授。『アイガー・サンクション』でデビュー。暗殺者ニコライ・ヘルの活躍を描いた『シブミ』がベストセラーになる。他の著作に『夢果つる街』『ルー・サンクション』など。二〇〇五年に死去。

文化を見つめ、叙情を残す

文芸評論家
池上冬樹

二〇〇五年十二月十四日に、伝説の覆面作家トレヴェニアンが亡くなった。世界中に翻訳された作家なので、訃報《ふほう》は全世界に流れたが、そのときにトレヴェニアンの本名がロドニィ・ウィリアム・ウィテカーであること、もとテキサス大学の教授であることが書かれていて、覆面とはいえ、ある程度語られていた通りであることがわかった。

死因は慢性閉塞性肺疾患で、英国イングランド地方西部で死去。享年七十四。一部の本では一九二五年一月十二日の生まれとされていたが、七十四歳ということは、もうひとつの説の、一九三一年六月十二日のほうが正しいのだろう。ニューヨーク市グランヴィル生まれで、海軍をへて、テキサス大学の学部長をへて本格的な執筆活動に入った。

そのトレヴェニアンの著作をまとめると、こうなる――。

1 The Eiger Sanction（1972）『アイガー・サンクション』（上田克之訳、TBS出版会）→河出文庫
2 The Loo Sanction（1973）『ルー・サンクション』（上田克之訳、河出文庫）
3 1339...or so:Being an Apology for a Pedlar（1975）
4 The Main（1976）『夢果つる街』（北村太郎訳、角川文庫）
5 Shibumi（1979）『シブミ』（菊池光訳、ハヤカワ・ノヴェルズ）→ハヤカワ文庫
6 The Summer of Katya（1983）『バスク、真夏の死』（町田康子訳、角川文庫）
7 Rude Tales and Glorious（1984）
8 Incident at Twenty-Mile（1998）『ワイオミングの惨劇』（雨沢泰訳、新潮文庫）
9 Hot Night in the City（2000）※短篇集
10 The Crazyladies of Pearl Street（2005）『パールストリートのクレイジー女たち』（江國香織訳、ホーム社）

未訳の3と7は「ニコラス・シアー」名義の作品で、トレヴェニアンにはほかにも別のペ

ンネーム（一説では「ベナー・ル・カゴ」）の作品があるといわれているが、諸説紛々《ふんぷん》でまだ定かでない。3と7をのぞいた八作がトレヴェニアン名義の作品となる。

1は、いうまでもなくスパイ・スリラーの名作。8の雨沢氏の卓越した訳者解説にもあるように、〝スーパースパイ物の浅薄な男性至上主義や物質至上主義をあざわらうパロディ〟として書かれたのだが、美術を愛する殺し屋の鮮やかなキャラクターといい、アイガー北壁を舞台にした迫真の制裁（サンクション）といい、とてもパロディには見えなかった。しかも皮肉なことに男性至上主義を体現するかのようなクリント・イーストウッドの監督・主演で映画化され（脚本には〝ロッド・ウィテカー〟の名前がある）、トレヴェニアンの名前は一躍轟くようになる。2は、舞台をイギリスに移しての続篇である。

4は、モントリオールを舞台にした警察小説で、やるせなくも切ない人生の営みを、諦観《ていかん》にみちた素晴らしく叙情的な語り口で謳《うた》いあげている。人生の哀歓を切々と訴えるモントリオール版山本周五郎であり、トレヴェニアンの代表作であると同時に、警察小説の名作としていつまでも記憶されるべき傑作だろう。

5もトレヴェニアンの代表作であり、スパイ・スリラーの名作として評価をえている作品だ（詳しくは後述）。

6は、一転してサイコ・スリラーで、恋愛小説的な要素をたっぷりと盛り込んで、終盤で物語をひっくり返している。その不気味な結末はあまりに痛々しい。

8は、西部劇の先駆者たちに捧げられた遊び心が一杯のウェスタン。アクションも風刺もたっぷりで、戯画的な筆致がさえわたる、なかなか巧みな物語である。

未訳の9は、8の解説にあるようにさまざまな技を駆使したジャンルのショーケース、10は自伝的な青春小説である。


さて、ごらんのように、トレヴェニアンは実にさまざまなジャンルの傑作・秀作を発表しているのだが、代表作をあげるとなると、右にも書いたように『夢果つる街』と『シブミ』になるだろう。とりわけ『シブミ』は日本語の〝渋み〟からとられていて、おそらく多くの人が、いまだに〝このタイトルはどうして？〟と思うのではないか。

実は、一九八〇年に早川書房から出版されたときも、そう考える人が多かった。いくら欧米でベストセラーを記録しているといっても、日本文化に対する理解が果たしてあるのか不安がぬぐえなかった。当時海外では、『ショウグン』（邦訳『将軍』）だの『ザ・ニンジャ』だのといった日本語タイトルのエンターテインメントが出ていたこともあり、またまた異国情緒の、といえば聞こえはいいけれど、早い話が日本と日本文化を曲解した、変な設定の、変な人物が出てくる、変な物語のひとつではないかと思ったのである。

しかし、実際に読んでみたら、驚いた。作者のトレヴェニアンは、日本人以上に日本人のことを知っており、『シブミ』は実に得難い日本文化論になっていたのである。こういう優れた作品が、海外で生まれて、広く読まれていることが率直に嬉しくなった。

それから二十五年後、『シブミ』の新装版の解説を頼まれて、久々に読み返したけれど、あらためて感心してしまった。正直に告白するなら、スパイや謀略のたぐいは、冷戦構造の崩壊とともにどうしても物語の設定が古くなるものなので、多少の古さは避けられないだろうと案じていたのだが、いやいや、それがいまだに古くはなっていない。むしろ逆に新鮮な印象を節々《ふしぶし》で与えるから驚く。一度読んだことがある人なら、いまこそもう一度読むべきだし、未読の人ならすぐに手にとって読むべき作品かと思う。

まず、物語の前提は、一九七二年に起きた〈黒い九月〉事件である。パレスチナ・ゲリラ〈黒い九月〉がミュンヘン・オリンピックの選手村を襲い、結果的にイスラエルの選手十一人を殺害した事件だ。スティーヴン・スピルバーグ監督がそれに刺激を受けて、事件の報復の物語を『ミュンヘン』に結実させたけれど、『シブミ』の冒頭で展開する空港での銃撃戦も似たような報復がからんでいる。ただし、事前に排除された報復である。〈黒い九月〉に殺された選手の中に、アサ・スターンの息子がいた。スターンは復讐の誓いをたて、少人数の報復グループ〈ミュンヘン・ファイヴ〉を組織し、ミュンヘン殺人のメンバーを片づけるために、ロンドンに向かうことにした。

その情報をアラブの情報組織がえて、〈マザー・カンパニイ〉に流す。母会社《マザー・カンパニイ》とは、アラブの諸国と手を結び、石油利権を支配し、CIAをも傘下におさめる巨大組織。CIAとアラブの情報組織が共同で、ローマ国際空港での先制攻撃の段取りをする。

攻撃は、一般客をまきこんでしまうものの、標的の〈ミュンヘン・ファイヴ〉の二人を虐殺して成功。だが、母会社の幹部、J・O・ダイアモンドが、事件を撮影したフィルムを見て、もう一人現場にいて逃走したことを発見する。スターンの姪《めい》のハンナだった。ハンナはあわてて、バスク地方におもむき、孤高の暗殺者ニコライ・ヘルに救いを求める。ニコライは、日本の〝シブミ〟を体得した暗殺者で、彼女を何とか守ろうとする。だが、ダイアモンドもまた、そのニコライの存在に気づく……。

物語は、ダイアモンドの事件検証からはじまり、それと並行して、ハンナの逃走、さらにニコライの登場となり、物語は彼の成長をたどるべく、過去へとむかう。ニコライがいかにして〝シブミ〟を会得したかが、第二次大戦前の日本を舞台に語られるのである。

この日本を舞台にした青春小説ともいうべき回想場面が素晴らしい。ニコライは碁を学び、碁を通じて、己が精神のありかを見いだしていく。トレヴェニアンはいくつものジャンルを書き、それがまたひとつずつ優れた出来ばえを示しているので、何がいちばん美徳なのかがみえにくくなっているが、僕の見るところ、その美徳は、叙情性にある。

その叙情性の最たるものが『夢果つる街』であるけれど、サイコ・スリラーの『バスク、真夏の死』でも、それは顕著だった。プロットは、八〇年代以降の爆発的なサイコ・スリラーのブームにより、似たような物語がたくさん作られて、いま読みかえすと驚きは足りないのだが、しかし『バスク、真夏の死』がいまだに秀作たりえているのは、悔恨にみちたノスタルジックな回想によって語られる恋愛小説の部分が瑞々《みずみず》しく、それが結末の異常さを逆に鋭くしていることである。

その瑞々しさは、ニコライの若き日々の情景描写にある。大竹七段との対話、真理子とのほのかな愛、岸川将軍との散策など、これといって大きなドラマの場面ではないのに、しみじみと胸にしみいるのは、艶《つや》やかな叙情が流れているからである。とくに岸川将軍と新潟を訪ね歩く場面が美しい（上巻一六二頁）。東京大空襲のあとの凄惨な場面におかれた、この桜の季節の散策と、将軍の独白は、生きることの無常さと不思議さを伝えていて厳粛な気持ちになる。大竹七段もそうだが、さりげなく人生にまつわる箴言《しんげん》を口にして、読者の胸に波紋をなげかける。人生のひとつの真実として強く胸に響くのである。

それにしても、トレヴェニアンの日本文化の記述には感心してしまう。実に正確に、侘《わび》、寂《さび》、渋みといった日本文化のキーワードを紹介し、それを主人公ニコライの精神の表現に巧みに使っている。またニコライが目撃することになる戦中から戦後に至る混乱期、とりわけ東京大空襲、原爆、極東裁判などに対する怒りはもっと共有されてしかるべきだろう。十三万人が亡くなった酸鼻をきわめる東京大空襲（その凄惨な場面を見よ）、残酷なまでの非人間的〝実験〟としての原爆投下、明らかに人種差別に正義が歪曲された極東裁判などを痛烈に批判している。それはあたかも、ニコライの言葉を借りるなら、〝日本人の民族的性向の欠点の一つ〟である〝感情を率直に表明することに面映さを感じる〟ところを補い、人種差別と不当な裁判を声高に追及してくれた感さえ覚える。

また、戦中から戦後にかけての日本の姿を正確に描出しているだけでなく、ここには、日本文化と同じくらいに西洋文化、とりわけアメリカ人と文化に対する鋭い批評もある。アメリカ文化、ひいては汎地球的になりつつある物質至上・消費主義を徹底して批判しているのも注目すべきだろう。政治的な反米ではなく、あくまでも文化への批判である。〝アメリカ人はみんな商人であり、アメリカ人の特性、ヤンキー精神の中核をなしているのは売り買い〟であり、〝彼らは、兵器の供給とか経済的圧力といった強大な暴力団的保護に支えられて、呼び売り商人のように自分たちの民主主義的イデオロギーを売っている。彼らにとって、戦争は、膨大な規模の生産、補給の訓練にすぎない〟といった記述がいくつも散見される。

さきほど僕は、『シブミ』が、古さよりも逆に新鮮な印象を与えるといったのは、まさにこのような正確な文化批評が散見されるからである。9・11以降にアメリカが見せた態度は、〝文化的に未熟で、性急でぎごちなく、物質主義的で歴史的に近視眼的で、騒々しく、あつかましい〟ものだろう。基本的にアメリカ人は、〝腹の底では人が好く親切で、自分たちの富とイデオロギーを世界じゅうの人間と分かち合うことをいとわない――というよりは、分かち合うことをあくまで言い張る〟。この〝分かち合うことをあくまで言い張る〟が苦笑を誘うし、事実その通りだと思うのではないか。『シブミ』がいまだに読まれ、評価が高いのは、実は、このような文化批評が本質を見事に射抜いているからだろう。

もちろん、スパイ・スリラーとしての面白さも忘れてはならない。とくに碁の用語をもちいて、そのまま対決の構図をあらわす粋な設定も愉しいし、バスク地方の洞窟を舞台にした逃走行も迫力にみちている。『アイガー・サンクション』の登山の場面がそうだったように、

『シブミ』のケイヴィングの場面でも、一見すると動きがとまりがちな場面を、緊迫感みなぎるものに変えて、サスペンスを生み出している。いやはや、なんとも達者なものだ。

以上のように、『シブミ』は、読ませどころが満載であり、いまだに興趣が新しく、わくわくする。トレヴェニアンの偉大さを強烈に読者に刻みつける秀作である。

二〇〇六年一月

〔トールサイズ版文庫への追記〕

『シブミ』のトールサイズ版の文庫刊行に続き、ドン・ウィンズロウの『サトリ』(早川書房)が二〇一一年四月に刊行される。アメリカでもハードカヴァーが三月に刊行されるので、ほぼ日米同時発売となる。

『サトリ』は、『シブミ』の前日譚《たん》にあたる。解説でもふれたように、すでにトレヴェニアンは亡くなっているので、他の作家が前日譚を書くことに日本人は違和感を覚えるかもしれないが、海外ではこの類《たぐい》のことはよくある。たとえば、アレクサンドラ・リプリーはマーガレット・ミッチェルの名作『風と共に去りぬ』の続篇『スカーレット』を、ロバート・B・パーカーはレイモンド・チャンドラーの『大いなる眠り』の続篇『夢を見るかもしれない』(ハヤカワ文庫版では『おそらくは夢を』と改題)を書いている。パーカーはまたチャンドラーの遺稿『プードル・スプリングス物語』を、ローレンス・ブロックはコーネル・ウールリッチ（ウイリアム・アイリッシュ）の遺稿『夜の闇の中へ』を完成させたし、最新ではジェフリー・ディーヴァーが、イアン・フレミングの英国諜報員〈ジェイムズ・ボンド・シリーズ〉の新作を執筆中である。（編集部注※その後、『007 白紙委任状』が刊行された）

このように海外では鬼籍《きせき》に入った作家の続篇やシリーズ作品を、有名作家が手がけることはよくあるのだが、まさか『シブミ』の続篇（正確には前日譚）が書かれるとは予想外だった。というのも、日本文化への理解がきわめて重要であり、なおかつそこにスリラーとしての厚みをもたせることはきわめて難しいと思ったからである。しかし、さすがにウィンズロウである。数十年にわたる麻薬戦争を叙事詩に結晶させた『犬の力』、伝説の殺し屋を軽妙かつスリリングに捉えた『フランキー・マシーンの冬』のウィンズロウらしく、朝鮮戦争を背景にして、一九五一年から五二年の中国、ソ連、アメリカなどの陰謀にまきこまれるニコライ・ヘルの若き日々の苦闘を実に巧みに颯爽《さっそう》と描ききっている。トレヴェニアンとくらべると、提示される日本文化はいささか異国情緒的な部分もあるけれど、それでも要所を押さえてテーマとからめ、スピーディに物語っている。快作といえるだろう。

なるほど、このようにしてニコライ・ヘルは〝孤高の暗殺者〟になったのかと、成長の一端がのぞけるし、独立した作品としても読めるので、前日譚『サトリ』を先に読んでもいっこうに差し支えないが、個人的にはやはり『シブミ』から読まれることをお薦《すす》めしたい。ウィンズロウが『サトリ』の「あとがき」に書いていることだが、『シブミ』の世界に近づけるべく努力しているからだし、冒頭に出てくる岸川将軍とのくだりなども、『シブミ』で回想される輝かしい青春時代の部分抜きには語れないからである。ぜひこの『シブミ』に続いて『サトリ』をお読みください。

■トレヴェニアン　著作リスト

『アイガー・サンクション』The Eiger Sanction, 1972　上田克之訳／河出文庫
『ルー・サンクション』The Loo Sanction, 1973　上田克之訳／河出文庫
『夢果つる街』The Main, 1976　北村太郎訳／角川文庫
『シブミ（上下）』Shibumi, 1979　菊池光訳／ハヤカワ文庫ＮＶ
『バスク、真夏の死』The Summer of Katya, 1983　町田康子訳／角川文庫
『ワイオミングの惨劇』Incident at Twenty-Mile, 1998　雨沢泰訳／新潮文庫
『パールストリートのクレイジー女たち』The Crazyladies of Pearl Street, 2005　江國香織訳／ホーム社

■マイケル・バー＝ゾウハー　Michael Bar-Zohar

一九三八年、ブルガリア生まれ。パリ大学在学中に新聞社の特派員となる。中東戦争に従軍後、大学で教鞭をとり、国会議員にもなった。『エニグマ奇襲指令』『パンドラ抹殺文書』などの傑作のほか、『復讐者たち』『モサド・ファイル』（共著）などノンフィクションの著作も多数。

五つの顔を持つ作家

コラムニスト　香山二三郎

映画の都ハリウッドを傘下に収めるユダヤ資本。その若手世代のトップのひとりにスティーヴン・スピルバーグがいる。ご存知の通り、スピルバーグはSFや恐竜映画ばかり作っているわけではなく、『シンドラーのリスト』のようなユダヤ人の悲劇をテーマにした重厚な作品も手掛けている。二〇〇五年製作の『ミュンヘン』もそうした一本だ。

一九七二年、ミュンヘン五輪開催中にパレスチナ・ゲリラ〝黒い九月〟が選手村を襲撃、イスラエル選手団の十一名を殺害した。『ミュンヘン』はこのテロ事件に材を取った作品で、事件後イスラエル政府が暗殺チームを組織して〝黒い九月〟幹部への復讐に乗り出すという話。パレスチナ・ゲリラ側にも目配りした演出ゆえユダヤ系の保守派からは批判も受けることになったが、ユダヤ民族にまつわる独自のドラマ作りに挑むスピルバーグの姿勢は充分瞠《どう》目《もく》に値しよう。

さてそのスピルバーグのおかげで、冒険・スパイ小説ファンにはお馴染《なじ》みの名前との再会がかなった。『ミュンヘン』の背景を描いた真実のドラマ」と帯に謳《うた》われたノンフィクション『ミュンヘン——オリンピック・テロ事件の黒幕を追え』（ハヤカワ文庫NF）の著者のひとり、マイケル・バー＝ゾウハーその人である。

バー＝ゾウハーは一九七〇年代から九〇年代にかけて、スパイ小説、国際謀略小説のジャンルに数々の傑作を残したが、そのデビュー小説『過去からの狙撃者』（一九七二）が翻訳刊行されたのは一九七八年一月のことであった。発表から五年近くたっての紹介だが、その後、七八年八月に長篇第二作『二度死んだ男』（一九七三）、八〇年九月に第三作『エニグマ奇襲指令』（一九七八）が翻訳され、徐々に日本の読者もつかんでいった。一作目と二作目は米ソの冷戦を背景にしたスパイ活劇で、アメリカＣＩＡ作戦部のスーパーエージェント、ジェフ・ソーンダーズが主人公を演じる。三作目の『エニグマ奇襲指令』はしかし、第二次大戦を背景にナチスが開発した暗号機の奪取作戦の顚末《てんまつ》を描いた戦時活劇に一転。リアルな歴史小説の妙も取り込んだこの作品で著者は新境地をひらいた。

かくてブレイクを果たしたバー＝ゾウハーが満を持して発表したのが、長篇第四作の『パンドラ抹殺文書』（一九七九）である。翻訳も原著から間を置かず、一九八一年六月に刊行され好評を博した。冷戦下の米ソ諜報戦ものに再び作風を戻しているが、『過去からの狙撃者』『二度死んだ男』のようなスーパーエージェントものではなく、スパイ小説と国際謀略小説をまじえたシリアスなサスペンスに仕立てられている。

　物語は、モスクワでアメリカの女性情報部員が機密物の受け渡しに失敗、そこからＫＧＢ高官に潜入スパイがいることを察知されてしまう。共産党書記長レオニード・ブレジネフはＫＧＢ議長ユーリ・アンドロポフにスパイの逮捕を命じるが、いっぽうアメリカのＣＩＡ長官ウィリアム・ハーディも、くだんのスパイ「パンドラ」からＫＧＢの幹部「アキレス」に正体を勘づかれたらしいことを知らされ、大統領に救済策を具申していた。

　そこまでがプロローグで、本篇はロンドンの公立記録保管所から幕を開ける。大学院生のリチャード・ホールは閲覧した歴史文書から一九一〇年にイギリス諜報局長官が国王に宛てた機密文書を発見、家に持ち帰ってしまう。だがそれはパンドラの秘密の鍵を握る文書だった。やがてホールはふたり組の男に殺され、現場から文書を持ち去った彼のフランス人の恋人シルヴィー・ド・セリニーが男たちに追われる羽目になる。

　もちろん男たちというのはＫＧＢの手先。前半はシルヴィーとそのＫＧＢの刺《し》客《かく》たちとの追跡劇がメインになるが、若い読者には一九七〇年代末の時代背景をざっと説明しておいたほうがいいかもしれない。まずソ連からいくと、ブレジネフやアンドロポフは実在の人物で、冒険・スパイ小説ジャンルではすでにお馴染みの名前。キューバ危機をめぐるジョン・Ｆ・

ケネディとの攻防で知られるニキータ・フルシチョフの失脚後、一九六四年に書記長の座を継いだブレジネフはその後十八年間にわたって権力の座を守る。その時代は、

ソ連政治指導部のデタント政策と、軍事的対決を至上とする保守派・軍部との内部抗争を核として、KGBが仕掛けてCIAが応戦するという国際謀略スパイ小説の〝宝庫〟のような感があり、いかにもアメリカと世界の覇権を争う二大国家の一つに見える。だが、ブレジネフが「現存社会主義国家」と豪語したソ連は〝張り子の虎〟であり、実は国内的には「停滞の時代」といわれているほど、この時代はあらゆる面にわたって進歩への信仰が崩壊していった時代だった。（井家上隆幸『20世紀冒険小説読本　海外篇』早川書房）

アンドロポフはそのブレジネフ亡き後、一九八二年に書記長に就任するものの、十五カ月後に死去。ソ連も七九年に軍事介入したアフガニスタン紛争を経て、改革の挫折から崩壊への途をたどることになる。本書でもブレジネフとアンドロポフのやり取りから内部抗争の一端がうかがえるが、パンドラをめぐる攻防はまさにソ連の斜陽を物語る謀略劇ともいえようか。

いっぽうのアメリカはというと、一九七二年に起きた大統領リチャード・ニクソンの命による盗聴事件――ウォーターゲート事件以後、CIAの受難が続いていた。内外での秘密工

作がやり玉に挙げられたあげく、七七年に政権に就いた民主党のジミー・カーターには大規模な粛清——人員削減を食らった。本書でアキレス抹殺を提案するハーディに対し、「いったいいまの世の中をどう考えているのだ?」と説教する大統領の造型もカーターのキャラに則《のっと》っていよう。八〇年代に入り、共和党のロナルド・レーガン政権下でいったんその立て直しが図られるものの、民主党のクリントン政権は再びスパイ活動等人的諜報を軽視、後の共和党ブッシュ政権でもさして改善されないまま二〇〇一年の9・11テロへとつながっていくことになる。

そうした米ソの動向が浮き彫りにされている点もさることながら、本書の面白さとなると、やはりシルヴィーの逃亡劇に途中から参加、パンドラ文書の秘密を明かし、その存在を死守しようと図る主人公ジェームズ・ブラッドリーの活躍ぶりと米ソ上層部がめぐらすコンゲーム(騙《だま》し合い)の行方に尽きようか。いいかえれば、先を読ませない物語展開の妙。

読者はただそのスピーディかつスリリングなストーリーテリングに乗っかっていくだけでいいが、著者は物語の細部や人物造型にも独自の工夫を凝らしているので、読み過ごされぬように。後半のクライマックス、窮地に立たされたソ連が画策するミグ25の亡命事件はその典型例で、これが一九七六年九月に函館で起きた現実の事件に材を取っていることは改めて指摘するまでもないだろう。

また、第一部でシルヴィーが親友のジェニファーと落ち合う場所を決めるくだり。ジェニファーは自ら〈オカルト・ロンドン社〉を起こし、様々なツアーを主催しているが、それが追跡劇にも活かされることになる。著者はシリアスな人狩り劇にロンドンの名物ツアーをさりげなく織りこんでみせるわけだが、実は本書の舞台背景は、モスクワからロンドン、ケンブリッジ、イスタンブール、ニース、プエルトリコ等、めまぐるしく変わっていく。その舞台選びからしてトラベルミステリの要素も少なからずあるのだ。

さらにブラッドリーはKGBに家族を殺され、IRA（アイルランド共和国軍）闘士であるシルヴィーの元恋人はテロの最中、命を落としている。つまりブラッドリーもシルヴィーも家族や恋人を失っていて、ふたりともそのトラウマから立ち直りきれていなかったりする。それがふたりの恋愛劇を盛り上げる要因にもなるのだが、もう一点、ふたりの父親が悲劇的な最期を遂げている点にもご注目。それもナチス相手の戦争や血腥《ちなまぐさ》い政治抗争の犠牲者なのだ。著者がイスラエルの作家であることはつとに知られているが、もともとジャーナリスト出身で中東戦争に従軍するなど実戦体験もあり、後に国防省の報道官や国会議員まで務めている。スピルバーグと同様、ユダヤ人としてのこだわりや主張がその作品世界に色濃く投影されていることは論をまたないが、ふたりの家族に暝《くら》い過去を背負わせたり、ブラッドリーに復讐者の顔を持たせているのもそうしたルーツに因《よ》ろう。

後遺症という意味では、〝スヴォーロフの書〟に記された「百年スパイ」というアイデアからも同じようなモチーフがうかがえる。欧米のスパイ劇はかくも根が深いのだ。

なお、『パンドラ抹殺文書』は週刊文春の一九八一年度「傑作ミステリーベスト10」の第六位に選出されている。当時のミステリーベスト10は内外の作品から十作選ばれており、翻訳作品としてはジョージ・スマイリー三部作の掉尾《とうび》を飾るジョン・ル・カレ『スマイリーと仲間たち』を抑えての第二位だ。けだしマイケル・バー＝ゾウハーの初期の傑作であると同時に、代表作のひとつというべきだろう。冷戦の時代が終わり、経済主導、犯罪主導の混迷の時代を迎えた今も、冒険・スパイ小説ファンには読み逃せない一冊なのである。

著者は本書ののちも小説作品を刊行している。OPECに米大統領選、ナチスの強奪美術品を絡めた『ファントム謀略ルート』（一九八一年発表）、モサドにアラブ系政治・軍事組織ファタハの指導者を暗殺されたテロリストが復讐を謀る『復讐のダブル・クロス』（八二）の他、『真冬に来たスパイ』（八四）、『悪魔のスパイ』（八八）等があるが、九〇年代以降は小説よりノンフィクションのほうに力を入れたのか、ソ連のユダヤ人女性を母に持つ兄弟が長じて諜報員となり東西両陣営に分かれて対立する『影の兄弟』（九三）があるのみ。これで打ち止めかと思いきや、十五年後、『ベルリン・コンスピラシー』（二〇〇八）が刊行されたのは喜ばしい限りだ。アメリカのユダヤ人実業家がロンドンのホテルにいたはずなのに、目覚めたらベルリンにいて、しかも六二年前の元SS（ナチス親衛隊）将校殺しの罪で逮捕されるという仕掛けも凝らされたバー＝ゾウハー印の謀略小説だった。年齢からして、さすがにこれが最後かとも思われるが、『モサド・ファイル――イスラエル最強スパイ列伝』を始めノンフィクション作品はその後も出ているので、小説もまたしばらく間をおいていきなり新作を出してくるかもしれない。

■マイケル・バー＝ゾウハー　著作リスト

『復讐者たち』The Avengers, 1967　広瀬順弘訳／ハヤカワ文庫NF／ノンフィクション
『過去からの狙撃者』The Third Truth, 1972　村社伸訳／ハヤカワ文庫NV
『二度死んだ男』The Spy Who Died Twice, 1973　田村義進訳／ハヤカワ文庫NV
『エニグマ奇襲指令』The Enigma, 1978　田村義進訳／ハヤカワ文庫NV
『パンドラ抹殺文書』The Deadly Document, 1979　広瀬順弘訳／ハヤカワ文庫NV
『ファントム謀略ルート』The Phantom Conspiracy, 1981　広瀬順弘訳／ハヤカワ文庫NV
『復讐のダブル・クロス』Double Cross, 1982　広瀬順弘訳／ハヤカワ文庫NV
『ミュンヘン　オリンピック・テロ事件の黒幕を追え』The Quest for the Red Prince, 1983　横山啓明訳／ハヤカワ文庫NF／アイタン・ハーバーと共著／ノンフィクション
『ダッハウから来たスパイ』Arrows of the Almighty, 1985　水木光訳／ハヤカワ文庫NF／ノンフィクション
『無名戦士の神話』The Unknown Solder, 1986　広瀬順弘訳／ハヤカワ文庫NV
『真冬に来たスパイ』A Spy in Winter, 1987　広瀬順弘訳／ハヤカワ文庫NV
『悪魔のスパイ』The Devil's Spy, 1988　広瀬順弘訳／ハヤカワ文庫NV
『影の兄弟（上下）』Brothers, 1993　広瀬順弘訳／ハヤカワ文庫NV
『ベルリン・コンスピラシー』Charged with Murder, 2008　横山啓明訳／ハヤカワ文庫NV
『モサド・ファイル　イスラエル最強スパイ列伝』Mossad, 2012　上野元美訳／ハヤカワ文庫NF／ニシム・ミシャルと共著／ノンフィクション

■デズモンド・バグリイ Desmond Bagley
一九二三年、イギリス生まれ。第二次大戦中は戦闘機の製作に携わる。一九六三年『ゴールデン・キール』でデビュー。『高い砦』『原生林の追撃』『砂漠の略奪者』『裏切りの氷河』『マッキントッシュの男』『サハラの翼』など冒険小説の傑作を次々と発表する。一九八三年に死去。

邂逅、デズモンド・バグリイと『高い砦』

イラストレーター 本山賢司

『高い砦』の主人公は、飲んだくれのパイロットのティム・オハラ。操縦するのはオンボロの輸送機ダコタ。アンデス越えのフライトの乗客は、アメリカ人の女教師、セールスマン、観光客の夫婦、実業家、イギリス人の歴史学者、職業名記載なしの老人と姪……。

物語はその輸送機がハイジャックされる展開で、スリリングにはじまり、操縦席でのアクシデントでダコタはアンデス山地五千二百メートルの高所に不時着するはめになる。犯人は死亡、生存者はオハラをふくめて十名。

一行は救助を求めて三千五百メートルまで下山するが、そこで待ち受けていたのは独裁国家の一団だ。武装した彼らの目的は、同乗していた南米の小国の元大統領だった。彼は秘密裏に祖国に潜入すべく、オハラの飛行機に乗っていたのだ。

こうしてオハラたちと武装一団は、深い峡谷をはさんで対峙《たいじ》することになる。切り立った峡谷には、半壊した吊り橋がかかっているだけ。武装軍団が橋を修理すれば、襲撃してくるのは目に見えている。対するオハラの側には、元大統領のボディガードが持っている拳銃が一挺だけ。切羽つまった状況での、オハラたちの運命の結末は明白であった。

作者のデズモンド・バグリイは一九二三年、イギリス、ウェストモーランド・カウンティのケンダル生まれ。『高い砦』は彼が四十二歳ごろの作品ということになる。

彼は非常にユニークな経歴の持ち主だ。鉱夫の息子として生まれ、十四歳で印刷所の小僧となる。今では小僧などとはいわない。養成工、見習工というところだろうか。第二次世界大戦が始まると、ランカシャーの航空機工場でスピットファイア戦闘機の製作に従事する。終戦後、アフリカへ渡る。鉱夫、工員、事務員など遍歴をかさねナイロビ、ローデシア、南アフリカ共和国などを渡り歩いている。

青年時代にこういう体験を積むと、人生の年輪に奥行きがでるといわれるが、バグリイの場合はまさにその見本のようなものだ。

五〇年になり、ラジオ番組で科学解説をはじめる。それを機にジャーナリズム関係の仕事につき、それを足場に新聞記者になり、映画演劇評、映画のシナリオもてがけ、三十九歳で小説の処女作『ゴールデン・キール』を発表する。二作目が『高い砦』である。

バグリイはあるインタビューで、愛読書はなにかと質問をされ「コンピューター関係と専門書」と答えている。専門書というのは、たとえば「イギリス海軍水路誌」といったもので、こうしたものから得た情報が作品に生かされているのはいうまでもない。

『高い砦』にはなしをもどそう。壊れかけた吊り橋をはさんで対峙する敵に、丸腰に近いオハラたちはいかにして応戦するか。このプロットのために用意されたキャラクターが、イギリス人の歴史学者アームストロングだ。彼の専門は中世史研究。徒手空拳の一行に、石弓と投石機を作って武装軍団に応戦するという、途方もないアイデアを提示する。設計はアームストロング。手先の器用なドクター・ウイリスが中世の武器の製作を担当する。

石弓の弓には、自動車用の板ばねを使用。矢を射る弦は電線をよりあわせたもの。弦を引っ張るのは、本体の巻きあげ用ウインチ。

矢は先端を尖らせた鉄棒。粉末ミルクの缶で作った矢羽根がついている。

射手はアメリカ人女教師のジェニイ・ポンスキイだ。彼女は五十五歳独身の女教師で、弓が使え小さな選手権を制覇した腕前がある。石弓の射手に女性のキャラクターを登用するところが心憎い。こうしたお膳立てと、科学的な知識を生かした描写はバグリイの面目躍如たるところだ。

石弓に次いでアームストロングが設計したのが城門破壊用投石機だ。バランスのわるいシーソーといったところで、長い方の天秤に石を置き、もう一方に数倍の重力をかけると、長い方が跳ねあがって石が弾き飛ぶというものだ。

こうして中世の武器で敵と対峙すると同時に、アンデスに長年すんでいるミゲル・ローデと二人の仲間が、背後の山を登りかえして、峰の反対側に救援を求める計画をたてる。

三人の装備は毛布を縫ったリュック、おんぼろのブーツ、古いホウキの柄に鋼鉄の刃をとりつけたアイス・アックス。この貧弱な装備で、底なしのクレバスや雪崩の待ち受ける五千八百メートルの厳寒の峠を越えるというわけだ。この山越えのプロットも迫真の描写がつづき、ストーリィはスケールの大きな広がりをみせて展開する。

高山病は二千メートルあたりで発症し、重症の場合は死にいたる。この過酷な環境の対策を、かつて医学を学んだローデが説明する。「自然に呼吸をするんです。無理をしないで……必要なだけの空気は得られます。だが無理に呼吸すると、肺から炭酸ガスがぜんぶ追い出されてしまいます。そうなると血液の酸塩基平衡が狂い、筋肉がひきつってしまいます。それは苦しいことになるんです」

読者は高山病対策の初歩的な対処のメカニズムをこうして、ごく自然に教えられる。

こうした登場人物の骨格のしっかりした描き分けが、イギリス伝統の冒険小説の質の高さで、『高い砦』でもそれがいかんなく発揮されている。冒頭で、飲んだくれ、と紹介した主人公は、朝鮮戦争に参戦して妻を民間人に取られてしまった暗い過去を背負っている。自らを酒瓶から生まれた子どもと皮肉り、ウイスキィの入ったスキットルを革ジャンパアのポケットにしのばせ、人生を屈折してながめるものの、ブレることのない強靱な精神をもちあわせている魅力のある男だ。

これら多彩な人物が、武装した敵といかに戦うか。必要なのは不屈の精神力と、現状を打開するための創造力。つきつめていえば『高い砦』は、そのことを描いた小説である。

『高い砦』の初版は昭和四十九年。四十一年前である。そのころは冒険小説の黄金時代だといっても過言ではないだろう。ハモンド・イネスやアリステア・マクリーンが、ソフトカバーのハヤカワ・ノヴェルズで、続々と出版されていたのだから。

いま古い版の『高い砦』を手にすると、あのころの神田の書店の光景が、鮮やかに目に浮かんでくる。ソフトカバーの装丁。本文は二段組。神田の書店で最初に手にしたのが二十八歳のときだった。その前に出版されていた『裏切りの氷河』と『マッキントッシュの男』が未読だったので、その二作でバグリイの世界が堪能できるし、未訳の作品も多数あることを知って、金鉱を掘り当てたような気になったものだった。

ハヤカワ・ノヴェルズの文庫化で『高い砦』の解説の依頼を受けたのが、奇しくもバグリイが急逝したのと同じ歳の五十九歳。さらに十年がたって、またも同書の解説を依頼されたことに、奇妙なつながりを感じるとともに、長きファンであったことを誇らしくおもう。

この小説の書かれた一九六五年ごろは、米英はソ連との冷戦時代の最中で、反共の姿勢が非常に強いころだった。その後、ベルリンの壁崩壊、9・11など世界情勢はめまぐるしく変動している。時の流れとともに変動する情勢や価値観に変化がおころうとも、冒険小説の登場人物が織りなす行動原理には、つねに明快な答えが用意されている。もはや古典となった

『高い砦』を再々読して、色あせない新鮮さをまたもや実感したことに、多少驚きさえ感じている。

次に、バグリイのほかの作品をざっくり紹介してみよう。

『ゴールデン・キール』は、ヨットの竜骨そのものを黄金で作って運ぶという、とんでもアイデアの海洋冒険小説の白眉。最近地震の被害で知られるようになった、埋め立て地などの液状化現象がストーリィの肝になっている『原生林の追撃』。原題が *Landslide* で「地滑り」というわけだ。『ハリケーン』は、その記述の正確さに気象の専門家から絶賛され、クライマックスの暴風雨の描写は圧巻である。また、麻薬の供給もとを撲滅すべく中東の栽培地に乗りこむ、ひと癖もふた癖もある男たちが繰り広げる『砂漠の略奪者』。おなじ砂漠だが『サハラの翼』はアフリカが舞台。過去に行われた飛行レースで脱落し、誰も発見できなかった飛行機を捜索する男たちが、やがてサハラ砂漠の魅力にとりつかれ、狂気を帯びてくる。失踪した父親の汚名をはらすべき主人公は『ヘンドリックスの遺産』で再び登場する。

ともあれスケールが大きく、かつ精密に構築されたバグリイの冒険小説をお楽しみいただきたい。とくに若き本好きたちによって『高い砦』の頁がひらかれんことを……。

二〇一五年十一月

■デズモンド・バグリイ　著作リスト

『ゴールデン・キール』The Golden Keel, 1963　宮祐二訳／ハヤカワ文庫NV
『高い砦』High Citadel, 1965　矢野徹訳／ハヤカワ文庫NV
『ハリケーン』Wyatt's Hurricane, 1966　矢野徹訳／小学館
『原生林の追撃』Landslide, 1967　矢野徹訳／ハヤカワ文庫NV
『黄金の手紙』The Vivero Letter, 1968　矢野徹訳／ハヤカワ文庫NV
『砂漠の略奪者』The Spoilers, 1969　矢野徹訳／ハヤカワ文庫NV
『裏切りの氷河』Running Blind, 1970　矢野徹訳／ハヤカワ文庫NV
『マッキントッシュの男』The Freedom Trap, 1971　矢野徹訳／ハヤカワ文庫NV
『タイトロープ・マン』The Tightrope Men, 1973　矢野徹訳／ハヤカワ文庫NV
『スノー・タイガー』The Snow Tiger, 1975　矢野徹訳／ハヤカワ文庫NV
『敵』The Enemy, 1978　矢野徹訳／ハヤカワ文庫NV
『サハラの翼』Flyaway, 1979　矢野徹訳／ハヤカワ文庫NV
『バハマ・クライシス』Bahama Crisis, 1981　井坂清訳／ハヤカワ文庫NV
『ヘンドリックスの遺産』Windfall, 1982　井坂清訳／ハヤカワ文庫NV
『南海の迷路』Night of Error, 1984　井坂清訳／ハヤカワ文庫NV
『爆走大陸』Juggernaut, 1985　田村義進訳／ハヤカワ文庫NV

■ジャック・ヒギンズ　Jack Higgins
一九二九年、イギリス生まれ。歴史教師などの職業を経験。さまざまなペンネームで小説を書いたのち、ヒギンズ名義の『鷲は舞い降りた』がベストセラーとなり映画化もされた。他の著作に『死にゆく者への祈り』や『脱出航路』、『嵐の眼』に始まる〈ショーン・ディロン・シリーズ〉など多数。

ジャック・ヒギンズ　〈ツボ〉という名の機雷

作家　月村了衛

ジャック・ヒギンズ『鷲は舞い降りた』は、私にとって、アリステア・マクリーン『女王陛下のユリシーズ号』と並ぶ冒険小説の最高峰だ。

「それまでステロタイプな悪役でしかなかったドイツ軍を初めて人間的な主役として描いた画期的作品」。そうした指摘はこれまでにも数多くなされており、今さら私が付け加えることはない。

ここでは少し違った観点から、『鷲は舞い降りた［完全版］』をもとに、ヒギンズの魅力について少々の駄弁を弄《ろう》してみたい。

『鷲は舞い降りた』の魅力を形成する最大の要諦。それは、ひとことで言うと、徹底した〈ツボ〉の連打であると愚考する。

ツボ。すなわち、男泣き必至のポイント。

イントロダクションからしてもう泣ける。仕事でノーフォークの寒村スタドリ・コンスタブルの墓地を調べていた作家（ヒギンズ本人であるという趣向）は、そこに隠されていた墓を偶然発見してしまう。その墓碑銘にはこう記されていた。

〈一九四三年十一月六日に戦死せるクルト・シュタイナ中佐とドイツ落下傘部隊員十三名、ここに眠る〉

第二次大戦中のドイツ兵の墓がなぜこんなところにあるのか。興味を抱いた作家は神父や村人に尋ねて回るが、誰もが固く口を閉ざして答えようとはしない――

私は本稿を草するため、この冒頭部分を読み返したのだが、ここだけでもう泣けて泣けてしょうがなかった。客観的に言って、それは物語の顚末《てんまつ》をすでに知っている再読であるからこその現象であると思うのだが、それでも、ここには馥郁《ふくいく》たるロマンの香りがあり、これから想像を絶する〈物語〉が始まるのだという期待感が否応なく高まっていく。

以下、紙幅の許す限り本作のツボを具体的に列挙していきたい。また、急いで読者の注意を喚起するが、本稿ではこの作品が古典的名作であるとして遠慮なくネタバレを行なうので、未読の方はまず原典に当たられることを強くお勧めする。

まず、本作の主人公シュタイナ中佐の初登場シーン。柏葉章付き騎士十字章を授与された英雄である彼は、部下達と共に現在懲罰部隊の一員として極寒のチャンネル諸島で自殺にも等しい人間魚雷のような任務に従事している。それはなぜか。

ドイツ軍将校でありながら、シュタイナはワルシャワで親衛隊に銃殺されようとしていた見知らぬユダヤ人の少女を救った。当然その場で親衛隊に拘束されるが、英雄を処刑すれば士気に関わる。そのため彼と彼の忠実な部下達は、いずれは死ぬしかない任務へと追いやられたのだ。まずここが第一のツボである（実はここに至るまでにもすでに数々の小さなツボが機雷の如く埋設されているのだが、すべてに触れている余裕はない）。

勇敢でありながら、弱き者にはどこまでも優しい。自らの信念を貫き通す誇り高きプロシア軍人の末裔《まつえい》。まさに「男が惚れる」「男の中の男」。ヒーローかくあるべし、といったところ。

このとき虐殺を指揮していたユルゲン・シュトロープ少将とシュタイナ中佐との会話が痛快極まりない。ちなみに、シュトロープは実在の人物で、こうした史実と虚構とを巧みに交錯させる手法においてもヒギンズは比類がない。

シュタイナを称してヒムラーは言う、「非常に頭が良くて、勇気があって、冷静で、卓越した軍人――そして、ロマンティックな愚か者だ」と。

このシュタイナに与えられる任務が、チャーチル誘拐という正気の沙汰ではない極秘作戦の実行である。死を待つよりほかない懲罰部隊の任務から解放されるために、また反逆罪で逮捕された父シュタイナ少将を救うために、彼はこの任務を受けざるを得ない。

一方、ヒムラーからの厳命により作戦立案に取り組まざるを得なくなったのが軍情報局のマックス・ラードル中佐。対ソ冬季戦で右目と左腕を失い、余命二年と言われているラードルは、たとえ成功したとしても戦況にはなんの意味もないこの作戦に全能力を傾注する。後に遺されるであろう妻子のためにも、ゲシュタポに逆らうわけにはいかないのだ。また無意味であると知りつつも、彼は自ら立案した作戦に誇りを抱いてもいる。

シュタイナとラードルは、互いを優れた軍人として、男として、肝胆相照《かんたんあいて》らす仲となる。この二人の友情が第二のツボである。

一般に、本作の〈第二の主人公〉としてリーアム・デヴリンの人気が高いのだが――そして事実、彼はその後、数々のヒギンズ作品で活躍することになる――私は、こと本作に関してはデヴリンよりもラードルの人物像に大いに惹《ひ》かれた。

このラードルがヒムラーより渡されるヒトラーの封書がまた燃える。

〝総統兼首相より―極秘― ラードル中佐は（中略）私に対してのみ責任を有する。軍、民を問わず、階級にかかわりなく、関係者全員が彼の必要を満たすべく最大限の協力をすることを要求する。アドルフ・ヒトラー〟

何かあると、ラードルはこれを取り出して相手に見せる。読んだ者はたちまち蒼白になって震え出す。ほとんど水戸黄門の印籠《いんろう》である。あまり指摘されることはないが、こうした小道具による演出はまったく馬鹿にできないと私は考える。

ともかく、ラードルはシュタイナを心から認めながらも、自らの作戦に従い、彼を死地へと送り出さねばならない。ラードルの複雑な心情のすべてがまたツボなのだ。

かくして、いよいよ出発の準備は整った。シュタイナ指揮する落下傘部隊を運ぶ輸送機ダコタのパイロットは弱冠十九歳の撃墜王ペイター・ゲーリケ大尉。三十八機も撃墜しながら、ゲーリングの前でメッサーシュミットよりも敵機スピットファイアの方が優れていると評したため、騎士十字章をもらえず冷遇されている。

彼もまた一読忘れ難い人物で、不敵というか生意気というか、反骨の塊のような個性であり、その〈若さ〉が鮮烈に表現されている。

過酷な自然との戦いは、冒険小説にとって極めて重要なシーンだ。本作でももちろん用意されている。それはまた大きなツボのひとつともなっている。

濃霧の北海上空を、ゲーリケは驚異的な操縦技術と度胸で渡りきり、シュタイナ達を降下させることに成功するのだが、敵機に擬装していたがゆえに、ダコタは友軍機から容赦ない銃撃を浴びせられてしまう。

「その瞬間、彼は、初めて、目的意識を持った真に偉大なパイロットと化した。生存本能が新たな力を与えた。左腕の痛みにもめげず操縦輪を引きつけて、わずかに残っている下げ翼をおろした」

傷つきながらも九死に一生を得たゲーリケは、水面に沈み行く愛機ダコタを万感の思いで見守る。

「よくやったぞ。おまえはほんとによくやってくれた」

こうしたシーンを陳腐、凡庸として冷笑する向きは、本来読書とは無縁の衆生ではなかろうか。

さて、ここで前出のリーアム・デヴリンである。その希有《けう》なキャラクターについては、よく引用される彼のセリフに明らかだ。

「そこに冒険があるからだ。おれは、偉大なる冒険家の最後の一人なのだ」

このセリフは、シュタイナに「なぜ（この作戦に）行くのだ？」と問われて答えたものだが、冒険小説のヒーローたる資質、つまり大いなる好奇心と情熱を併せ持つ人間像を端的に示している。また同時に、私はこのセリフを額面通りには受け取れない。

なぜなら、ここにデヴリンという人物の純粋な矜持と共に、彼の韜晦《とうかい》、諧謔《かいぎゃく》、屈折、鬱屈、冷笑、その他の複雑な感情が込められていると見るからだ（彼のその後の人生を想うとよけいにそう感じられる）。だからこそ彼は、後々多くの人々に愛されるキャラクターたり得たのではないだろうか。

シュタイナ達に先行して目的の村スタドリ・コンスタブルに潜入していたデヴリンは、村娘モリイ・プライアと恋に落ちる。思いもよらなかった自らの感情を自覚して当惑し、舞い上がるデヴリン氏。そのチャーミングさ、ロマンティストぶりが、物語を読み終えた後に、一層の無常感となって読者の胸中に押し寄せてくるという構造になっている。

人間には決して抗い得ぬ運命。そして過ぎゆく年月の無常。そういったモチーフが通俗とも思えるロマンスの中に、時限爆弾の如く巧妙に仕込まれている。それらすべてが通俗を超えた冒険小説という文学の神髄である。

危惧した通り、そろそろ紙幅が尽きようとしている。先を急ごう。

シュタイナ達はポーランド軍を装って村への潜入に成功するのだが、溺れかけていた村の子供を部下の一人が命を捨てて救ったことから、作戦が露見してしまう。ヒムラーの暗愚な指示により、ポーランドの軍服の下にドイツ軍の制服を着込んでいたためだ。

言うまでもなく、ここが本作最大のツボだろう。これもまたよく引用される有名なセリフだが、助けられた村の子供が、クライマックスの直前にシュタイナに向かって不思議そうに問う。

「おじさんはどうしてドイツ人なの？　どうしてぼくたちの側につかないの？」

実を言うと、こうして読み返していて、すべてのページ、すべての言葉に涙を禁じ得なかった。さすがにそれは私の思い入れ過多であろうが、そうした無数のツボを作中に埋設し、連鎖的に爆発させせる作劇技術。本作がヒギンズの最高傑作と位置付けられるのも、その爆発力が彼の作品中でも最大であったからに他ならない。

それが本稿の結論である。

■ジャック・ヒギンズ　著作リスト
（邦訳における別名義を含む）

『復讐者の帰還』Comes the Dark Stranger, 1962　槙野香訳／二見文庫
『地獄の群集』Hell Is Too Crowded, 1962　篠原勝訳／河出文庫
『裏切りのキロス』The Dark Side of the Island, 1963　伏見威蕃訳／二見文庫
『虎の潜む嶺』Year of the Tiger, 1963　伏見威蕃訳／ハヤカワ文庫NV
『獅子の怒り』Wrath of the Lion, 1964　池央耿訳／創元推理文庫
『闇の航路』Passage by Night, 1964　竹内泰之訳／西武タイム
『地獄の鍵』The Keys of Hell, 1965　佐宗鈴夫訳／河出文庫
『鋼の虎』The Iron Tiger, 1966　鎌田三平訳／徳間文庫
『雨の襲撃者』A Candle for the Dead (The Violent Enemy), 1966　伏見威蕃訳／ハヤカワ文庫NV
『廃墟の東』East of Desolation, 1968　白石佑光訳／ハヤカワ文庫NV
『謀殺海域』A Fine Night for Dying, 1969　小関哲哉訳／二見文庫
『真夜中の復讐者』In the Hour Before Midnight (The Sicilian Heritage), 1969　白石佑光訳／ハヤカワ文庫NV
『勇者たちの島』A Game for Heroes, 1970　安達昭雄訳／角川文庫／ジェームズ・グレアム名義
『地獄島の要塞』Night Judgement at Sinos, 1970　沢川進訳／ハヤカワ文庫NV

『勇者の代償』Toll for the Brave, 1971　小林理子訳／創元ノヴェルズ
『サンタマリア特命隊』The Wrath of God, 1971　安達昭雄訳／河出文庫
『神の最後の土地』The Last Place God Made, 1971　沢川進訳／ハヤカワ文庫NV
『暴虐の大湿原』The Khufra Run, 1972　安達昭雄訳／角川文庫／ジェームズ・グレアム名義
『非情の日』The Savage Day, 1972　村社伸訳／ハヤカワ文庫NV
『死にゆく者への祈り』A Prayer for the Dying, 1973　井坂清訳／ハヤカワ文庫NV
『ラス・カナイの要塞』Bloody Passage, 1974　安達昭雄訳／角川文庫／ジェームズ・グレアム名義
『鷲は舞い降りた』The Eagle Has Landed, 1975　菊池光訳／ハヤカワ文庫NV
『ヴァルハラ最終指令』The Valhalla Exchange, 1976　井坂清訳／ハヤカワ文庫NV／ハリー・パタースン名義
『脱出航路』Storm Warning, 1976　佐和誠訳／ハヤカワ文庫NV
『裁きの日』Day of Judgment, 1978　菊池光訳／ハヤカワ文庫NV
『ウィンザー公掠奪』To Catch a King, 1979　井坂清訳／ハヤカワ文庫NV／ハリー・パタースン名義
『暗殺のソロ』Solo, 1980　井坂清訳／ハヤカワ文庫NV
『ルチアノの幸運』Luciano's Luck, 1981　菊池光訳／ハヤカワ文庫NV
『テロリストに薔薇を』Touch the Devil, 1982　菊池光訳／ハヤカワ文庫NV
『デリンジャー』Dillinger, 1983　小林理子訳／創元ノヴェルズ／ハリー・パタースン名義
『エグゾセを狙え』Exocet, 1983　沢川進訳／ハヤカワ文庫NV
『黒の狙撃者』Confessional, 1985　菊池光訳／ハヤカワ文庫NV
『狐たちの夜』Night of the Fox, 1986　菊池光訳／ハヤカワ文庫NV
『地獄の季節』A Season in Hell, 1989　田口俊樹訳／ハヤカワ文庫NV

『ダンスホール・ロミオの回想』Memoirs of a Dance-Hall Romeo, 1989　井坂清訳／早川書房
『反撃の海峡』Cold Harbour, 1990　後藤安彦訳／ハヤカワ文庫NV
『鷲は飛び立った』The Eagle Has Flown, 1991　菊池光訳／ハヤカワ文庫NV
『嵐の眼』Eye of the Storm (Midnight Man), 1992　黒原敏行訳／ハヤカワ文庫NV
『サンダー・ポイントの雷鳴』Thunder Point, 1993　黒原敏行訳／ハヤカワ文庫NV
『密約の地』On Dangerous Ground, 1994　黒原敏行訳／ハヤカワ文庫NV
『シバ謀略の神殿』Sheba, 1994　黒原敏行訳／ハヤカワ文庫NV
『闇の天使』Angel of Death, 1995　黒原敏行訳／ハヤカワ文庫NV
『悪魔と手を組め』Drink with the Devil, 1996　黒原敏行訳／ハヤカワ文庫NV
『大統領の娘』The President's Daughter, 1997　黒原敏行訳／角川文庫
『双生の荒鷲』Flight of Eagles, 1998　黒原敏行訳／角川文庫
『ホワイトハウス・コネクション』The White House Connection, 1998　黒原敏行訳／角川文庫
『審判の日』Day of Reckoning, 2000　黒原敏行訳／角川文庫
『復讐の血族』Edge of Danger, 2001　黒原敏行訳／角川文庫
『報復の鉄路』Midnight Runner, 2002　黒原敏行訳／角川文庫
『消せない炎』Sure Fire, 2006　田口俊樹訳／理論社

■セシル・スコット・フォレスター　Cecil Scott Forester
一八九九年、エジプト生まれ。近代冒険小説の祖と称される。ナポレオン時代の海戦を描いた代表作〈海の男／ホーンブロワー・シリーズ〉は多くの模倣者を生んだ。他の著作に、『アフリカの女王』『巡洋艦アルテミス』『駆逐艦キーリング』など多数。一九六六年に死去。

フォレスターの描いた海と人間

翻訳家
大森洋子

「一月の疾風《はやて》が海峡（英仏海峡）をゴーゴーと吹き渡っていた」

この一文で始まる『海軍士官候補生』（高橋泰邦訳）が一九七三年にハヤカワ文庫ＮＶで発売されるや、出版界に大帆船ブームが巻き起こった。本書はイギリス人作家Ｃ・Ｓ・フォレスターが発表した全十冊（別巻一冊）におよぶ〈海の男／ホーンブロワー・シリーズ〉の一冊である。

イギリスでは一九三七年に第一巻 *The Happy Return*（邦題『パナマの死闘』）が刊行されて、大人気を博し、以後三十年近くにわたって続巻が順次発表されていった。日本では翻訳刊行時に、主人公ホレイショ・ホーンブロワーの年譜に従うという方針がとられ、『海軍士官候補生』が第一巻とされた。これが奏功した。

物語の時代背景は十八世紀末から十九世紀初頭、舞台はナポレオンと戦うイギリス海軍の帆走軍艦。登場する歴史上の主要人物はネルソン提督。大方のイギリス人にとって、もっとも好きな時代であり、ネルソン提督はいまもなお敬愛する国民的英雄だ。ポーツマスには彼の乗艦ヴィクトリー号が現役艦として現在も大勢の見物客を集めている。フォレスターの創りだしたホーンブロワーの世界になんの説明もなく入り込める素地が、イギリス人読者には十二分にあった。

しかし、出版当時の日本では、「帆船」というと「反戦？」と聞きかえされるほど、帆船は知られていない存在だった。医者を志していた十七歳のホーンブロワーが未知の世界であるイギリス海軍に入る第一歩からシリーズ刊行を開始したことによって、日本人読者もホーンブロワー少年といっしょに帆走軍艦に初めて乗り込み、彼といっしょに未知の帆船世界を一つ一つ飲みこんでいくことができたのだ。

風のひと吹きで死んだ船から生きた船へと変身する帆船。マストとヤードに錯綜する網の目のような無数のロープ類。士官組と水兵組に分断される厳しい階級社会。アオミドロの湧いた水にウジ虫の巣くうパン。過酷なむち打ち刑。激しい大嵐に翻弄《ほんろう》される艦艇。いったん砲列が火を噴くや血飛び肉散る戦場と化す甲板。フォレスターが日本人に初めて見せた帆船世界に多くの読者が驚愕し、魅了された。わたしもその一人で、帆船小説の翻訳者を夢見、果ては練習帆船日本丸で太平洋を往復して、風の力で走る帆船の魅力を満身で味わった。我が人生の道を決めた本でもあった。

　日本人読者がもっとも魅せられたのは、フォレスターが表現した海のリアルさ、緻密《ちみつ》さだろう。我らが葛飾北斎は波山の崩れる一瞬をまるで高速度撮影したかのように〈神奈川沖浪裏〉で切り取ってみせたが、フォレスターは連続する波やうねりの動きをスローモーション映画のように描いてみせた。フォレスターの執筆モットーは、「いかに目に見えるものにするか」という一点だ。自分がいま書いている段落は読者の心の目に自分の見ているのと同じ場面を見せているか、自分の抱いているのと同じ情感を感じさせているか。そのためにいちばん適切な言葉を選び、文章を練っているか。このことを彼は書くうえで最重要課題とした。四次元の世界を文章で構築しようとしたのだ。だからこそ、わたしたち読者は五感で彼の物語世界を現実のことのように見、聞き、感じ、触れ、嗅《か》ぐことができたのだ。

　シリーズ刊行が始まった翌年、東京で〈THE ROPE〉という木造帆船模型を作る会が結成され、支部が全国各地に創られていった。会員の人たちは言った、「ホーンブロワーを教科書にしています」と。

　一九七六年には練習帆船日本丸がアメリカ建国二百年記念のオペレーション・セールに参加し、総帆を張りあげてハドソン川を走る美しい姿がテレビ中継でお茶の間に披露された。日本にも帆船があったのだ、と知られるきっかけとなった。こうしたことも重なって、帆船ブームは一般世界にも広がった。すると、イギリスで数多く刊行されていた帆船小説シリーズが日本でも次々と翻訳出版されるようになった。〈海の勇士／ボライソー・シリーズ〉

〈英国海軍の雄ジャック・オーブリー・シリーズ〉〈海の覇者トマス・キッド・シリーズ〉等々。どの著者も、〈ホーンブロワー・シリーズ〉を意識して、さまざまな工夫をこらした。有名な海戦に直接参加することのなかったホーンブロワーに対して、その真っ只中で活躍する主人公、音痴のホーンブロワーに対して楽器の名手の主人公、船酔いするホーンブロワーに対して船酔いなど無縁の強者《つわもの》主人公等々。

もう一つ、読者の心を鷲づかみにしたのは、ホーンブロワーのキャラクターだった。フォレスターは、ホーンブロワーの人物像を要約して、〝孤独の人〟と呼んでいる。〝孤独の人〟であるホーンブロワーは外面から見ると、寡黙《かもく》で、誇り高く、想像力と観察力に優れ、機知に富み、数学に強く、物事を理知的に判断して決断を下す能力に長《た》けている。非の打ち所のない海軍士官である。しかし、彼の内面を見ることのできる読者には、彼が内気なはにかみ屋であり、自尊心が強く、自己批判のかたまりで、感受性が強いがゆえに危険に対して怖れを感じ、自分の弱さを知る悩み多き人間であることがわかる。この内面をのぞかせる外面的要素として、フォレスターは音痴と船酔いという弱点を使ったのだった。性格の二重性、複雑さこそがホーンブロワーを人間味にあふれる愛されるヒーローにした。こうした性格の複雑さは、そっくりそのままフォレスター自身の性格でもあった。

彼は創作の過程を一九六四年に発表した *The Hornblower Companion*（『ホーンブロワーの誕生』〈ホーン・ブロワー・シリーズ〉別巻）で明かしている。

なにか心を刺激することがあると、それは潜在意識のなかに沈んで、海底の沈木のように横たわる。沈木にはフジツボが一つ、二つとついていき、無数になると、心の表面に浮き上がってきて、彼を脅迫する。沈木についた小説の構想を、筋を、主題を、練って形にしろ、と。はめ絵パズルのようにコマがすべてぴたりとはまると、心楽しい瞑想《めいそう》の日々は終わり、フォレスターはひるむ気持ちにむち打ち、ほかのすべてのことを棄《す》てて書くという〝心身を消耗する重労働〟に自分を追いこむ。

彼の場合、創作ノートはいっさい作らず、頭のなかで物語を組み立て、タイプライターではなくペンで紙に書いて、直しながら、ひたすら書きつづける。冒頭から結末までまっすぐに向かっていき、完成したときには、自著に対する嫌悪感だけが残るという。まったくこれは、自己批判の強いホーンブロワーと同じではないか。

フォレスターは一八九九年、外交官の息子として、英領だったエジプトのカイロで生まれた。医学を学んだが、彼の複雑な性格が合っていたのだろうか、文筆の世界に入る。一九二六年に、孤独な殺人犯を描いた *Payment Deffered* を処女作として発表し、これはのちにハリウッドで映画化された。孤独な男はまた、独立独歩の男である。孤独で独立独歩の男の最たるものは、海軍艦長である。沈木に〝艦長〟というフジツボがついた。

一九二七年、彼は古本屋で『海軍編年史』三巻を見つけた。一七九〇年ごろから一八二〇年まで、海軍士官によって海軍士官のために書かれた月刊誌の合本だった。また、軍事史の権威サー・チャールズ・オーマンが完成させた『歴史』数巻も入手した。この二種の本を繰りかえし読むうちにフォレスターの沈木は増え、〝艦長〟というフジツボに海軍世界の種々のフジツボが付着していった。そのはめ絵パズルが完成して、まずは、一八〇六年にナポレオンに対してスペイン国民の起こした半島戦争の物語が生まれ、一九三三年、『青銅の巨砲』として上梓された。

一九三五年には、〝独立独歩の女〟の物語が世に送り出された。『アフリカの女王』である。本書は一九五一年にジョン・ヒューストン監督の手で映画化された。ほとんど二人だけといっていい登場人物をキャサリン・ヘップバーンとハンフリー・ボガートという二大名優が演じ、その掛け合いの圧倒的見事さに見る者は魅了された。フォレスターの原作を読んでいなくても、映画ファンなら見たことのない人はいないといっていいほど、まさしく不朽の名作となった。

このころフォレスターはハリウッドで仕事をしていたが、人に使われる身に嫌気がさし、イギリスに帰るべく船に乗った。中央アメリカ太平洋岸の港々に寄りながら、パナマ運河を通り、カリブ海をわたった。この数カ月の船旅のあいだに、彼の心のなかで半島戦争に端を発する中央アメリカでの英仏西三国の戦いが形を成し、その渦中に飛びこんでいく孤独な艦長が誕生し、ホレイショ・ホーンブロワーと命名された。これがシリーズ第一作 *The Happy Return*（『パナマの死闘』）となったのである。

つづけざまに〈ホーンブロワー・シリーズ〉三部作を書いたあと、フォレスターは第二次大戦を題材とした『巡洋艦アルテミス』などを上梓した。彼のなかにふたたびホーンブロワーの沈木が浮上してきて、『決戦！　バルト海』を書いている最中、一九四五年に持病である動脈硬化症が悪化した。半身不随になって書けなくなる恐怖、いや、死によってシリーズが中断される恐怖と闘い、乗りこえながら、なおも彼は書き続け、十巻目となる『海軍提督ホーンブロワー』を完成させた。ほかにも『鬼将軍』や『駆逐艦キーリング』など数々の名作を世に送って、一九六六年、カリフォルニアで逝去した。シリーズは未完となり、ホーンブロワーは永遠のヒーローのまま、生き続けている。

〈ホーンブロワー・シリーズ〉を始めフォレスターの著作は、わたしがイギリスに通いはじめたころからずっと、書店の書棚を埋めてきた。しかし、昨二〇一四年に訪れたとき、書棚から消えていた。海洋小説の本家イギリスでも、その人気は下火になったのか、と驚き、悲しんだが、グリニッジの海事博物館を訪れて、ネルソン・コーナーがすばらしくリニューアルされ、また火災に遭ったカティサーク号が宙に浮かぶ展示でよみがえったのを見たとき、イギリス人の帆船を愛する気持ちに胸を打たれた。この国では帆船小説はいつの時代にも根強いファンがいつづけるにちがいない、と。実際、〈ホーンブロワー・シリーズ〉はテレビドラマ化されて人気を盛り返しているし、わたしが目下翻訳を担当している〈海の覇者トマス・キッド・シリーズ〉は十五巻にまで至った。日本でも電子ブックというかたちで売れ続けている。

フォレスターの描いた世界は、海という自然とときに和し、ときに闘う人間の物語である。これはどの国の人々にとっても永遠に魅せられるロマンであるにちがいない。

■セシル・スコット・フォレスター　著作リスト

『終わりなき負債』Payment Deferred, 1926　村上和久訳／小学館
『たった一人の海戦』Brown on Resolution, 1929　高橋泰邦訳／徳間文庫
『ネルソン提督伝　われ、本分を尽くせり』Nelson, 1929　高津幸枝訳／東洋書林／ノンフィクション
『青銅の巨砲』The Gun, 1933　佐和誠訳／ハヤカワ文庫ＮＶ
『アフリカの女王』The African Queen, 1935　佐和誠訳／ハヤカワ文庫ＮＶ
『鬼将軍』The General, 1936　高松二郎訳／ハヤカワ文庫ＮＶ
『パナマの死闘』The Happy Return (Beat to Quarters), 1937　高橋泰邦訳／ハヤカワ文庫ＮＶ／海の男　ホーンブロワー・シリーズ
『燃える戦列艦』A Ship of the Line, 1938　菊池光訳／ハヤカワ文庫ＮＶ／海の男　ホーンブロワー・シリーズ
『勇者の帰還』Flying Colours, 1938　高橋泰邦訳／ハヤカワ文庫ＮＶ／海の男　ホーンブロワー・シリーズ
『非情の楽園』The Earthly Paradise, 1940　高津幸枝訳／三崎書房
『巡洋艦アルテミス』The Ship, 1943　高橋泰邦訳／西武タイム
『決戦！　バルト海』The Commodore, 1945　高橋泰邦訳／ハヤカワ文庫ＮＶ／海の男　ホーンブロワー・シリーズ
『セーヌ湾の反乱』Lord Hornblower, 1946　高橋泰邦訳／ハヤカワ文庫ＮＶ／海の男　ホーンブロワー・シリーズ

『海軍士官候補生』Mr. Midshipman Hornblower, 1950　高橋泰邦訳／ハヤカワ文庫ＮＶ／海の男　ホーンブロワー・シリーズ

『スペイン要塞を撃滅せよ』Lieutenant Hornblower, 1952　高橋泰邦訳／ハヤカワ文庫ＮＶ／海の男　ホーンブロワー・シリーズ

『駆逐艦キーリング』The Good Shepherd, 1955　三木鮎郎訳／ハヤカワ文庫ＮＶ

『海軍提督ホーンブロワー』Admiral Hornblower in the West Indies, 1958　高橋泰邦訳／ハヤカワ文庫ＮＶ／海の男　ホーンブロワー・シリーズ

『決断　ビスマルク号最後の9日間』The Last Nine Days of the Bismarck, 1959　実松譲訳／フジ出版社

『砲艦ホットスパー』Hornblower and the Hotspur, 1962　菊池光訳／ハヤカワ文庫ＮＶ／海の男　ホーンブロワー・シリーズ

『ナポレオンの密書』Hornblower During the Crisis and other stories Some Personal Notes, a part of the Hornblower Companion, 1950,1964　高橋泰邦、菊池光訳／ハヤカワ文庫ＮＶ／海の男　ホーンブロワー・シリーズ

■船戸与一 Yoichi Funado
一九四四年、山口県生まれ。一九七九年、『非合法員』でデビュー。一九八五年、『山猫の夏』で第六回吉川英治文学新人賞、第三回日本冒険小説協会大賞を受賞。一九八九年、『伝説なき地』で第四十二回日本推理作家協会賞、一九九二年、『砂のクロニクル』で第五回山本周五郎賞、二〇〇〇年『虹の谷の五月』で第一二三回直木賞を受賞。二〇一五年に死去。

死にざまを見つめつづけて

文芸評論家
関口苑生

まったくの独断で、勝手な思い込みかもしれないが、船戸与一について何かを語ろうとする時、〝状況〟というキーワードは絶対にはずせない。これは船戸自身も繰り返し繰り返し使っている言葉で、たとえば豊浦志朗名義で書かれた最初の著書『硬派と宿命——はぐれ狼たちの伝説』(一九七五年)では、硬派とは何かを問うて、「左右激突の現場に突如として登場してくるこちこちの行動主義者である。体制の牙城めがけて不意に直撃弾をしかける攻撃者である。行動こそが万能だという神話の守護者である。したがって、硬派の分布は多岐にわたる。（中略）共通していえることは、硬派はつねに状況の最前線で行動するということだ」と記し、自らもその只中に身を置いて、時代の相剋《そうこく》を伝えていた。

さらに同じく豊浦志朗名義の『叛アメリカ史――隔離区からの風の証言』（一九七七年）には、「現在に生きているわれわれは、だれもが意識しようがすまいが、状況のなかにみずからを位置づける、全体のなかに個を設定する、そういう呪縛とでもいうべき近代の発想から、よくも悪くも逃れることができない」とある。

もうひとつあげてみようか。『小説アクション』2号（一九八一年）所載の「ハードボイルド試論、序の序――帝国主義下の小説形式について」では、「高度工業化社会と植民地を同時に合わせ持つ状況、これがハードボイルド小説の母胎であった。（中略）ハードボイルド小説とは帝国主義がその本性を隠蔽しえない状況下で生まれた小説形式である。したがって、その作品は作者の思想が右であれ左であれ、帝国主義のある断面を不可避的に描いてしまう。優れたハードボイルド小説とは帝国主義の断面を完膚《かんぷ》なきまでに切り裂いてみせた作品を言うのである」との記述がある。

これらを見るだけでも、船戸与一がいかに〝状況〟を重要視していたかがわかろうというものだ。当然それは作品の中でも登場してくる。小説デビュー作となった『非合法員』（一九七九年）の冒頭でも、「人を殺すのと、人を殺すことを商売とするのは違う。ある状況のために人を殺すのと、ただ金のために人を殺すのはまるで次元が違うんだ」というように、常に人物の置かれた状況を考えて描写するのだ。

多くの方が指摘していることだろうが、船戸与一はデビュー当時から一貫して、激動する現代史のうねりを描いてきた。それも冷戦構造が作り出した東西対立の論理が、南北問題の現実となって現われる必然性を、被抑圧者たちの反逆の物語に託した形でだ。舞台は主に辺境地帯。初期の南米三部作『山猫の夏』（一九八四年）、『神話の果て』（一九八五年）、『伝説なき地』（一九八八年）や、『血と夢』（一九八二年）、『蛮賊ども』（一九八二年）などはその典型だろう。だがそれらの場所こそは、冷戦下における世界政治と世界経済の矛盾が凝縮した場であり、世界権力構造の不条理が最も勢いよく噴出し、明確な図となって現われる交叉路でもあった。つまり自由資本主義と社会共産主義の対立論理、権力側の独占資本とそれを食い破ろうとする民族意識を持つ者たちの現実である。

船戸与一はそれらの地を実際に訪れてフィールドワークし、そこで何が起きているかという第三世界の現状と、背後にひそむ大国の歪んだ史観をひたすら暴き出そうとしてきたのである。民族意識がもたらす、現代の混沌をだ。高度に管理化された現代社会にあっては、世界の矛盾は都会と辺境に集約され、そうした状況の最前線たる場においては、とりあえず暴力だけが機能する。そしてまた暴力は、その性質なるがゆえに自己増殖を重ねていく。それは世界全体におけるポリティカル・パワーの動向やバランスという〝大状況〟の場合もあれば、国家や民族の生き方を模索する〝中状況〟の時も、個人の行動と運命に視点を置く〝小状況〟の場合もある。そうした中で、船戸与一は小状況が中状況と絡み合うことで大状況の捨て駒にされるといった構図もあれば、あくまで抵抗の立場を崩さない小状況もあるといった具合に、さまざまな状況の形態を提示してみせたのだった。

　多少おおげさに言えば、船戸与一は現代史という歴史そのものを物語ろうとする作家であったのかもしれない。しかしそれは、権力者側が作り上げた教科書に記載されるような正史ではなく、見果てぬ夢を見続けながらも志なかばで倒れた者たちが綴る、闇に埋もれるべく宿命づけられていた歴史＝物語であった。船戸の作品にロマンを感ずる読者がいるのは当然といえば当然のことであったろう。

　だが歴史のうねり、ことに現代史のうねりはあまりにも速く激しいものだった。ヴェトナム戦争以降、世界は濁流に呑まれていくごとく、歴史は凄まじい勢いで回り始めていったのである。世界各地での紛争、革命、内戦……世界は目まぐるしく揺れ動いてきた。さらにはベルリンの壁が崩れてからはその回転速度が一層あがり、冷戦構造の終焉《しゅうえん》という体制となって、紛争の形態や反逆の攻撃目標も次第に変化を見せていく。加速度がついた歯車はもはやどうにも止めようがなく、世界のいたるところで綻《ほころ》びが生じ、状況の最前線に火の手が上がり始めたのである。

　傍目《はため》から見る限り今や国連の権威などとうに消え去り、世界の各国は己が勝手な論理で行動しているかのようにも思える。船戸は、そうした現代史の流動に遅れることなくぴたりと並走していきながら、それぞれの物語をわれわれの前に披露してきたのだった。

　それでも次第に東西陣営のパワーバランスが、かつてとはまったく異なる様相となってきたためか、さすがに物語の内容も徐々に質的変化を見せていたのもまた事実だ。おそらくそれは、第三世界革命の極限であったイラン革命を描いた『砂のクロニクル』（一九九一年）あたりを転機とし、歴史そのものを俯瞰《ふかん》する試みを企てた『蝦夷地別件』（一九九五年）を経て、ベルリンの壁崩壊以後の東欧が舞台となった『かくも短き眠り』（一九九六年）で明確となる質的変貌だったように想像する。

これら一連の動きが、日本とはまったく関係のないところで起きていたのかというと、決してそんなことはない。むしろ逆に日本の国家体制は、海外に軍隊は派遣しないという政策を取りながらも（ご存知のようにこれは自衛隊のイラク派遣や、二〇一五年の安保法制改定法案可決により無に帰してしまったが）、経済援助によって不可視の植民地を第三世界に作り上げ、大きな勢力を世界秩序に張りめぐらせ君臨しようとする、立派な加害者＝抑圧国家だったのである（ちなみにその役は、もはや完全に中国にとって代わられたが）。代表作『猛き箱舟』（一九八七年）は、そうした欺瞞《ぎまん》にも満ちた日本の現実を背景に据えた傑作であった。

日本を舞台にした〝小状況〟を描いた作品でもそれは変わらない。たとえば中篇集『新宿・夏の死』（二〇〇一年）の舞台となる新宿は今や日本各地からのみならず、国境を越えて流氓《りゅうぼう》と化した人々が真っ先に目指して集まってくる街だ。つまりは状況の最前線なのだった。自殺した息子の復讐を誓う老人の姿を描いた一篇では、会社の命令でリストラ策を推し進めた結果、息子を死に追いやった人物が、今はかつての息子と同じ境遇にいることが明らかにされる。これは高邁な目的意識を持って圧政を敷く政府を倒したゲリラが、今度は革命政権を守ろうとして反対者を弾圧する現実とどこか似ている。

伊豆の下田を舞台にした『海燕ホテル・ブルー』（一九九八年）、長崎五島列島の隠れキリシタンの島で起こる事件を描いた『龍神町龍神十三番地』（一九九九年）、山口県の片田舎を舞台に人間の欲望と真実を抉《えぐ》りだす『藪枯らし純次』（二〇〇八年）などでも同様だ。内輪ネタになるけれども『藪枯らし純次』にいたっては、登場人物の名前が、船戸が毎夜通っていた酒場の主人や常連客の名で占められていたというくらいに小さい状況だった。だが、ここで描かれるのは狭い世界の中だけで生きてきた人々が、いきなりルール無用何でもありの状況に投げ出され、互いを殺し合うというものだ。つまりは、誰かが誰かを支配しようとする構図である。

この時に船戸は、人がどんな風に死んでいくか、その死にざまを描くことに腐心する。これはデビュー作の『非合法員』から一貫していることで、南米三部作にしても、ロード・ノベルの傑作『夜のオデッセイア』（一九八一年）『炎 流れる彼方』（一九九〇年）、『蟹喰い猿フーガ』（一九九六年）などの、〝中状況〟を物語る作品でも顕著だ。

思うに、船戸与一は人間の死にざまにこそ状況のすべてが詰まっていると考えていたのではなかろうか。人がどんな死に方をしていったか、そこに個人の、社会の、国家の、そして世界の歴史が凝縮されていると。

二〇〇七年から、作者の死にいたる二〇一五年まで書き継がれた『満州国演義』（全九巻）は、まさしくそんな死にざまを描く物語の集大成でもあった。この物語においてまず最初の〝死〟を迎えるのは長州である。明治維新から日露戦争、第一次世界大戦まで絶大なる権勢をふるった陸軍長州閥は、このとき統制派と皇道派の対立の中でついに終焉を迎える。明治維新の残光が消える瞬間だった。そこから始まり、やがて謀略につぐ謀略のはてにあった満州国の誕生と死にいたるまでが描かれる。そうした歴史の中で、次々と人が死んでいく。これらの人々の死にざまと、死んでいった状況がすべてを物語るのだ。

歴史の語り部たらんとした船戸与一の、大いなる挑戦だったように思う。

だがそれにしても、彼にはまだまだ語りたかったことがたくさん残っていたに違いない。彼の小説の主人公には故国を喪失した者が多く見られるが、現在では第三世界から弾かれた難民による第四世界が顕在化している。この問題にしても船戸は早くから注目し、語ってきていた。

つくづく彼の死が惜しまれてならない。

■船戸与一　著作リスト

『非合法員』1979　小学館文庫
『祖国よ友よ』1980　徳間文庫
『群狼の島』1981　徳間文庫

『夜のオデッセイア』1981　徳間文庫
『血と夢』1982　徳間文庫
『蛮賊ども』1982　角川文庫
『銃撃の宴』1984　徳間文庫
『山猫の夏』1984　小学館文庫
『神話の果て』1985　講談社文庫
『カルナヴァル戦記』1986　講談社文庫
『猛き箱舟（上下）』1987　集英社文庫
『伝説なき地（上下）』1988　双葉文庫
『緑の底の底』1989　徳間文庫
『メビウスの時の刻』1989　中公文庫
『炎流れる彼方』1990　集英社文庫
『砂のクロニクル（上下）』1991　小学館文庫
『黄色い蜃気楼』1992　双葉文庫
『蝦夷地別件（上中下）』1995　小学館文庫
『かくも短き眠り』1996　集英社文庫
『蟹喰い猿フーガ』1996　徳間文庫
『蝕みの果実』1996　講談社文庫
『午後の行商人』1997　講談社文庫
『国家と犯罪』1997　小学館文庫／ノンフィクション
『海燕ホテル・ブルー』1998　徳間文庫

『流沙の塔（上下）』1998　徳間文庫
『龍神町龍神十三番地』1999　徳間文庫
『虹の谷の五月（上下）』2000　集英社文庫
『新宿・夏の死』2001　小学館文庫
『緋色の時代（上下）』2002　徳間文庫
『夢は荒れ地を』2003　集英社文庫
『三都物語』2003　新潮文庫
『金門島流離譚』2004　新潮文庫
『降臨の群れ（上下）』2004　集英社文庫
『蝶舞う館』2005　集英社文庫
『河畔に標なく』2006　集英社文庫
『満州国演義（全九巻）』2007-2015　新潮社
『藪枯らし純次』2008　徳間文庫
『夜来香海峡』2009　講談社文庫
『新・雨月　戊辰戦役朧夜話（上中下）』2010　徳間文庫

■ディック・フランシス　Dick Francis

一九二〇年、イギリス生まれ。『本命』から始まる競馬シリーズで人気を博す。『罰金』でアメリカ探偵作家クラブ賞最優秀長篇賞、『利腕』で同賞と英国推理作家協会賞ゴールド・ダガー賞を受賞。一九八九年に英国推理作家協会賞の、一九九六年にアメリカ探偵作家クラブ賞の巨匠賞を受賞。二〇一〇年に死去。

友と呼ぶに最もふさわしい男

書評家　茶木則雄

青木雨彦はかつて、ディック・フランシスの魅力についてこう書いている。

――早い話が、わたしは『興奮』を読んで、レースの展開や犯人捜しのおもしろさもさることながら、探偵のダニエル・ロークに魅かれた。おおげさにいえば、そこに、わたしの友人と呼ぶにふさわしい男を発見した。

『夜間飛行』（早川書房）

フランシスの生み出したヒーローたちは例外なく、豊かな感受性と鋭い洞察力、そして高い知性を具えている。にもかかわらず彼らは、いずれも驚くほど謙虚である。しかも誠実で、ストイックで、強固な意志と正義感を持ち、やさしさの、真のやさしさの何たるかを、知る男たちだ。まさに、友と呼ぶにふさわしい男たちではないか。かくありたい理想のヒーロー像と言っていい。ここで重要なのは、彼らは決してスーパー・ヒーローではなく、内面に悩みや弱さを抱えた、ごく普通の男たちであるという点だ。彼らにも虚栄心はあるし、麗しき女性に出会えば性的冒険心を抱くことも珍しくない。また、圧倒的な暴力の前では、われわれと同じようにすくみあがり、肌が粟立《あわだ》つほどの恐怖心を感じる。まさに生身の人間たちだ。しかし彼らは、つねにギリギリのところで立ち上がり、死を賭した危険な闘いに挑んでいく――たとえ誰が見ているわけではなくとも。そこで逃げたら、一生後悔することになるからである。『横断』のトー・ケルジィが言うように、「貸借対照表に永久にDマイナスが残る」からだ。つまるところ彼らにとって大切なのは、他人が自分をどう評価するかではなく、自分が自分をどう評価するか、なのである。

こういう〝いい男〟が読者にもてないはずがない。ミステリファンを対象にした《好きな主人公》のアンケートで、彼らの名前が必ずと言っていいほど上位に挙がるのは、けだし当然だろう。

なかでもとりわけ高い人気を誇っているのが、『大穴』『利腕』(アメリカ探偵作家クラブ賞最優秀長篇賞受賞作）に続き、本書で三度目の登場となるシッド・ハレーである。ちなみに『冒険・スパイ小説ハンドブック』（ハヤカワ文庫NV）収録の「あなたが選ぶ冒険・スパイ小説ジャンル別ベスト」《好きな主人公ベスト10》では、シッド・ハレーは堂々の二位に選ばれている。

確かに、『興奮』（英国推理作家協会賞シルヴァー・ダガー賞受賞作）のダニエル・ローク（同八位）も捨て難い。『本命』のアラン・ヨークも、『飛越』のヘンリイ・グレイも、あるいは『血統』の英国秘密情報員ジーン・ホーキンスの渋さも、なかなかに魅力的だ。しかしフランシスのヒーローのなかから一人だけ選べと言われたら、やはり文句なくシッド・ハレーだろう。

その魅力は、私に言わせれば彼の抱える〝ハンディキャップ〟にある。

手の障害ばかりを指して言っているのではない。ファンなら承知のように、落馬事故で左手の機能を失った彼は、それによって騎手生命を絶たれ、人生の目標を喪失して死んだような二年間を送っていた。探偵社の調査員として何とか立ち直ったものの、『大穴』では醜い傷跡が人目に触れることへの恐怖心が彼を萎縮させ、『利腕』ではもう片方の右手を失うことの恐怖が、彼に「自己蔑視」という最大の屈辱を舐めさせた。手の障害は、むろん大きなハンディキャップである。

だが、同時に忘れてならないのは、シッド・ハレーの生まれと育ちだろう。『大穴』で義父のチャールズ・ロランドは、上流階級の客たちの前で彼をこう紹介する。

「彼は、彼の知る範囲では、リバプールの貧民窟で、窓掃除人夫と十九歳の未婚の女性の間にできた子供なのです。彼女は後にビスケット工場の女工をしていたらしい」

さらにチャールズは、彼の受けた教育は義務教育程度で、ご覧のように片手が不自由な小男なのだと、シッド・ハレーのことをあからさまに侮辱してみせる。

もちろんこれは策略あっての侮辱である。二人が強い絆と信頼関係で結ばれているからこそできる演技だ。しかしチャールズの言ったことは、丸きりの嘘ではない。いやそれどころか、概《おおむ》ね事実と言っていい。実際には、両親を亡くしたあと後見人となった調教師から、イートン校仕込みの高い教養を授かった事実や、その腕を惜しみなく賞賛された元チャンピオン・ジョッキーだったことなど、かなりの省略があるにせよだ。とはいえ、学歴や家柄という表面上の経歴だけ見れば、シッド・ハレーは間違いなく下層階級の人間である。ダニエル・ロークが牧場主、アラン・ヨークが父親の経営する貿易会社のロンドン支店長、そしてヘンリイ・グレイが伯爵家の長男という設定を考えると、彼の出自は極めて特徴的だ。

そもそも人間の知性や品性が、学歴や出自や外見で推し量ることができないのは言うまでもない。だが往々にして、それを尺度のひとつにするのがこの世間というものだ。卑俗の極みである。

したがって、シッド・ハレーのような第一級の人物が――友と呼ぶに最もふさわしい男が、単に見かけや出身だけでいわれない屈辱を味わい、俗物エリートから理不尽な扱いを受けると、まるで我がことのように憤懣《ふんまん》やる方ない気分にさせられてしまう。私なんぞは思わず、今に見とれよ、とページを捲《めく》りながら毒づくこともしばしばだったりする。

その結果どうなるか。感情移入するあまり、彼の身に振りかかる苦悩や屈辱や恐怖が、とても他人事ではなくなってくる。自分自身の、あるいは親しい友人のもののように、思えてくるのだ。

たとえば『再起』を見てみよう。今回シッドは、かつての好敵手である騎手仲間を告発することになる。それも、何頭もの馬の脚を切断するという残忍極まりない犯罪行為で。しかもその人物エリス・クイントは、彼の親友であり、引退後は国民的人気タレントとして誰からも愛される存在だった。そんなはずはない、と世間はいっせいにクイントを擁護し、告発者であるシッドに非難の目を向ける。マスコミは徹底的にシッドを糾弾し（その背後に何者かの意思が働いていることがやがて判明するが）、親しい知人や彼の人間性を認めていた人たちまでもが敵に回るのだ。気がつくと味方は、チャールズほぼ一人という有様だった。

マスコミが槍玉に挙げるのは彼の〝ハンディキャップ〟である。シッドの出自や手の障害を持ち出し、悪意をもって彼の人格を誹謗中傷するのだ。彼の人間性を知りつくしているシッド・ハレー・ファンにしてみれば、とてもじゃないが冷静な気分で読めない。怒りがふつふつ涌いてきて、「お前らそこへ直れ！」と、声に出して言いたくなる。とにかく彼の名誉と信用が回復するまで、ページを繰る手が止められないのであった。いわばそれが、本書のリーダビリティの核になっているのだ。

その意味では『敵手』も、『大穴』や『利腕』と同様、一度失ったものを取り戻す物語と言えよう。

人生で失うものは数多くある。失うことはたやすいが、いったん失ったものを取り戻すとは極めて困難だ。しかしどんな犠牲を払ってでも、取り戻さなければならないものが人生にはある――シッド・ハレーは身をもって、そのことを教えてくれる。

だからこそ彼は、優駿揃いで鳴るフランシスの全ヒーロー中、最も熱い支持を集めているのである。

■ディック・フランシス　著作リスト

『女王陛下の騎手』The Sport of Queens, 1957,1974,1995／菊池光訳／ハヤカワ・ミステリ文庫
『本命』Dead Cert, 1962／菊池光訳／ハヤカワ・ミステリ文庫
『度胸』Nerve, 1964／菊池光訳／ハヤカワ・ミステリ文庫
『興奮』For Kicks, 1965／菊池光訳／ハヤカワ・ミステリ文庫
『大穴』Odds Against, 1965／菊池光訳／ハヤカワ・ミステリ文庫／シッド・ハレー・シリーズ
『飛越』Flying Finish, 1966／菊池光訳／ハヤカワ・ミステリ文庫
『血統』Blood Sport, 1967／菊池光訳／ハヤカワ・ミステリ文庫
『罰金』Forfeit, 1968／菊池光訳／ハヤカワ・ミステリ文庫

『査問』Enquiry, 1969／菊池光訳／ハヤカワ・ミステリ文庫
『混戦』Rat Race, 1970／菊池光訳／ハヤカワ・ミステリ文庫
『骨折』Bonecrack, 1971／菊池光訳／ハヤカワ・ミステリ文庫
『煙幕』Smokescreen, 1972／菊池光訳／ハヤカワ・ミステリ文庫
『暴走』Slay Ride, 1973／菊池光訳／ハヤカワ・ミステリ文庫
『転倒』Knock Down, 1974／菊池光訳／ハヤカワ・ミステリ文庫
『重賞』High Stakes, 1975／菊池光訳／ハヤカワ・ミステリ文庫
『追込』In the Frame, 1976／菊池光訳／ハヤカワ・ミステリ文庫
『障害』Risk, 1977／菊池光訳／ハヤカワ・ミステリ文庫
『試走』Trial Run, 1978／菊池光訳／ハヤカワ・ミステリ文庫
『利腕』Whip Hand, 1979／菊池光訳／ハヤカワ・ミステリ文庫／シッド・ハレー・シリーズ
『反射』Reflex, 1980／菊池光訳／ハヤカワ・ミステリ文庫
『配当』Twice Shy, 1981／菊池光訳／ハヤカワ・ミステリ文庫
『名門』Banker, 1982／菊池光訳／ハヤカワ・ミステリ文庫
『奪回』The Danger, 1983／菊池光訳／ハヤカワ・ミステリ文庫
『証拠』Proof, 1984／菊池光訳／ハヤカワ・ミステリ文庫
『侵入』Break in, 1985／菊池光訳／ハヤカワ・ミステリ文庫／キット・フィールディング・シリーズ
『連闘』Bolt, 1986／菊池光訳／ハヤカワ・ミステリ文庫／キット・フィールディング・シリーズ
『黄金』Hot Money, 1987／菊池光訳／ハヤカワ・ミステリ文庫
『横断』The Edge, 1988／菊池光訳／ハヤカワ・ミステリ文庫
『直線』Straight, 1989／菊池光訳／ハヤカワ・ミステリ文庫

『標的』Longshot, 1990／菊池光訳／ハヤカワ・ミステリ文庫
『帰還』Comeback, 1991／菊池光訳／ハヤカワ・ミステリ文庫
『密輸』Driving Force, 1992／菊池光訳／ハヤカワ・ミステリ文庫
『決着』Decider, 1993／菊池光訳／ハヤカワ・ミステリ文庫
『告解』Wild Horses, 1994／菊池光訳／ハヤカワ・ミステリ文庫
『敵手』Come to Grief, 1995／菊池光訳／ハヤカワ・ミステリ文庫／シッド・ハレー・シリーズ
『不屈』To the Hilt, 1996／菊池光訳／ハヤカワ・ミステリ文庫
『騎乗』10-lb Penalty, 1997／菊池光訳／ハヤカワ・ミステリ文庫
『出走』Field of Thirteen, 1998／菊池光訳／ハヤカワ・ミステリ文庫
『烈風』Second Wind, 1999／菊池光訳／ハヤカワ・ミステリ文庫
『勝利』Shattered, 2000／菊池光訳／ハヤカワ・ミステリ文庫
『再起』Under Orders, 2006／北野寿美枝訳／ハヤカワ・ミステリ文庫／シッド・ハレー・シリーズ
『祝宴』Dead Heat, 2007／北野寿美枝訳／ハヤカワ・ミステリ文庫／フェリックス・フランシスと共著
『審判』Silks, 2008／北野寿美枝訳／ハヤカワ・ミステリ文庫／フェリックス・フランシスと共著
『拮抗』Even Money, 2009／北野寿美枝訳／ハヤカワ・ミステリ文庫／フェリックス・フランシスと共著
『矜持』Crossfire, 2010／北野寿美枝訳／ハヤカワ・ミステリ文庫／フェリックス・フランシスと共著

■イアン・フレミング　Ian Fleming
一九〇八年、イギリス生まれ。第二次大戦中は海軍情報部に在籍。英国情報部員ジェイムズ・ボンドを主人公とする〈007シリーズ〉で一世を風靡する。同シリーズは映画化もされ、現在も新作が発表されている。シリーズ作品に『007／ロシアから愛をこめて』『女王陛下の007』など。一九六四年に死去。

007は世界の共通言語

作家　若竹七海

『ザ・ロック』という映画を観た。今は観光名所となっているアルカトラズ刑務所を急進的な軍人たちが占拠し、何十万という人間を殺せるだけの神経ガスを搭載したミサイルを設置する。要求を飲まなければこのミサイルをサン・フランシスコにぶちこむぞ、という脅しがあって、対テロ部隊が刑務所に潜入することとなる。ところが相手がなにしろ、脱獄は絶対に不可能といわれた、あのアルカトラズ刑務所だ。百戦錬磨の犯人たちに知られず、いったいどうやって乗り込んだらいい、と対策本部一同、頭を抱えたところで登場するのがショーン・コネリー。彼こそはかつてアルカトラズからみごと脱獄してのけ、その後また捕まって、レクター博士並みの厳重監視のもとに数十年も監禁されていた、という男だった。

彼は「私は女王陛下のために働いてきた」などと言い、協力するからその代わりに宿泊先はリッツ・ホテルを用意しろ、一流のスタイリストに身を整えさせろ、スーツを誂えろとぜいたく放題の要求を出しまくる。ここにいたって、わたしは思わずげらげら笑いだしてしまった。一流品好みで女王陛下のために働いてきたショーン・コネリーといえばあなた、そりゃ当然、われらがジェイムズ・ボンドに決まっている。ショーン・コネリーのセリフにはそのほかにも細かいギャグがたくさんあって、わたしはすっかりご機嫌になったが、ふと、いったい十代二十代の日本の若者にこういう設定が理解できるのだろうか、という一抹の不安がよぎったのだった。

テレビでひんぱんに放送されているため、自然と古い映画に親しんでいるアメリカの若者ならともかく、日本の若者のいったいどれくらいがショーン・コネリーのジェイムズ・ボンド映画を観ているだろう。いまだに新作映画が作られているおかげで、ボンドの名前を知らないものはいないだろうし、ショーン・コネリーがボンド役者だったことくらいは知っているだろうが、実際に映画を観ているかどうかとなると、いささかあやしい。ましてや、原作に触れたことのある若者など珍しいのではないか。

ジェイムズ・ボンドはすでに、世界の共通言語になっている。『ザ・ロック』はもちろん、映画『トレインスポッティング』のなかで、スコットランドの若者たちがショーン・コネリー談義をしながら狙撃手の真似事をしているのだって、コネリー、イコール、秘密情報員ジェイムズ・ボンドという認識があってのこと。『キャッスル』や『ＮＣＩＳ』といった海外ミステリドラマのエピソードにも、ボンド・エピソードはしばしば登場する。

ほんのちょっとの知識で、英米の本や映画がよりいっそう楽しめるようになるのだから、やっぱり古典は読んでおくほうが、観ておくほうが得というもの。

いや、そんなお勉強はさておいても、〈００７シリーズ〉は、本も映画も大ヒットしたのが当然の素晴らしい出来映えで、読み始めたら、観始めたら、とまらない面白さなのだ。

わたし自身がイアン・フレミングを初めて読んだのは、高校生の頃だった。学校の図書館に早川の〈世界ミステリ全集〉があって、片端から読んでいたのだが、その一冊に『サンダーボール作戦』が掲載されていたのだった。正直に言って、そのときはほとんど印象に残らなかった。責任はフレミングにはない。そのとき同じ本にイ＊ン・フ＊ミ＊グというふざけた名前の作家が書いたボンドのパロディ『アリゲーター』が載っていなかったら、もう少し『サンダーボール作戦』の印象が変わっていたはずだ。本篇を知らずにパロディを読むほどまぬけなことはないのであって、『アリゲーター』は退屈きわまりなく、勢いフレミングの作品にも、へえ、こんなものか、という程度の感想しか持たなかった。

映画のほうを先に観てしまうと、そしてここまで映画のほうが有名だと、原作を読んでいなくても読んだような気分になってしまうものだ。おまけに冒険小説のブームの波が、ミステリクラブなどというオタクの集団に属していた大学生の頃やってきた。マクリーンやヒギンズ、デズモンド・バグリイといった、その頃夢中で読みあさった冒険作家たち、フレミングは彼らの父親的な存在だった。つまり、〈007シリーズ〉は〈古典〉だった。〈古典〉とは、すでに読んでいて当然の必読書を指す。それを読んでませんでしたとは認められなくなってしまった。そこで、読んでもいないのに、読んだふりをしていたわけですね。

その後、図書館でたまたま『ゴールドフィンガー』を手にとって、とったらやめられなくなって、結局あるだけの〈007シリーズ〉を一冊残らず、隠れて夢中になって読むはめになったのだが、そのとき手にしたのが『ゴールドフィンガー』で本当に良かった。シリーズのなかでもとびきりおしゃれで、スピード感あふれるこの作品がわたしは一番好きだ。

「ボンド君、シカゴのことわざにこういうのがある。〝最初は行きずり、二度目は偶然、三回目からは仇同士〟というんだ」

シリーズ七作目の『ゴールドフィンガー』は、まさにこのことわざ通りに進行する。

一仕事終えたボンドはたまたま空港で出くわした知人の頼みに乗り、ゴールドフィンガーという男のイカサマ賭博の裏を見破った。その後、偶然にもボンドはこの黄金マニアのゴールドフィンガーがイギリスの金《きん》をかき集め、不正に海外に持ち出して大もうけをしている事件の調査にあたり、賭けゴルフに引き込んで相手を観察する。そして、ついには彼の野望であるフォート・ノックス（アメリカの国家黄金貯蔵庫）襲撃計画を知るにいたり、その計画を阻止するために命懸けで戦うこととなる。

最初は小さなイカサマ賭博での対決、次はゴルフ場での対決、それから拷問、フォート・ノックス襲撃から飛行機での大格闘と、徐々に盛り上がっていくボンドとゴールドフィンガーの対決は、まったく息もつかせない迫力だ。ことに、ゴルフでの対決場面では、ゴルフの基礎知識すらないわたしも、思わず手に汗を握った。

その最大の理由は、ついかっとなったり、いらいらしたり、といったボンドの人間的な弱さがかいま見えるからだろう。不死身でひたすらタフで危機を楽々と乗り越える超人的な映画でのボンドと違い、小説のボンドは専門的な訓練をうけてはいるが、キングズリイ・エイミスの言うように〈夢想と現実の中道〉(『007号/ジェイムズ・ボンド白書』永井淳訳/ハヤカワ・ライブラリ)を行く、普通よりもやや強い程度の人間だ。もちろん、服装だって映画版のように一流品ばかりということもなく、夢のような隠し武器を与えられるわけでもない。まあ、美女がぞろぞろ出てきて、ボンドの魅力にいかれる、というところだけは普通よりもはるかに恵まれているわけだが。

誰かが〈007シリーズ〉を評して〈爽快な大人の童話〉だと言ったが、〈爽快〉であるために必要なほどの強さを持ってはいるが、〈大人の童話〉にとどまるだけの弱さを持っている、それがフレミング描くところのボンドなのだ。やたらめったら主人公が強くては、サスペンスにならない。ほうっておいても勝てるような男の心配を、いったい誰がするだろう。〈007シリーズ〉がその後の冒険小説に大きな影響を与えた理由のひとつは、そんなところにもあるのではないだろうか。

小説版ボンドは生みの親の死後、ジョン・ガードナーによって書き継がれているし、映画版も新作が続々と発表されている。ちなみに冷戦終結後、英国情報部ＭＩ６のボス（ジェイムズ・ボンドの上司〈Ｍ〉にあたる人物）が、実は女性（それも、どう見ても普通のおばさん）であったことが判明してイギリス中が大騒ぎになる、という事件があった。ピアース・ブロスナンがボンドを演じた映画『ゴールデンアイ』以降、〈Ｍ〉が女性になったのは、そういった現実をすかさず取り入れたのだろう。製作者側にそういう茶目っ気があるかぎり、００７は不滅だ。きっと。

■イアン・フレミング　著作リスト

『００７／カジノ・ロワイヤル』Casino Royale (You Asked for It), 1953　井上一夫訳／創元推理文庫
『００７／死ぬのは奴らだ』Live and Let Die, 1954　井上一夫訳／ハヤカワ・ミステリ文庫
『００７／ムーンレイカー』Moonraker (Too Hot to Handle), 1955　井上一夫訳／創元推理文庫
『００７／ダイヤモンドは永遠に』Diamonds are Forever, 1956　井上一夫訳／創元推理文庫
『００７／ロシアから愛をこめて』From Russia, With Love, 1957　井上一夫訳／創元推理文庫

『ダイヤモンド密輸作戦』The Diamond Smugglers, 1957　井上一夫訳／早川書房／ノンフィクション
『007／ドクター・ノオ』Doctor No, 1958　井上一夫訳／ハヤカワ・ミステリ文庫
『007／ゴールドフィンガー』Goldfinger, 1959　井上一夫訳／ハヤカワ・ミステリ文庫
『007／薔薇と拳銃』For Your Eyes Only, 1960　井上一夫訳／創元推理文庫
『007／サンダーボール作戦』Thunderball, 1961　井上一夫訳／ハヤカワ・ミステリ文庫
『007／わたしを愛したスパイ』The Spy Who Loved Me, 1962　井上一夫訳／ハヤカワ・ミステリ文庫
『女王陛下の007』On Her Majesty's Secret Service, 1963　井上一夫訳／ハヤカワ・ミステリ文庫
『007号／世界を行く』『続007号／世界を行く』Thrilling Cities, 1963　井上一夫訳／早川書房／ノンフィクション
『007は二度死ぬ』You Only Live Twice, 1964　井上一夫訳／ハヤカワ・ミステリ文庫
『007／黄金の銃をもつ男』The Man with the Golden Gun, 1965　井上一夫訳／ハヤカワ・ミステリ文庫
『オクトパシー』Octopussy and the Living Daylights, 1966　井上一夫訳／ハヤカワ・ミステリ文庫

■アリステア・マクリーン Alistair MacLean
一九二二年、イギリス生まれ。第二次世界大戦中の体験をもとに描いた『女王陛下のユリシーズ号』と『ナヴァロンの要塞』でベストセラー作家になる。他の著作に『恐怖の関門』『荒鷲の要塞』『ナヴァロンの嵐』『八点鐘が鳴る時』など多数。冒険小説の王者と称された。一九八七年に死去。

アリステア・マクリーンは「障害物競走小説」の一大巨匠！

ミステリ研究家　松坂　健

僕のオールタイムの冒険活劇映画の一位は、『ナバロンの要塞』(日本公開一九六一年八月、映画はナヴァロンではなくナバロンの表記)で、不動だ。小学校高学年、浅草の大勝館で見た。アクションとスリラー映画が好物だった母親に連れられて見たはずで、あまりのはらはらドキドキに、館内が明るくなり、きつく握りしめてこわばった拳を開けたら、手のひらのしわに汗が溜まっていた。文字通り、手に汗を握る二時間半だったのである。とにかく、グレゴリー・ペックの登場から、ラストシーンまで、山また山、何度見ても同じ興奮に駆られる。

後年、ジョン・バカンだったか（記憶が曖昧でごめんなさい）、小説を書くコツを問われて、「主人公をA地点からB地点に動かす。その間に障害をいくつも設け、できれば目的地到達まで時間制限があるのが望ましい」と答えたことがある。

この「エンターテインメントは制限時間付障害物競走だ」理論にあてはめると、映画『ナバロンの要塞』こそ、目的の不可能性、障害物の多さ、時間制限のきつさ、どれをとっても最良の理論実践例だと考えたものだ。

この映画の成功の大半は無駄を省いたカール・フォアマンの脚本の成果によるというのが、僕の考えだったが、後年、ポケミスで出た翻訳を食らいつくように読んで、実際には作者マクリーンが造形した、不屈の意志とユーモアを忘れない英国人の典型を描いた筆力の凄さがものを言っていたことに気づかされた。

そして、小説『ナヴァロンの要塞』の前に書かれた彼の第一作『女王陛下のユリシーズ号』には、本当に打ちのめされた。

荒れ狂う北極海に、囮船団となって出撃を余儀なくされたおんぼろ輸送船。ミッションはドイツが誇る戦艦ティルピッツをおびき出すこと。それもある時点までに成功させないとソ連軍支援のための軍需物資輸送船団が目的地に着かない。この緊迫した状況でユリシーズ号の乗員たちは、母港に決して戻れないだろうと覚悟しつつ、海軍基地スカパーフローから船出していく。

囮として相手戦艦を釣り上げられるか（「レイテ沖海戦」での小澤治三郎中将率いる艦隊がハルゼー率いる機動部隊を引きずりあげる作戦を思い出させる）というミッションの難しさ、あるいは賭けの要素と時間的制約。そして、航海途中の障害物の数々。Uボートの恐怖、海面にまかれたオイルの火の海突破、氷の針となって乗員の顔に突き刺さる海水のしぶきと、緊張感が持続する。ページターナーそのものだ。

その間に描かれる艦長をはじめとする英国ジョンブル魂の炸裂は、後年、日本の冒険小説ファンの投票で海洋冒険小説部門だけでなく四部門総合の第一位の座に輝くことになったのも不思議はない。基本的には僕も大賛成だ。

この『ユリシーズ号』がニコラス・モンサラットの海洋文学の古典『非情の海』などに刺激されたことは疑いないと思う。英国と海は切り離せないもので、フレデリック・マリヤットに始まり、ジョゼフ・コンラッド、後年にはC・S・フォレスターの〈ホーンブロワー・シリーズ〉など、叙事詩的な文学の源泉となっているわけで、マクリーンはまさに『ユリシーズ号』で第二次大戦の苛烈な局面を叙事することに成功したのです。

とはいえ、作家マクリーンが後年の作家に与えた影響は『ナヴァロンの要塞』の方が大きいと、僕は考える。ジョン・バカン型の冒険小説ではなく、よりリアリスティックな設定と描写で、冒険活劇小説に新しい地平を切り開いたからだ。

①切実なミッションの設定
②プロフェッショナルなチーム編成

③敵中突破の障害物競走
④ミッション達成の叙事詩的カタルシス
これがマクリーンの冒険小説のフォーミュラと呼ぶべきものだが、②のプロフェッショナルな男たちの設定を重視したところにマクリーンの創意があったと思う。

潜入不可能といわれる孤島に、誰もが登れないと考えていた海側の断崖絶壁から入ろうと考え、英国連邦有数の登山家をチームに招くという発想が素晴らしい。これに加えて、通信のプロ、爆薬のプロ、ナイフ使いの殺し屋、案内役の地元パルチザンと特殊技能をアンソロジーした特攻ミッション型チーム編成が描かれた最初の作品ではないだろうか。その後、このパターンがどれだけ作られたことか。
③の障害物設定こそ作者の腕前の見せどころだが、マクリーンの場合は、自然の脅威が大きくものをいうのが特徴だ。寒さも暑さも極限まで、という状況密度の濃さがマクリーンの勝負どころだ。『ユリシーズ号』の北極海、『ナヴァロン』の嵐の海からロッククライミングへの水平から垂直へのサスペンス転換の鮮やかさ。寒さといえば『最後の国境線』の東欧の極寒ぶりも並大抵じゃない。暑さだと『シンガポール脱出』かな。
そして、障害物の中には、思いがけず早いうちにリーダーが倒れたり、チームの中に裏切り者がいたり、という心理戦のようなものまで入ってくる。マクリーンの冒険小説は、意外にもフーダニットの要素が適度に混ざっているのが特徴だ。

そして、ラストでは歴史の闇の中に消えていくかっこよさ。この叙事・叙情がたまらない。

自然の脅威をメインに打ちだした部分は、同じ英国のハモンド・イネスと共鳴しあうし、登場人物のプロフェッショナリズムは形を変えてギャビン・ライアルに通じていると思う。バグリイには『高い砦』などストレートなものもあるが、ミステリ的趣向を取り入れたという点では共通し、物語の叙事的性格は一部、ジャック・ヒギンズに伝わっているのではないか。以上が僕なりの英国冒険文学マクリーン派（そんなのないけど）の総括ということだ。

＊　＊　＊

アリステア・マクリーン自身について触れておこう。

一九二二年四月英国のスコットランド、ダヴィオットの生まれ。マクリーンは自分ことをほとんど語らず寡黙を通したが、『八点鐘が鳴る時』だけは、スコットランドの風物が瑞々しく描かれている（魚屋さんがいいんだ。それは読めばわかる）。グラスゴー大学で英文学を学ぶ。

一九四一年から四五年まで英国海軍所属。退役後、グラスゴーの中学で教師生活。

一九五四年、グラスゴー・ヘラルド紙が募集した短篇小説コンテストに応募、見事に一位を獲得する。荒れ狂う海から漂流するふたりの児童を救出する顚末を描いた小品、『ディリーズ号』は短篇集『孤独の海』で読むことができる。マクリーンの叙事詩体質が読み取れる。

その翌年、『女王陛下のユリシーズ号』を出版、一介の田舎教師は一夜にして大ベストセラー作家になってしまう。

途中、イアン・スチュアートの名義で書いた二冊を含め、遺作の『サントリーニの牙』、短篇集『孤独の海』まで二十九冊の著書を残した。

マクリーンの世俗的な成功は、映画『ナバロンの要塞』がもたらしたもので、カール・フォアマンやエリオット・カストナー（映画『動く標的』『ロング・グッドバイ』など）といった生きのいい映画製作者の支援があったのも見逃せない。マクリーンの盛名を途中で支えたのが『荒鷲の要塞』で、これはカストナーが製作したものだ。

とはいえ、スコットランド人の血がそうさせたのか、晩年は強度のアルコール中毒にかかっていた。そのために家族関係もうまくいかなかったようだ。

最晩年の彼の面倒をみていたのが、離婚した最初の妻、ジゼラだった。一九八七年の初頭、マクリーンは遺産や版権の相続などの処理をするためにミュンヘンを訪れていた。そこにはジゼラも同行していたのだが、一月の終わりの朝、彼女がマクリーンの部屋を覗くと、彼はベッドで虚ろな目をしていたが、彼女の姿を認めたのかどうか、人事不省になってしまった。急いで病院に連れて行ったが、二月二日逝去。享年六十四だった。以上はJack Websterの*Alistair MacLean: a life*から拾い出したもの。

最後の頃の作品群は、ミッションそのものにリアリティがなくなり、誇大妄想のようなものが多くなったような気がする。マクリーンが原案を書いたとされる映画そしてノベライゼーションもあるが、どれも意に満たないものばかりだった。

マクリーンの最後の棲家はスイス・ジュネーブのセリニーという町だった。

そのセリニーの街角に、ある碑があって、そこには二人の人物像が刻まれているとのこと。

ひとりは、英国の名優、リチャード・バートンで（近くに住んでいたらしい）、もうひとりがマクリーンだった。いうまでもなく、映画『荒鷲の要塞』へのオマージュだろう。

この映画については、たわいもない思い出がひとつある。『荒鷲の要塞』は日本では一九六八年十二月公開の正月映画扱いだった。原作の翻訳もそれに合わせて十二月に出た。さて、「読むのが先か、見るのが先か」の永遠の問題である。忘年会がわりに畏友・瀬戸川猛資の家にワセダミステリクラブの先輩、中野登さんと訪ねて、どうしようと論議になった。その時の結論。「原作を半分まで読んで、映画館に行き最後まで見て、帰宅したら残りの半分を読む」。

いかがかな、この解決策？

■アリステア・マクリーン　著作リスト

『女王陛下のユリシーズ号』H. M. S. Ulysses, 1955　村上博基訳／ハヤカワ文庫ＮＶ
『ナヴァロンの要塞』The Guns of Navarone, 1957　平井イサク訳／ハヤカワ文庫ＮＶ
『シンガポール脱出』South by Java Head, 1958　伊藤哲訳／ハヤカワ文庫ＮＶ
『最後の国境線』The Last Frontier (The Secret Ways), 1959　矢野徹訳／ハヤカワ文庫ＮＶ
『北極戦線』Night Without End, 1959　森崎潤一郎訳／ハヤカワ文庫ＮＶ

『恐怖の関門』Fear Is the Key, 1961　伊藤哲訳／ハヤカワ文庫ＮＶ
『黒い十字軍』The Dark Crusader (The Black Shrike), 1961　平井イサク訳／ハヤカワ文庫ＮＶ
『黄金のランデヴー』The Golden Rendezvous, 1962　伊藤哲訳／ハヤカワ文庫ＮＶ
『悪魔の兵器』The Satan Bug, 1962　平井イサク訳／ハヤカワ文庫ＮＶ
『北極基地／潜航作戦』Ice Station Zebra, 1963　高橋泰邦訳／ハヤカワ文庫ＮＶ
『八点鐘が鳴る時』When Eight Bells Toll, 1966　矢野徹訳／ハヤカワ文庫ＮＶ
『荒鷲の要塞』Where Eagles Dare, 1967　平井イサク訳／ハヤカワ文庫ＮＶ
『ナヴァロンの嵐』Force Ten from Navarone, 1968　平井イサク訳／ハヤカワ文庫ＮＶ
『麻薬運河』Puppet on a Chain, 1969　矢野徹訳／ハヤカワ文庫ＮＶ
『巡礼のキャラバン隊』Caravan to Vaccares, 1970　高橋豊訳／ハヤカワ文庫ＮＶ
『北海の墓場』Bear Island, 1971　平井イサク訳／ハヤカワ文庫ＮＶ
『歪んだサーキット』The Way to Dusty Death, 1973　平井イサク訳／ハヤカワ文庫ＮＶ
『軍用列車』Breakheart Pass, 1974　矢野徹訳／ハヤカワ文庫ＮＶ
『地獄の綱渡り』Circus, 1975　矢野徹訳／ハヤカワ文庫ＮＶ
『金門橋』The Golden Gate, 1976　乾信一郎訳／ハヤカワ文庫ＮＶ
『魔女の海域』Seawitch, 1977　平井イサク訳／ハヤカワ文庫ＮＶ
『さらばカリフォルニア』Goodbye California, 1977　矢野徹訳／ハヤカワ文庫ＮＶ
『雪原の炎』Athabasca, 1980　小倉多加志訳／ハヤカワ文庫ＮＶ
『死の激流』River of Death, 1981　平井イサク訳／早川書房
『パルチザン』Partisans, 1982　冬川亘訳／早川書房
『防潮門』Floodgate, 1983　沢川進訳／早川書房

『サン・アンドレアス号の脱出』San Andreas, 1984　後藤安彦訳／早川書房
『孤独の海』The Lonely Sea, 1985　高津幸枝ほか訳／ハヤカワ文庫NV
『サントリーニの牙』Santorini, 1986　大熊栄訳／早川書房

■ギャビン・ライアル　Gavin Lyall

一九三二年、イギリス生まれ。空軍パイロットを経て、一九六一年に『ちがった空』で作家デビュー。『深夜プラス１』などの一人称による冒険小説の傑作を生んだ。他の著作に『もっとも危険なゲーム』『裏切りの国』、〈マクシム少佐シリーズ〉など。二〇〇三年に死去。

ギャビン・ライアルにたどりつくまで

作家　志水辰夫

ハヤカワ・ポケット・ミステリの１００番台から３００番台を数十冊持っている。図書館の廃棄本をもらい受けたものだが、それも小さな漁師町の町立図書館の本だった。

時代でいえば昭和二〇年代の終わりから三〇年代にかけての本だ。食うことに必死で、だれもがやっとこさ生きていたころの田舎の図書館にこのような本が備えつけられ、だれもが読み、ふつうにその感想を話し合っていたということなのだ。

江戸時代から貸本が普及していた日本ならではの現象だったかもしれないが、平和な時代になってどっと入ってきた外国のあたらしい小説は、いまからは想像できないほどスマートで、上質な文化と世間に受け止められていたのである。

わたしもポケミスに育てられた人間だ。新聞がタブロイド判一枚になったのを知っている世代だから、活字には終始飢えていた。そこへ縦長で小口の黄色い垢抜《あかぬ》けたポケミスが出てきたのだから、見かけだけで飛びついたとして当然だろう。現実から解き放たれ、束の間虚構の世界に浸らせてくれるものとしてこれ以上のものはなかったのである。

それこそ手当たり次第何でも読んだ。そのうち好みのジャンルができてくる。贔屓の作家が生まれてくる。そうして最後に落ち着いたのが、わたしの場合ハードボイルドだったということだ。

ただし生来のあまのじゃくで、偏見と思い込みの塊みたいな人間だったから、読書範囲はそれほどひろがらなかった。気が向くか向かないかが最大の選別基準であり、読まず嫌いがはなはだしく、一度も手を出さなかった作家、作品は数しれない。気のすすまないものをいやいや読み、やっぱりだめだったときの失望感がたまらなくいやだった。

だから冒険・スパイ小説というジャンルは、長い間視野に入っていなかった。それがなぜ手を出すようになったかというと、好みが偏りすぎて読むものがなくなってしまったからである。

それでやむなく手をひろげたのだが、そのときもイギリスの小説は最後まで敬遠していた。上から目線というか、ひとりよがりで、押しつけがましい論法がどうにも性に合わなかった。この性に合わないというのはどうにもならないもので、人見知りのようなものだから説明のしようがないのである。

デズモンド・バグリイは大のお気に入りだったが、アリステア・マクリーンは『女王陛下のユリシーズ号』以下何冊か読んだけれどシミュレーション小説みたいで面白いと思わなかった。ジャック・ヒギンズにいたっては最初に読んだ『地獄島の要塞』こそ「この作家は買いだ」と思ったものの、傑作の誉れ高い『鷲は舞い降りた』は臭くて臭くて、どうにも読みすすめることができなくなって途中で投げ出した。

以後ヒギンズの小説は一冊も手にしていない。なぜこれほど毛嫌いしたのか自分でもよくわからないのだが、虫のいどころが悪かったか、そのときの自分の内面にああいうものを面白がる余裕がなかったか、理屈ではないのである。要するにわたしは公正な読解力を必要とする書評家にはなれない人間だった。

言うまでもないことだが、小説くらい読む者の感性と成熟度で評価が左右されるものはない。傑作を傑作たらしめるためには読者の度量や教養に相等のレベルが要求される。恥のかきついでにもうひとつ白状すると、ディック・フランシスの『興奮』をようやく読んでぶっ飛んだのは、三十の半ばを過ぎたときだった。友人から「彼は面白いよ」と薦められていたが、どうにも手を出す気になれなかった。騎手上がりの書いた小説だというから、馬券小説の類かと思っていたのだ。当時のわたしがその程度だったということである。

ギャビン・ライアルを読んだときも、三十をだいぶ過ぎていた。結果としてはそれがよかったと思う。二十代に読んでいたら果たして面白いと思ったかどうか、途中で投げ出して以後見向きもしなかった公算のほうが大きい。そういう意味でライアルの小説は大人の読むものであり、がきの読む小説ではないのである。

そのころのわたしは商売が先細りでこれからどうやって生きて行けばよいか、目処《めど》が立たないまま焦《あせ》りまくっているフリーライターだった。小説を書こうと試行錯誤はしていたが、方向性は見えていなかった。文章を書くしか能のない迷える仔羊だった。

そういうすれっからしで鬱屈したところが、ライアルの小説の主人公には何の抵抗もなく素直に感情移入できた。過去にこだわっている自分を捨てられないキャラクターに限りない共鳴を覚え、気がついたら自分と主人公を一体化させていた。

この稿を書くにあたり『ちがった空』『もっとも危険なゲーム』『深夜プラス1』『本番台本』と、初期の四部作を読み直してみた。記憶では処女作の『ちがった空』をいちばん先に読んだと思っていたが、今回読んでみた感触では『もっとも危険なゲーム』が初見参だったようだ。

一読して目から鱗《うろこ》が落ちた。手探りでさまよっていた闇のなかに一条の光が射してきたような手応えがあった。そのつぎに読んだのが『深夜プラス1』だ。このとき覚えた内部からふつふつと湧き上がってくる興奮と、行く手を照らしてもらったような光明感とはいまでもはっきり覚えている。

「そうか、こういう風に書いたらいいのか」とか「こういうレトリックを真似たら自分にも書けるのではないか」といった天啓を受けたのだ。わたしと同じタイプの小説を書いている作家仲間には、この作品をバイブルとして何回も読み直したり、文章を書き写して研鑽《けんさん》を積んだりしたものが少なからずいるのである。

この作品の冒頭はつぎのような描写からはじまる。

パリは四月である。雨もひと月前ほど冷たくはない。といって、たかがファッション・ショーを見るために濡れて行くには寒すぎる。雨がやむまでタクシーはつかまらないし、やめば用はない。数百ヤードの距離だ。いずれにしてもぐあいが悪い。

いかにも翻訳調の持って回った言い回しで、しかも硬質、けっして読みやすい文章とはいえない。一方で徹底的に主語を省いたまぎれもない日本語の文章になっている。

この文を一読して、背筋にぞくぞくっとするものを覚えた人は、まちがいなくライアルの小説にはまる人である。反対に、こんな文章がなんだよと感じるようなら、ライアルには縁がないからほかの小説で自分に合うものを見つけるしかない人だ。わずか数行のこの文章が、ギャビン・ライアルを受け入れられるかどうか、リトマス試験紙となっているのである。

本作の主人公ルイス・ケインは、第二次世界大戦中に欧州へ送り込まれたイギリスの元工作員で、現在はフリーのエージェントとして頼まれ仕事で生計を立てている。

相棒のハーヴェイ・ロヴェルはアメリカの元シークレットサービス、護衛のプロだがガンマンとしては致命的なアル中という欠陥を持っている。

ふたりが引き受けたのは、マガンハルトという大富豪をフランスのブルターニュからスイスに隣接するリヒテンシュタインまで送り届けるという仕事だ。ただしマガンハルトは警察から指名手配を受けており、なおかつ何者かに命を狙われている。リヒテンシュタインへ着くためにはタイムリミットが設けられている。

凝りに凝ったとくべつ奇抜というストーリーではない。物語がケインの一人称視点で描写されるため、波瀾万丈ではあっても一気呵成《かせい》に進行しない。道中いたるところで引っかかり、脱線する。本来なら興を削ぐ出来事なのだが、それが逆に無類の面白さと緊迫感を盛り上げている。一癖も二癖もある登場人物のキャラクターがぶつかり合い、がっしり嚙《か》み合って渾《こん》然一体《ぜんいったい》となっているところが読んでいてすごく心地よいのである。

ケインは戦時中の自分をいまだに引きずっている人間だ。「カントン」と呼ばれたコードネームそのまま、現在という現実に適応できない自分をどこかで持てあましている。金のためなら何だってやるつもりが、いざとなると自己の信条や倫理感に縛られ、暴走することを許さない。なんとも不器用な生き方しかできない男なのだ。

それは本作だけでなく、四作すべての主人公に共通したキャラクターとなっている。『もっとも危険なゲーム』のビル・ケアリ、『ちがった空』のジャック・クレイ、『本番台本』のキース・カー、いずれも航空機のパイロットであるが、自己に忠実であるがゆえ最後は敢然と死地へ飛び込んで行かざるを得ない。

腹をくって生きている男たちなのだ。生き方にぶれがない。この潔さはどこか武士道に通じたものがある。あるいは独り狼となってさすらっている股旅小説。冒険・スパイ小説の秀作としてライアルの作品がわが国でいまも高い評価を受けているのは、日本人の心情に無理なく入ってこられるこれら主人公の性格づくりに負うところが大きいのである。

今回四作を読み直し、五十年近くまえの作品でありながらすこしも色褪せていないことに感嘆した。むしろ昨今のストーリーテリングだけの薄っぺらな小説よりはるかに読後感が爽快だ。いつか読書に専念できる日がきたら、わが青春の一部となってしまったこれら一群の作品を読み直し、至福のひとときに浸りたいものだとあらためて思ったのだった。

■ギャビン・ライアル　著作リスト

『ちがった空』The Wrong Side of the Sky, 1961　松谷健二訳／ハヤカワ・ミステリ文庫
『もっとも危険なゲーム』The Most Dangerous Game, 1963　菊池光訳／ハヤカワ・ミステリ文庫
『深夜プラス１』Midnight Plus One, 1965　菊池光訳／ハヤカワ・ミステリ文庫
『本番台本』Shooting Script, 1966　菊池光訳／ハヤカワ・ミステリ文庫
『拳銃を持つヴィーナス』Venus with Pistol, 1969　小鷹信光訳／ハヤカワ・ミステリ文庫
『死者を鞭打て』Blame the Dead, 1972, 1973　石田善彦訳／ハヤカワ・ミステリ文庫
『裏切りの国』Judas Country, 1975　石田善彦訳／ハヤカワ・ミステリ文庫
『影の護衛』The Secret Servant, 1980　菊池光訳／ハヤカワ・ミステリ文庫／マクシム少佐シリーズ

『マクシム少佐の指揮』The Conduct of Major Maxim, 1982　菊池光訳／ハヤカワ・ミステリ文庫／マクシム少佐シリーズ
『クロッカスの反乱』The Crocus List, 1985　菊池光訳／ハヤカワ・ミステリ文庫／マクシム少佐シリーズ
『砂漠の標的』Uncle Target, 1988　村上博基訳／ハヤカワ・ミステリ文庫／マクシム少佐シリーズ
『スパイの誇り』Spy's Honour, 1993　石田善彦訳／ハヤカワ・ミステリ文庫／ランクリン大尉シリーズ
『誇りへの決別』Flight from Honour, 1996　中村保男、遠藤宏昭訳／早川書房／ランクリン大尉シリーズ
『誇り高き男たち』All Honourable Men, 1997　遠藤宏昭訳／早川書房／ランクリン大尉シリーズ
『誇りは永遠に』Honourable Intentions, 1999　遠藤宏昭訳／早川書房／ランクリン大尉シリーズ

■ロバート・ラドラム Robert Ludlum

一九二七年、アメリカ生まれ。海兵隊除隊後に大学に入り、俳優、演出家、劇場主として活躍。一九七一年、『スカーラッチ家の遺産』でデビュー。記憶を失った男ジェイソン・ボーンを描いた三部作『暗殺者』『殺戮のオデッセイ』『最後の暗殺者』はのちに映画化された。二〇〇一年に死去。

世界の裏側を覗く――ラドラムの陰謀

書評家 古山裕樹

世界は陰謀に満ちている。

彼らは密かに政府や企業をコントロールし、国際情勢をも動かそうとする。自らの利益を最大にするために、あるいは自らの信念に基づいて世界を陰で支配するために。陰謀に気づいた者は命を奪われるか、あるいは社会的な信用を奪われてしまう。

果たして「彼ら」とは何者か？　何を目指しているのか？　どのようにして社会をコントロールするのか？

それを知りたければ、ロバート・ラドラムを読むがいい。陰謀をめぐる冒険——それこそがラドラムの描き続けてきた物語である。

陰謀小説と呼ぶべき一群の小説がある。世界を陰で操ろうとする何者かの企みを、物語の中心に置いた小説だ。

ほとんどの場合、主人公は陰謀の存在に気づいた人物である。自らが巻き込まれた陰謀に対して、阻止するために戦ったり、あるいはただひたすら逃げることになる。

陰謀の主体は様々だ。アメリカやかつてのソ連といった大国はもちろん、グローバル企業、軍産複合体、金融家といった、権力や資金を有する集団が主体となることが多い。遠い昔から連綿と続く秘密結社、あるいはカルト集団が登場することもある。ある種の選民思想など、何らかの主義主張に基づくグループの場合もある。第三帝国の崩壊から七十年が過ぎても、ナチとその残党は陰謀小説の黒幕として今なお大人気だ。

世界は我々が見ているとおりのものではなく、その陰では何者かが暗躍している——そんな陰謀小説が書かれ、また読まれるのは、陰謀論の隆盛と無縁ではない。

こんな荒唐無《こうとうむ》稽《けい》な話を耳にしたことはないだろうか。

——アメリカ空軍の基地にエイリアンの死体が隠されている。

——アポロ宇宙船は実は月面には着陸していない。

——ナチの残党が南米の秘密基地で空飛ぶ円盤を作っている。

そこまで常軌を逸した話でなくとも、政府が、大企業が、外国人が何かを企んでいる……といった話を耳にする機会は少なくない。

特にラドラムの母国アメリカでは、こうした陰謀論が盛んである。なんといっても、アメリカ政府は世界規模の陰謀を企むだけの力を備えている。しかもアメリカといえば、ケネディ大統領暗殺という、陰謀マニアの妄想を刺激してやまない事件が起きた国である。

ロバート・ラドラムは、そうした陰謀論をヒントにした陰謀小説を、長年にわたって書き続けた作家なのだ。たとえば、『マタレーズ暗殺集団』では、歴史の陰で要人暗殺を繰り返し、世界に流血と混乱をもたらしてきた秘密結社の企みを描いている。『ホルクロフトの盟約』や『陰謀の黙示録』では、第四帝国を打ち建てようと企むネオナチの暗躍について語っている。

その代表作といえば『暗殺者』だが、実はこの作品、彼にとっては異色作でもある。

何が異色なのか？

彼の作品のほとんどがそうであるように、『暗殺者』もまた、主人公が巨大な陰謀に立ち向かう物語である。ただし、もう一つ重要な要素がある。この作品の原題は ***The Bourne Identity***。その名のとおり、これはアイデンティティをめぐる物語なのだ。

物語の冒頭で、主人公は記憶を失っている。自分が何者かもわからないまま、身体に埋め込まれたマイクロフィルムに記された口座番号だけを頼りに、自分の正体を探りはじめる。

だが、正体不明の殺し屋が彼を襲う……。失った自分を取り戻そうとするアイデンティティの探求が、やがて国際的な陰謀を暴きだす過程と重なり合う。

ラドラムの作品のほとんどは、陰謀そのものを物語の中心に置いている。陰謀の解き明かされる過程、そして浮かび上がる黒幕の正体。主人公の不屈の闘志も（あるいは心が挫《くじ》けそうになる危機も）描かれるけれど、それは謀略のスケールの大きさ、敵の容赦の無さを描くため。陰謀の構図を描き、驚きと衝撃を仕掛けることに力が注がれている。

だが、『暗殺者』は異なる。陰謀はあくまでも物語の背景であり、主人公が自分を取り戻し、強大な敵に立ち向かう冒険を物語の中心に据えている。

もちろん他の作品でも、主人公の動機がおざなりにされるわけではない。だが、ラドラムの作り上げた陰謀小説の枠組みは強固であり、ユニークな動機を抱えた主人公であっても、陰謀を語るための存在となってしまうことは避けがたい。

たとえば、晩年の作品『単独密偵』の主人公は、長年勤めていた秘密諜報機関が実は反米工作機関であり、そして友人も妻も自分を欺《あざむ》いていたと知らされて衝撃を受ける。自分自身の人生が企みによって歪められ、偽りの過去を与えられる――いかにも、謀略が支配するラドラム作品の主人公にふさわしい展開だ。

ただしこの作品、主人公が自らの人生を取り戻そうとする過程を描いてはいるのだが、やがて物語の中心は、緻密《ちみつ》に組み立てられた陰謀パズルのスクラップ&ビルドがもたらす驚きへと移ってしまう。晩年の作品の中でも読ませる一篇だが、あくまでも「毎度おなじみのラドラム印」の陰謀小説である。

個々の作品の、真の主役ともいうべき陰謀。『暗殺者』の主人公だけが、自身の動機の切実さによって、主役のはずの陰謀を脇へと追いやって、自身の冒険を物語の主軸に据えることができた。このような主人公は他にはいない。かくしてこの作品は、ラドラムの特異点と言うべきものに仕上がっている。

『暗殺者』には『殺戮のオデッセイ』と『最後の暗殺者』という続篇がある。これらの作品では、主人公自身の内面に直結するような冒険ではなく、波乱に満ちたストーリー展開そのものに力点が置かれている。大がかりな陰謀と、それを解き明かして宿敵との対決に至る緻密な展開――長年書き続けた数々の作品と同じ、ラドラムらしい陰謀小説の枠組みに留まる作品であり、『暗殺者』のような特異な域に達したものではない。

そもそも、典型的なラドラムの作品とはどのようなものなのか？

中心にあるのは、国際的なスケールで繰り広げられる巨大な陰謀だ。主人公は何らかの形で陰謀に巻き込まれて、その黒幕と対決することになる。彼はわずかな手がかりを頼りに、黒幕の正体を探る。だが、敵もさまざまな手段を駆使して、主人公を窮地に追いつめる。そんな主人公の冒険を通じて、巨大な謎がじわじわと浮かび上がってくる。大風呂敷を広げながら、複雑にして重層的なストーリーを経て、みごとにたたんでみせる。ほとんどの作品が文庫本で一冊に収まらず、二冊、時には三冊に及ぶ。目まぐるしい展開がもたらす緊張が、その長大な物語を一気に読ませてしまう。読者は、いわば陰謀テーマパークの客なのだ。

その目まぐるしい展開は、同時にラドラムの弱点もあらわにしてしまう。個々の場面で、似たようなパターンが多くの作品で繰り返して使われているため、ストーリーの印象がどれも似通ってしまうのだ。

——窮地を救ってくれた味方が、実は敵の手先であったことが明らかになる。

——主人公を助けられそうな人物を敵が殺害して、さらに主人公に濡れ衣を着せる。

——重要な事実を主人公に伝えた、あるいは伝えようとした人物が、絶妙のタイミングで敵に命を奪われてしまう。

すべてラドラムの作品にしばしば見られる展開である。ハードボイルドな私立探偵が後頭部を殴られて気を失ってしまうように、これらは彼の作品では「お約束」と言っていい（ラドラムを弁護するならば、彼の作品に限らず、巨大な謀略を描くスリラーではおなじみの展開でもある）。

何作も立て続けに読むと、その展開が似通っているだけに、どれがどれだか区別がつかなくなってしまうのは否定できない。一作ごとに異なる趣向を凝らす小説家もいれば、同じ趣向の作品を繰り返し書く小説家もいる。ラドラムは間違いなく後者のタイプだ。

なお、彼の描く陰謀の黒幕は、それが狂信者であれテロリストであれ、ほとんどが欧米のキリスト教文化圏の産物だった。そうした「狭さ」もまた、個々の作品の印象を似たようなものにしてしまったのかもしれない。

ラドラムの作品を並べてみると、国際的な陰謀を扱っていながら、冷戦終結が作品にもたらした影響が小さいことに気づく。冷戦下もそれ以降も、作品の雰囲気はほとんど変わっていない。

もともと彼の描く陰謀小説は、敵役としてのソ連にはそれほど依存しない。陰謀の黒幕は、誰の目にも見えている存在ではない。誰も知らないところで、存在すら知られていない者たちが密かに進める企み。それこそがラドラムらしい陰謀である。

良くも悪くも、時代の影響をあまり受けない作家ではあるが、それでも影響が皆無というわけではない。ラドラム没後の二〇〇二年に刊行された『メービウスの環』は、グローバル化する経済と、発展途上国のアメリカへの眼差しを背景にした作品だ。二十一世紀の世界を、9・11以降の世界を反映した物語に仕上がっていた。

だが、ラドラムが亡くなったのは9・11の半年前、二〇〇一年三月だ。『メービウスの環』を読んだ者にとって、これはちょっとした驚きである。彼は9・11以降の世界を知ることなくこの作品を書き残したのだ。

ラドラムが生きて小説を書き続けていたら、新たな地平を切り開いていた――ということはなかったかもしれないが、それでも彼の描き出す陰謀に、新たな彩りを加えていたことだろう。

■ロバート・ラドラム　著作リスト

『スカーラッチ家の遺産（上下）』The Scarlatti Inheritance, 1971　村社伸訳／角川文庫
『バイオレント・サタデー』（『オスターマンの週末』改題）The Osterman Weekend, 1972　山本光伸訳／角川文庫
『マトロック・ペーパー』The Matlock Paper, 1973　青木久恵訳／角川文庫
『禁断のクルセード（上下）』Trevayne, 1973　田村源二訳／角川文庫／ジョナサン・ライダー名義
『悪魔の取引（上下）』The Rhinemann Exchange, 1974　山本光伸訳／角川文庫
『灼熱の黄金郷（上下）』The Cry of the Halidon, 1974　小林宏明訳／角川文庫／ジョナサン・ライダー名義
『四億ドルの身代金』The Road to Gandolfo, 1975　山本光伸訳／新潮文庫
『砕かれた双子座（上下）』The Gemini Contenders, 1976　田村源二訳／講談社文庫
『囁く声（上下）』The Chancellor Manuscript, 1977　丹野真訳／講談社文庫
『ホルクロフトの盟約（上下）』The Holcroft Covenant, 1978　山本光伸訳／角川文庫
『マタレーズ暗殺集団（上下）』The Matarese Circle, 1979　篠原慎訳／角川文庫
『暗殺者（上下）』The Bourne Identity, 1980　山本光伸訳／新潮文庫／ジェイソン・ボーン・シリーズ
『狂気のモザイク（上下）』The Parsifal Mosaic, 1982　山本光伸訳／新潮文庫
『戻ってきた将軍たち（上下）』The Aquitaine Progression, 1984　山本光伸訳／新潮文庫
『殺戮のオデッセイ（上中下）』The Bourne Supremacy, 1986　篠原慎訳／角川文庫／ジェイソン・ボーン・シリーズ

『血ぬられた救世主（上中下）』The Icarus Agenda, 1988　篠原慎訳／角川文庫
『最後の暗殺者（上中下）』The Bourne Ultimatum, 1990　篠原慎訳／角川文庫／ジェイソン・ボーン・シリーズ
『白き鷹の荒野（上下）』The Road to Omaha, 1992　篠原慎訳／角川文庫
『狂信者（上下）』The Scorpio Illusion, 1993　山本光伸訳／新潮文庫
『陰謀の黙示録（上下）』The Apocalypse Watch, 1995　山本光伸訳／新潮文庫
『マタレーズ最終戦争（上下）』The Matarese Countdown, 1997　篠原慎訳／角川文庫
『単独密偵（上下）』The Prometheus Deception, 2000　山本光伸訳／新潮文庫
『冥界からの殺戮者』The Hades Factor, 2000　峯村利哉訳／角川文庫／秘密組織カヴァート・ワン・シリーズ、ゲイル・リンズ共著
『シグマ最終指令（上下）』The Sigma Protocol, 2001　山本光伸訳／新潮文庫
『破滅の預言』The Cassandra Compact, 2001　峯村利哉訳／角川文庫／秘密組織カヴァート・ワン・シリーズ、フィリップ・シェルビー共著
『メービウスの環（上下）』The Janson Directive, 2002　山本光伸訳／新潮文庫
『暗殺のアルゴリズム（上下）』The Bancroft Strategy, 2006　山本光伸訳／新潮文庫

■ロバート・リテル Robert Littell
一九三五年、アメリカ生まれ。記者として東欧やソ連に駐在した経験を持つ。デビュー作『ルウィンターの亡命』で英国推理作家協会賞ゴールド・ダガー賞を受賞。他の著作に『迷いこんだスパイ』『チャーリー・ヘラーの復讐』『スリーパーにシグナルを送れ』『CIA ザ・カンパニー』など多数。

不思議の国のリテル

書評家 古山裕樹

スパイ活動はしばしばゲームにたとえられる。タイトルに「ゲーム」の文字を含むスパイ小説も少なくない。たとえば、ジョン・ル・カレの『われらのゲーム』。あるいは、レン・デイトンの『ベルリン・ゲーム』。日本でも、柳広司『ジョーカー・ゲーム』のような例がある。

ロバート・リテルのデビュー作、一九七三年に刊行された『ルウィンターの亡命』（一九七三年CWA賞ゴールド・ダガー賞受賞）も、題名こそ「ゲーム」の語を含まないものの、スパイ戦をゲームと重ね合わせている。この小説でモチーフになっているのはチェスだ。各章のタイトルも、「序盤戦」「応手」「中盤の戦い」……と、チェスにちなんでいる。

冷戦の時代であり、盤面をはさんで対峙するのはアメリカとソ連である。彼らの駆け引きにおいて重要な駒となるのが、科学者ルウィンターの存在だ。

ルウィンターは仕事で日本を訪れた際に、ソ連大使館に赴いて亡命の意志を伝える。彼はある数式を記憶していた。それはアメリカの核ミサイルの軌道に関する式だった。ソ連は数式を得たものの、それが正しい情報なのかどうか確認する手段がない。実際にアメリカがミサイルを発射しないかぎり、数式の正確さは証明できないのだ。一方のアメリカも、ルウィンターのソ連に伝えた数式がどのような性質のものか推測するだけで、確証が得られたわけではない。

このような状況で、アメリカとソ連は互いに猜疑心《さいぎしん》に満ちた深読みをして、相手の認識を誘導しようと試みる。

以下、やや長いけれど、リテルの描き出す論理のねじれ具合を知るのに最適な一節を引用しよう。

「最終的には、すべてが、アメリカはわれわれにどう思い込ませたがっているのか、にかかっているのだ。彼は本物だ、と思い込ませたがっているのであれば、彼は偽物にちがいない。偽物だ、と思い込ませたいのであれば、彼は本物だ。そこで事が複雑になってくる。わたしが一つの可能性を提示してみよう。アメリカ側は、彼が本物だという信号を彼らが送ってきていることにわれわれが気づいて、だから彼は偽物だとわれわれが断定することを期待して、ルウィンターは本物だという信号をわれわれに送ってきている、という可能性だ」

裏の裏の裏まで先読みする諜報戦。アメリカはソ連の認識を誘導すべく工作を仕掛けて、対するソ連側もその工作を深読みして、さらにねじれた対抗手段を編み出す。そのねじれが極限に達するのが、ラストの一文だ。そこには強烈な皮肉が満ちあふれている。

このデビュー作と同じテーマを、状況を逆転させて描いたのが、一九七九年の作品『迷いこんだスパイ』だ。

この作品のシチュエーションは、ちょうど『ルウィンターの亡命』の裏返しになっている。極秘書類を抱えたソ連の外交官クラコフが、アメリカ大使館に駆け込んで亡命を求める。アメリカ側はクラコフに事情聴取を行ない、書類の内容も調査する。彼は嘘をついているようには見えず、書類も本物のように見える。だが、そうした疑わしさの欠如が、むしろ疑念を生む。これは本当の亡命なのだろうか、それともアメリカに偽情報を信じさせるためのソ連側の仕掛けなのか？　本物なのか偽物なのか、本物らしく見える偽物らしく見える本物なのか、偽物らしく見える本物らしく見える偽物なのか……。

亡命者に諜報機関が抱く疑念。テーマこそ同一だが、この作品では『ルウィンターの亡命』以上に状況が深く掘り下げられる。

亡命者は本物なのか？　という問いを軸に展開するスパイ小説は珍しくない。リテルの作品が際立っているのは、その問いを掘り下げて、二重三重の深読みからなる論理の迷宮へと読者を導いていくところにある。猜疑心が生み出す、ジレンマに満ちた迷宮へと。

こうした奇怪な論理に支えられた物語にリテルが導入したのが、ユーモアとゲーム感覚、あるいはある種の遊び心だ。

一九八一年の作品『チャーリー・ヘラーの復讐』は、テロリストに婚約者を殺されたCIA局員が、報復のため、テロリストが潜伏するチェコスロヴァキアに潜入するアクション小説である。ただしそこはロバート・リテル、単純な冒険活劇に収まるはずがない。

この作品の原題は*The Amateur*だ。主人公のCIA局員チャーリー・ヘラーは、破壊工作のプロフェッショナルではない。暗号の作成と解読に携わるコンピュータ技術者で、諜報活動の最前線での経験はない。ヘラーは持ち慣れない武器を手に、アマチュアの殺し屋として敵地に乗り込むのだ。

ヘラーには奇妙な趣味がある。シェイクスピアの研究——といっても通常の文学研究ではない。「シェイクスピア劇の中に、シェイクスピア以外の誰かが真の作者であることを証明する暗号が隠されているのではないか」という問題を、コンピュータを使って解き明かすのだ。かくしてこの作品には、ヘラーがシェイクスピアの墓碑銘を暗号として解読してみせる場面を筆頭に、さまざまな言葉遊びがあふれることになる。何しろ、この作品の冒頭に掲げられた献辞さえもが暗号であり、作中に示された手段で解読できるのだ。

人を喰ったような遊び心が最も目立つのが、一九八六年に刊行されたリテルの代表作、『スリーパーにシグナルを送れ』だ。米ソにまたがる巨大な陰謀を描いたこの作品は、非情な諜報戦を、ユーモアを交えて軽妙に描いてみせる。

その軽妙さを象徴するのが、風変わりな登場人物たちである。「シスターズ」と呼ばれるCIAのコンビ。KGBのスパイ養成学校教官「陶工」の、性的に放埒《ほうらつ》な妻スヴェトチカ。自分のセックスを電話で人に聞かせるのが好きという「スリーパー」。あるいは、Aで始まることばを集める女性。二人組の殺し屋、ウールクとアップルヤードも忘れがたい（特にアップルヤードの、どんな音でも再現してみせるという特技は印象深い。誰も聞いたことのないような音まで再現してみせるのだ）。冷徹な謀略劇を描きながらも、こうした登場人物たちのおかげで、生々しさを排して陰惨さを抑えた独特の雰囲気が醸成されている。

リテルの作品は、常に奇怪な論理に支えられているわけではない。一九八八年の『赤葡萄酒のかけら』は、ロシア革命の波乱万丈のドラマを中心に、スターリンの時代へと至る数十年間を描いた骨太の大河小説である。一九九一年の『ロシアの恋人』は、冷戦末期の米ソの諜報戦を背景に、アメリカの大使館員と、ソ連の反体制女流詩人との禁じられた恋を描いたドラマが中心にある。

これまで取り上げた作品に比べれば、いたって直球勝負である。ただしリテルの場合、むしろこちらが変化球に見えてしまうのは、人徳（?）のなせる業だろうか。

一九九〇年の『最初で最後のスパイ』は、CIA内部で進行する陰謀を見つけてしまった盗聴技術者の物語。ただし、主人公が自身をアメリカ独立戦争の英雄の生まれ変わりと信じている、というところがリテルらしい奇怪な論理を生み出している。一七七六年と現在とで並行して語られる、ひねりの効いた作品だ。一九九七年の『目覚める殺し屋』は、ソ連崩壊後の時代を背景に、インディアン居留地を舞台にKGBとCIAの対決が描かれる……という、これまたリテルらしい力業の効いた作品である。

こうした作品を経て、二十一世紀に入ってからもリテルは大作を送り出している。二〇〇二年の『CIA　ザ・カンパニー』は、約半世紀に及ぶ米ソの諜報戦を、実在の人物も織り交ぜて描く長大な物語だ。CIAの中に、ソ連に機密情報を流す裏切り者がいる……というスパイ狩りの物語を軸に、冷戦の時代を振り返る作品である。

この作品もまた、直球勝負の大河小説に見える。ただし描かれる状況は、やはりリテルらしいねじれた論理に支配されている。その中心にいるのが、スパイ狩りに奔走したジェームズ・アングルトンという実在した人物である。

彼の掲げる「証言にまったく矛盾が見られない、ゆえにこいつは怪しい」という、疑念がもたらした逆説は、『ルウィンターの亡命』などに描かれた、ジレンマに満ちた状況を思い出させる。

裏切り者を炙《あぶ》り出そうとあの手この手を駆使するアングルトンは、やがて何者も信じられなくなり、精神を病んでしまう。その鬼気迫る姿は、この作品のひとつの象徴でもある。

奇怪な論理が支配する物語。その各章のエピグラムとして掲げられているのが、『不思議の国のアリス』からの引用である。引用されるだけではない。『不思議の国のアリス』『鏡の国のアリス』は、物語の中でも重要な役割を担っている。

同じく奇妙な論理と不条理に支配された物語として、ルイス・キャロルの作品世界は、リテルの物語にぴったりと似合っている。

ロバート・リテルの小説を読む楽しさは、歪みを味わう楽しさである。リテルの小説を支えているのは、猜疑心がもたらす二重三重にねじれた論理と、風変わりな遊び心、あるいはユーモアである。

作品数こそ決して多くはないけれど、リテルの作り上げた「不思議の国」は、一読すると忘れられない輝きを放っている。

■ロバート・リテル　著作リスト

『ルウィンターの亡命』The Defection of A. J. Lewinter, 1973　菊池光訳／ハヤカワ文庫ＮＶ
『迷いこんだスパイ』The Debriefing, 1979　菊池光訳／ハヤカワ文庫ＮＶ
『チャーリー・ヘラーの復讐』The Amateur, 1981　北村太郎訳／新潮文庫
『スリーパーにシグナルを送れ』The Sisters, 1986　北村太郎訳／新潮文庫
『赤葡萄酒のかけら（上下）』The Revolutionist, 1988　北澤和彦訳／新潮文庫
『最初で最後のスパイ』The Once and Future Spy, 1990　北澤和彦訳／新潮文庫
『ロシアの恋人』An Agent in Place, 1991　雨沢泰訳／文春文庫
『目覚める殺し屋』Walking Back the Cat, 1996　雨沢泰訳／文春文庫
『ＣＩＡ　ザ・カンパニー（上下）』The Company, 2002　渋谷比佐子監・訳／柏艪舎

■ジョン・ル・カレ John le Carré
一九三一年、イギリス生まれ。『寒い国から帰ってきたスパイ』でアメリカ探偵作家クラブ（MWA）賞最優秀長篇賞、英国推理作家協会（CWA）賞ゴールド・ダガー賞を受賞。『ティンカー、テイラー、ソルジャー、スパイ』『スクールボーイ閣下』『スマイリーと仲間たち』の三部作はスパイ小説の傑作と称される。一九八四年にMWA賞、一九八八年にCWA賞巨匠賞受賞。

ジョージ・スマイリーの魅力

文芸評論家
向井　敏

濃い霧がたちこめ、時折りこまかい霧雨の降りかかる真夜中のロンドン。その街の底からにじみでるようにして、一人の男が姿をあらわす。小柄で、肥り肉《じし》で、猫背で、分厚い眼鏡をかけ、服装の趣味もいただけない。動作はぎこちなく、足どりはおぼつかなげで、見ればもう相当な齢《とし》だ。

老いて風采《ふうさい》こそあがらないが、しかしその名を聞けば、からだのふるえるような感動を覚える人も少なくないことだろう。男の名はジョージ・スマイリー。ジョン・ル・カレの創造した史上屈指の魅力的なスパイである。

スパイ小説のヒーローといえば、若くて、機敏で、膂力《りょりょく》衆にすぐれ、見るからに颯爽《さっそう》たる人物というのがふつうだが、ジョン・ル・カレの作品に登場する切れ者のスパイたちはたいていが中年過ぎで、見てくれも何となく不景気。動きの最も派手な『寒い国から帰ってきたスパイ』の主人公アレック・リーマスでさえ、五十歳だった。

わがジョージ・スマイリーにいたっては、一九六一年、処女作『死者にかかってきた電話』でイギリス秘密諜報部の一員としてはじめて登場したとき、すでに五十代後半。その後は、名門パブリック・スクールで起きた殺人事件の捜査にかかわったり（『高貴なる殺人』）、対ソ諜報作戦の後方援護（『寒い国から帰ってきたスパイ』）や、事後処理（『鏡の国の戦争』）に動いたりして、やがて現役を退くが、一九七四年、『ティンカー、テイラー、ソルジャー、スパイ』でふたたび秘密諜報部《サーカス》（ロンドンのケンブリッジ・サーカスにあることから、「サーカス」と略称される）に呼び戻され、物語のヒーローとして返り咲くことになる。そのときはもう七十である。さらに、『スクールボーイ閣下』を経て、生涯の宿敵、ソ連諜報部《モスクワ・センター》の首脳カーラに最後の対決を試みる〈スマイリー三部作〉の完結篇『スマイリーと仲間たち』では七十代も半ばを過ぎた、スパイ小説史上最も高齢のヒーローとして登場する。

当然、肉体的な行動能力のほうは衰えいちじるしく、派手なアクションはとても期待できないが、その分、若くて颯爽とした行動派のスパイには求めがたい徳がスマイリーにはある。

彼は急がない。取り乱さない。どんな難題にぶつかってもけっして投げない。つねに平静、つねに慎重、思慮のかぎりをつくし、独得の「沈黙の才」を駆使して問題に迫る。煩をいとわず、労を惜しまず、執拗に食いさがって解答を求める。

そういう人物にとって、〈スマイリー三部作〉、ことに『ティンカー、テイラー、ソルジャー、スパイ』における役まわりほど似つかわしいものは想像しにくい。とうに引退したこの老スパイがまた現場に呼び戻されたのは、秘密諜報部《サーカス》にひそむソ連諜報部《モスクワ・センター》の「もぐら（二重スパイ）」を洗いだすためなのだが、「鋳掛け屋《ティンカー》」、「洋服屋《テイラー》」、「兵隊《ソルジャー》」、「貧者《プアマン》」、「乞《ベガ》食《マン》」と、イギリスの古い童謡の歌詞にちなんだ暗号名をもつ五人の高級情報官のなかの、いったいだれがその「もぐら」なのか。幾重にも張りめぐらされた擬装網をかいくぐり、無数の仮説と事実とをつき合せ、複雑な罠を仕掛けて「もぐら」を追いつめていくこの探索行は、何万ピースもの真白なジグソー・パズルを一つ一つ嵌《は》めこんでいくような、迂遠《うえん》で気骨の折れる仕事だ。けれども、スマイリーにはそれがむしろ性に合っている。急がず騒がず、ほとんど楽しげに彼は探索をつづけていく。

ことわるまでもないと思うが、二重スパイを追うというこの作品の話柄は、かつてイギリスの朝野を震撼させたキム・フィルビー事件に想を得たものである。元来、イギリスは本物のスパイ活動でもはなばなしい歴史をもつ国だが、同時に二重スパイの老舗《しにせ》でもあって、第二次大戦このかた、情報機関にもぐりこんでソ連はじめ共産圏諸国に機密情報を流していたのが露見した二重スパイは少なからぬ数にのぼる。その多くは、一九二〇年代から三〇年代にかけて親ソ的空気の濃かったオックスフォード、ケンブリッジ両大学に在学中、ソ連情報機関の工作員に抱きこまれた人たちで、なかでも大物だったのがハロルド・エイドリアン・ラッセル・フィルビー。愛称をキムというこの人物はケンブリッジ出身のエリートで、イギリス情報部SISの対ソ工作セクションのチーフをはじめ、情報、外交畑の要職を歴任、前後二十年にわたってソ連情報部KGBのスパイをつとめた。一九五一年には正体が割れていたのだが、当局の監視をかわして、一九六三年にソ連に亡命、今も存命と伝えられる。（編集部注※一九八八年死去）

キム・フィルビー事件はスパイ作家の想像力を強く刺激し、以来、直接間接にこの事件に材を求めたスパイ小説が相次ぐことになるが、その第一人者がほかならぬジョン・ル・カレ。一九六三年に早くもこの事件を火種に『寒い国から帰ってきたスパイ』を書き、さらに十余年を経て、〈スマイリー三部作〉でフィルビーもののいわば集大成を図ったのである。この人以外の作家でいえば、たとえばレン・デイトンは『イプクレス・ファイル』を、グレアム・グリーンは『ヒューマン・ファクター』を、最近ではマイケル・バー＝ゾウハーが『真冬に来たスパイ』を書いていて、いずれも秀作の名が高いが、罠また罠、迷路また迷路の二重スパイの世界の錯綜と混沌を最も強く印象づけるものといえば、やはり『ティンカー、テイラー、ソルジャー、スパイ』にはじまる〈スマイリー三部作〉であろう。

こうした見通しのきかない二重スパイの世界の印象をいっそう際立たせているのは、その文体である。いったい、ジョン・ル・カレという作家は、新作が出るたび国際的なベストセラーになるほどポピュラーでありながら、筋運びの軽快さとか、展開の切れ味のよさといった一般受けのする小説作法から遠い作家も珍しい。核心に一気に迫ることをしないで、しきりに横道にそれ、細部の描写を克明に積み重ね、じれったいほどゆっくりとしか話を進めない。執拗《しつよう》で煩瑣《はんさ》で迂遠な描法をむしろ選び、そのなかからぼんやりと状況が浮んでくるといった方法をむしろ好む。ところが読むうちに、そうした文体や描法が、濃霧に包まれた二重スパイの世界と、その世界にゆっくりと分け入っていくジョージ・スマイリーの、いぶし銀の渋みをもつ人柄とを描くのにふさわしいものであることにやがて気づかされるであろうし、そしてこれはもう言うまでもないことだが、結末近く、物語が急展開をはじめるにいたって、当初は瑣末《さまつ》で執拗すぎると見えた細部の描写がことごとく生きて動きだし、スリリングな快感が何倍にも何十倍にも増幅されて、読者を圧倒することになる。

最後の数十ページをおしみおしみ読み終えた読者は、ジョン・ル・カレという作家のただならぬ力量をあらためて知らされるであろう。

■ジョン・ル・カレ　著作リスト

『死者にかかってきた電話』Call for the Dead, 1961　宇野利泰訳／ハヤカワ文庫ＮＶ
『高貴なる殺人』A Murder of Quaity, 1962　宇野利泰訳／ハヤカワ文庫ＮＶ

『寒い国から帰ってきたスパイ』The Spy Who Came in from the Cold, 1963　宇野利泰訳／ハヤカワ文庫NV
『鏡の国の戦争』The Looking-Glass War, 1965　宇野利泰訳／ハヤカワ文庫NV
『ドイツの小さな町（上下）』A Small Town in Germany, 1968　宇野利泰訳／ハヤカワ文庫NV
『ティンカー、テイラー、ソルジャー、スパイ』Tinker, Tailor, Soldier Spy, 1974　村上博基訳／ハヤカワ文庫NV
『スクールボーイ閣下（上下）』The Honourable Schoolboy, 1977　村上博基訳／ハヤカワ文庫NV
『スマイリーと仲間たち』Smiley's People, 1979　村上博基訳／ハヤカワ文庫NV
『リトル・ドラマー・ガール（上下）』The Little Drummer Girl, 1983　村上博基訳／ハヤカワ文庫NV
『パーフェクト・スパイ（上下）』A Perfect Spy, 1986　村上博基訳／ハヤカワ文庫NV
『ロシア・ハウス（上下）』The Russian House, 1989　村上博基訳／ハヤカワ文庫NV
『影の巡礼者』The Secret Pilgrim, 1990　村上博基訳／ハヤカワ文庫NV
『ナイト・マネジャー（上下）』The Night Manager, 1993　村上博基訳／ハヤカワ文庫NV
『われらのゲーム』Our Game, 1996　村上博基訳／ハヤカワ文庫NV
『パナマの仕立屋』The Tailor of Panama, 1997　田口俊樹訳／集英社
『シングル&シングル』Single and Single, 1999　田口俊樹訳／集英社
『ナイロビの蜂（上下）』The Constant Gardner, 2000　加賀山卓朗訳／集英社文庫
『サラマンダーは炎のなかに（上下）』Absolute Friends, 2003　加賀山卓朗訳／光文社文庫
『ミッション・ソング』The Mission Song, 2006　加賀山卓朗訳／光文社文庫
『誰よりも狙われた男』A Most Wanted Man, 2008　加賀山卓朗訳／ハヤカワ文庫NV
『われらが背きし者』Our Kind of Traitor, 2010　上岡伸雄、上杉隼人訳／岩波書店
『繊細な真実』A Delicate Truth, 2013　加賀山卓朗訳／早川書房

初出一覧

■エッセイ初出

「すべての小説は冒険小説である」逢坂剛　『ミステリマガジン』二〇一五年十一月号
「ヒギンズ、フォレット、そして。」佐々木譲　書き下ろし
「私の好きな作家というよりも、私が無視できない先人としての山中峯太郎」芝村裕吏　『ミステリマガジン』二〇一五年十一月号
「凍てつくような寒気が物語を熱くする」谷甲州　『ミステリマガジン』二〇一五年十一月号
「『読まずに死ねるか！』age からの手紙」広江礼威　書き下ろし
「日焼けしたフォーサイス」藤井太洋　『ミステリマガジン』二〇一五年十一月号
「創作のきっかけ」三好徹　『ミステリマガジン』二〇一五年十一月号

■作家論初出

「常に進化し、新しい物語を生む」関口苑生　書き下ろし
「なぜグリーニーは素晴らしいのか」北上次郎　『勝手に！　文庫解説』集英社文庫

「物語を読む愉悦」池上冬樹　『ヒューマン・ファクター〔新訳版〕』ハヤカワepi文庫
「高潔なる騎士たちの冒険」吉野仁　書き下ろし
「こころを揺さぶられる物語をいざ読まん」吉野仁　書き下ろし
「冒険小説としての『機龍警察』　彼らはただ戦うだけではない」霜月蒼　『機龍警察〔完全版〕』早川書房
「スパイ小説のマイルストーン」柳生すみまろ　『イプクレス・ファイル』ハヤカワ文庫NV
「CROSS　OVER　THE　LINE!」霜月蒼　書き下ろし
「文化を見つめ、叙情を残す」池上冬樹　『シブミ』ハヤカワ文庫NV※二〇一一年版
「五つの顔を持つ作家」香山二三郎　『パンドラ抹殺文書』ハヤカワ文庫NV※二〇〇六年版
「邂逅、デズモンド・バグリイと『高い砦』」本山賢司　『高い砦』ハヤカワ文庫NV※二〇〇六年版
「ジャック・ヒギンズ　〈ツボ〉という名の機雷」月村了衛　『ミステリマガジン』二〇一五年十一月号
「フォレスターの描いた海と人間」大森洋子　書き下ろし
「死にざまを見つめつづけて」関口苑生　書き下ろし
「友と呼ぶに最もふさわしい男」茶木則雄　『敵手』ハヤカワ・ミステリ文庫
「007は世界の共通言語」若竹七海　『007／ゴールドフィンガー〔改訳版〕』ハヤカワ・ミステリ文庫

「アリステア・マクリーンは「障害物競走小説」の一大巨匠!」松坂健　書き下ろし
「ギャビン・ライアルにたどりつくまで」志水辰夫『ミステリマガジン』二〇一五年十一月号
「世界の裏側を覗く——ラドラムの陰謀」古山裕樹　書き下ろし
「不思議の国のリテル」古山裕樹　書き下ろし
「ジョージ・スマイリーの魅力」向井敏『ティンカー、テイラー、ソルジャー、スパイ』ハヤカワ文庫NV※一九八六年版

■冒険・スパイ小説 × 映画論

銀幕の冒険者たち：映像化された冒険・スパイ小説

movie

銀幕の冒険者たち：映像化された冒険・スパイ小説

映画評論家
青井邦夫

冒険小説やスパイ小説の映画化作品は戦前から行なわれている。

スパイ小説の元祖的存在、ジョン・バカンの『三十九階段』は巨匠アルフレッド・ヒッチコックが一九三五年に『三十九夜』として映画化している。スパイ戦に巻き込まれた青年の物語だが、ヒッチコック版は原作の二十年後の映画化であり、時代設定も映画化された時代になっていて主人公を追跡する飛行機が当時最新鋭のオートジャイロに変更されていた。スコットランドの荒野を逃げる主人公を追うオートジャイロのイメージは後の『007／ロシアより愛をこめて』にも繋がる。

第二次世界大戦によって多くの人間が実際に軍艦や戦闘機に乗り、武器を手にとって戦った。この体験により戦後の戦争映画やアクション映画はより迫力を増し、娯楽映画としての地位も高まった。同時に冒険小説も内容が派手になり、映画化に向いたものも増えていった。

一九五一年には海洋冒険小説の古典の〈ホーンブロワー・シリーズ〉の『パナマの死闘』、

『燃える戦列艦』、『勇者の帰還』をまとめ、グレゴリー・ペック主演で『艦長ホレーショ』として映画化された。このシリーズは後に『ホーンブロワー　海の勇者』としてTVシリーズ化されている。

他にもハモンド・イネスの『メリー・ディア号の遭難』やニコラス・モンサラットの『非情の海』(映画タイトル『怒りの海』)といった小説が一九五〇年代には映画化されていた。一九五七年のD・A・レイナー原作の『眼下の敵』は娯楽映画的要素が加味され、今も戦争映画の傑作と評されている。

イギリス冒険小説の巨匠、アリステア・マクリーンの代表作『ナヴァロンの要塞』は一九六一年に映画化され大ヒットし(映画タイトル『ナバロンの要塞』)、この手の要塞攻略モノの元祖となった。この映画はそれまでの戦争映画よりも娯楽色が強く、このヒットが冒険小説の映画化を促進していく。

マクリーンの小説はその後も『サタンバグ』(一九六四年、原作『悪魔の兵器』)、『荒鷲の要塞』(一九六八年)、『北極の基地　潜航大作戦』(一九六八年、原作『北極基地/潜航作戦』)と映画化されていったが、特に『荒鷲の要塞』以降拍車がかかる。しかしこの『荒鷲の要塞』は厳密な意味での映画化ではなかった。マクリーンは映画用オリジナルのプロットを先に書き、それをもとに小説化したのだ。作者本人によるノヴェライゼーションと言ってもいいだろう。マクリーンはこの手法がとても気に入ってしまい、以降は映画用プロットを先に考案し、その後小説化するという執筆スタイルに変更した。彼の作品はその後も

『デンジャー・ポイント』（一九七〇年、原作『麻薬運河』）『八点鐘が鳴るとき』（一九七一年、原作『八点鐘が鳴る時』）、『爆走！』（一九七二年、原作『恐怖の関門』）、『黄金のランデブー』（一九七七年、原作『黄金のランデヴー』）と次々映画化されていった。

しかしこの執筆スタイルの変更により、彼の小説はテンポが良く読みやすいがやや手応えの弱い作風になってしまったのは残念なところだ。

最新作『スペクター』が公開された007シリーズは『ナバロンの要塞』の翌年に始まったが、実はこのシリーズには当初から映画化のゴタゴタがあった。

当初フレミングはプロデューサーのケビン・マクローリーと自ら映画化を検討したが、その時共同で考案したストーリーが『サンダーボール作戦』だった。秘密組織スペクターのアイデアもマクローリーと共同で考えたものだった。

しかし映画化は結局頓挫し、その後現在映画化を続けているイオン・プロダクションズが全小説の映画化権を手に入れる。フレミングは『サンダーボール作戦』のプロットも小説化し、これもイオン・プロで映画化されるはずだった。しかしマクローリーがこれに異議を申し立て、結局マクローリーを加えて映画化された。だがその後もマクローリーは『サンダーボール作戦』に付随する秘密結社スペクターとそのボスのブロフェルドの設定の所有権を主張した。

今回の映画でスペクターが復活したのは、権利所有者との折り合いがつき、晴れてイオン・プロダクションズがこの設定を使えるようになったからというわけだ。

スパイ物といえば一九六〇年代中頃は一大スパイ・ブームだったのだが、その頃007と人気を二分していたのがTVシリーズの『0011　ナポレオン・ソロ』だった。このドラマの小説版はハヤカワ・ミステリからも多数刊行されていたのだが、これらは原作ではなく、すべてドラマの設定をもとに書かれたノヴェライゼーションだった。当時アメリカでは人気TVシリーズはほぼすべてノヴェライズされていたのだ。

活劇スパイものだけでなく、シリアスなスパイ小説ももちろん映画化されている。

シリアスなスパイといえばジョン・ル・カレを外すわけにはいかない。出世作の『寒い国から帰ってきたスパイ』はすぐに『寒い国から帰ったスパイ』のタイトルで映画化されている。これは白黒の地味な映画で、主演はリチャード・バートンだった。さらに『鏡の国の戦争』も映画化されているが、主人公を若い二枚目にして青春映画的な雰囲気をプラスしたもので、今や大御所のアンソニー・ホプキンスも出演していた。しかしこの二作は原作のストーリーを追うのが精一杯で、ル・カレ独特の雰囲気を再現していたとは言いがたい。

代表作の『ティンカー、テイラー、ソルジャー、スパイ』は一九七九年にイギリスBBCでTVミニシリーズ化され、ジョージ・スマイリーはアレック・ギネスが演じた。このドラマは評価が高かったが、何故か日本では放送もソフト化もされなかった。

そして二〇一一年に再び映画化されたのが『裏切りのサーカス』だ。この映画はおそらくル・カレの映像化作品としては最も成功している例だろう。ストーリーは簡略化されているが、ル・カレらしい雰囲気に満ちている。それは書かれていることを忠実に再現したのではなく、小説から感じるル・カレらしさを細かく分析し、カメラワークや編集、美術、音楽などを駆使して映像に見事に翻訳してあるのだ。これこそル・カレであり、これこそ映画の醍醐《だいごみ》味だと思う。

ル・カレのライバル的存在がレン・デイトンだが、彼の処女作『イプクレス・ファイル』は『国際諜報局』（一九六五年）のタイトルで映画化された。この作品は『寒い国から帰ったスパイ』よりも映画としては評価が高い。主演のマイケル・ケインはこの映画で一躍有名になった。原作では主人公の名前はなく、〝わたし〟としか表記されないが、映画ではハリー・パーマーという名が付された。強いロンドン訛りで話す平民の出身でスパイらしからぬ黒縁のメガネを掛けたパーマーのスタイルは印象が強いし真似しやすいため『オースティン・パワーズ』（一九九七年）や『キングスマン』（二〇一四年）といった映画でも使わされた。『国際諜報局』は原作に忠実で、スパイ・サスペンスとしても名作だが、『パーマーの危機脱出』（一九六六年、原作『ベルリンの葬送』）、『10億ドルの頭脳』（一九六七年）と映画化が進むうちに原作からの乖離が大きくなっていった。

同じ頃のアダム・ホールによるスパイ小説『不死鳥を倒せ』は『さらばベルリンの灯』（一九六六年）として映画化されたが、残念ながら筋を追うだけの凡庸な出来栄えで、ジョン・バリー作曲の主題歌のみが有名だ。しかしホールの別名であるエレストン・トレーバー名義の航空冒険小説『飛べ！フェニックス』の同名の映画化作品（一九六五年）は歴史に残る傑作で、『フライト・オブ・フェニックス』（二〇〇四年）として再映画化もされた。

ハードボイルド風味の入った現代的な冒険小説の書き手として人気のあるギャビン・ライアルの作品は映画化に向いていそうだが、意外なことに晩年の第一次大戦の頃を舞台にした『スパイの誇り』のシリーズ以外は映像化されていない。ただし鈴木清順が宍戸錠主演で撮った『殺しの烙印』は前半部分が『深夜プラス1』そのもので、宍戸はモーゼル・ミリタリーを使うし、落ちぶれたガンマンの相棒も登場する。ちょっとした珍品だ。

ライアルにはもう一本珍品がある。*Moon Zero Two*（一九六九年）という日本未公開のSF映画だ。

主人公はかつて火星一番乗りを果たした宇宙飛行士だが、今はしがないチャーター宇宙船の船長をやっている。そこに謎の金持ちが現われ、小惑星帯へ飛んでくれという。そこにはサファイアで出来た小惑星があるというのだ。

このストーリー、『ちがった空』が下敷きになっていて、ライアルの名前もちゃんとクレジットされている。しかし原作に忠実な映画も見てみたいものだ。

ジャック・ヒギンズは『鷲は舞い降りた』で一躍トップの冒険小説作家になったが、この作品はマイケル・ケイン主演で立派に映画化された（一九七六年、邦題『鷲は舞いおりた』）。しかしそれ以外のものはミッキー・ロークが主演した『死にゆく者への祈り』（一九八七年）くらいで、あとはTV用のスケールの小さい作品しか作られなかった。

ロバート・ラドラムもジャック・ヒギンズ同様多作の作家だが、『暗殺者』が『スナイパー／狙撃者』（一九八八年）としてTVムービー化された。しかしこの作品は作者の死後の二〇〇二年に『ボーン・アイデンティティー』として再映画化され爆発的にヒット、〈ジェイソン・ボーン・シリーズ〉としてさらに二作が映画化され、外伝も映画化された。激しい格闘技の応酬とデジタル技術を併用した派手なスタントによってこのシリーズは他のアクション映画にも大きな影響を与え、二〇〇〇年代のアクション映画のスタイルを作り上げた。ダニエル・クレイグ版の007にもこの作品の影響が見られる。

最近の作家では元SASのクリス・ライアンがよく映像化されている。もっとも『STRIKE BACK 反撃のレスキュー・ミッション』（二〇一〇年）のようにTV用で、劇場用映画になっていないのは残念なところ。ちなみに彼はTVシリーズの『S. A. S. 英国特殊部隊』（二〇〇二年）にもコンサルタントとして参加し、さらには本人も小さな役で出演している。

このように最近はTVミニシリーズや、ネットの映像配信サービスが制作した小説の映像化作品が増える傾向がある。小説の映像化作品に興味のある人はこういった方面をチェックすると思わぬ作品と遭遇するチャンスがあるかもしれない。

著者名索引

【サ】

【タ】

【ナ】

【ハ】

【マ】

【ヤ】

【ラ】

書名索引

【カ】

【サ】

【ナ】

【ハ】

【ヤ】

【ラ】

【ワ】

海外SFハンドブック

早川書房編集部・編

クラーク、ディックから、イーガン、チャン、『火星の人』、ＳＦ文庫二〇〇〇番『ソラリス』まで――主要作家必読書ガイド、年代別ＳＦ史、ＳＦ文庫総作品リストなど、この一冊で「海外ＳＦのすべて」がわかるガイドブック最新版。不朽の名作から年間ベスト1の最新作までを紹介するあらたなる必携ガイドブック！

ハヤカワ文庫

冒険小説

死にゆく者への祈り
ジャック・ヒギンズ／井坂　清訳

殺人の現場を神父に目撃された元ＩＲＡ将校のファロンは、新たな闘いを始めることに。

鷲は舞い降りた〔完全版〕
ジャック・ヒギンズ／菊池　光訳

チャーチルを誘拐せよ。シュタイナ中佐率いるドイツ軍精鋭は英国の片田舎に降り立った

鷲は飛び立った
ジャック・ヒギンズ／菊池　光訳

ＩＲＡのデヴリンらは捕虜となったドイツ落下傘部隊の勇士シュタイナの救出に向かう。

女王陛下のユリシーズ号
アリステア・マクリーン／村上博基訳

荒れ狂う厳寒の北極海。英国巡洋艦ユリシーズ号は輸送船団を護衛して死闘を繰り広げる

ナヴァロンの要塞
アリステア・マクリーン／平井イサク訳

エーゲ海にそびえ立つ難攻不落のドイツの要塞。連合軍の精鋭がその巨砲の破壊に向かう

冒険小説

シブミ 上下
トレヴェニアン／菊池　光訳
日本の心〈シブミ〉を会得した世界屈指の暗殺者ニコライ・ヘルと巨大組織の壮絶な闘い

サトリ 上下
ドン・ウィンズロウ／黒原敏行訳
孤高の暗殺者ニコライ・ヘルの若き日の壮絶な闘い。人気・実力No.1作家が放つ大注目作

シャドー81
ルシアン・ネイハム／中野圭二訳
戦闘機に乗る謎の男が旅客機をハイジャックした！　冒険小説の新たな地平を拓いた傑作

A-10奪還チーム出動せよ
スティーヴン・L・トンプスン／高見　浩訳
最新鋭攻撃機の機密を守るため、マックス・モス軍曹が闘う。緊迫のカーチェイスが展開

高い砦
デズモンド・バグリイ／矢野　徹訳
不時着機の生存者を襲う謎の一団——アンデス山中に繰り広げられる究極のサバイバル。

冒険小説

パーフェクト・ハンター上下
トム・ウッド／熊谷千寿訳

ロシアの軍事機密を握るプロの暗殺者ヴィクターが強力な敵たちと繰り広げる凄絶な闘い

ファイナル・ターゲット上下
トム・ウッド／熊谷千寿訳

CIAに借りを返すためヴィクターは暗殺を続ける。だがその裏では大がかりな陰謀が！

暗殺者グレイマン
マーク・グリーニー／伏見威蕃訳

〝グレイマン（人目につかない男）〟と呼ばれる暗殺者が世界12カ国の殺人チームに挑む

暗殺者の正義
マーク・グリーニー／伏見威蕃訳

悪名高いスーダンの大統領を拉致しようとするグレイマンに、次々と苦難が襲いかかる。

暗殺者の鎮魂
マーク・グリーニー／伏見威蕃訳

命の恩人が眠るメキシコの地で、グレイマンは強大な麻薬カルテルと死闘を繰り広げる。

スパイ小説

アメリカ探偵作家クラブ賞、英国推理作家協会賞受賞
寒い国から帰ってきたスパイ
ジョン・ル・カレ／宇野利泰訳

ベルリンの壁を挟んで展開する、英国と東ドイツの息詰まる暗闘。スパイ小説の金字塔。

ティンカー、テイラー、ソルジャー、スパイ〔新訳版〕
ジョン・ル・カレ／村上博基訳

ソ連の二重スパイを探せ。引退生活から呼び戻されたスマイリーの苦闘。三部作の第一弾

英国推理作家協会賞受賞
スクールボーイ閣下 上下
ジョン・ル・カレ／村上博基訳

英国に壊滅的な打撃を与えたソ連情報部の大物カーラにスマイリーが反撃。三部作第二弾

スマイリーと仲間たち
ジョン・ル・カレ／村上博基訳

老亡命者の暗殺を機に、スマイリーはカーラとの積年の対決に決着をつける。三部作完結

ケンブリッジ・シックス
チャールズ・カミング／熊谷千寿訳

キム・フィルビーら五人の他にソ連のスパイが同時期にいた？　調査を始めた男に罠が！

HM=Hayakawa Mystery
SF=Science Fiction
JA=Japanese Author
NV=Novel
NF=Nonfiction
FT=Fantasy

新《しん》・冒険《ぼうけん》スパイ小説《しょうせつ》ハンドブック

〈NV1373〉

二〇一六年一月十日　印刷
二〇一六年一月十五日　発行

（定価はカバーに表示してあります）

編者　早《はや》川《かわ》書《しょ》房《ぼう》編《へん》集《しゅう》部《ぶ》
発行者　早川浩
印刷者　矢部真太郎
発行所　株式会社　早川書房
郵便番号　一〇一 - 〇〇四六
東京都千代田区神田多町二ノ二
電話　〇三 - 三二五二 - 三一一一（大代表）
振替　〇〇一六〇 - 三 - 四七七九九
http://www.hayakawa-online.co.jp

乱丁・落丁本は小社制作部宛お送り下さい。
送料小社負担にてお取りかえいたします。

印刷・三松堂株式会社　製本・株式会社川島製本所
Printed and bound in Japan
ISBN978-4-15-041373-6 C0195

本書は活字が大きく読みやすい〈トールサイズ〉です。

TOKYO
HAYAKAWA
BOOKS